ケアの形而上学

metaphysics of care

森村 修

Osamu Morimura

はじめに
――〈存在することのケア〉に向けて

二〇一五年十二月一日早朝五時三十分、我が家で十六年間過ごした猫が亡くなった。一九九八年の夏のある日、野良猫だった彼女は、ふとしたきっかけで私たちの家の猫になった。それ以来十六年の間に、二年間のニューヨーク生活を過ごし、私の田舎の実家に連れて行かれて、老いた父母の話し相手になったりしていた。それ以外は、ひとりで我が家を探検し、気ままな時を過ごしていた。

しかし、私たち人間の時間と猫の時間は同じようには進まなかった。気づいたときには、彼女は飛んだり跳ねたりひっかいたりしなくなっていた。暖かい日差しのもとで、まどろむことが多くなった。いつしか、食も細くなっていった。実家の両親に感じるよりも、「老い」ということを実感したのは、猫の仕草からだった。それでも緩慢な日常は続き、自分の名前が呼ばれると、どこからともなくやってきて、からだを擦り寄らせてきた。そんな日常のなかでも、彼女は着実に衰えていった。

今となっては、どのような仕方で体調が優れなくなってきたのか覚えていない。いつの間にか、彼女は調子が悪くなり、喉元に痼《しこり》ができるようになっていた。定期的に主治医に血液検査をしてもらい、猫に多い腎臓系の疾患には注意を払っていた。しかし、喉にできた痼については、獣医も正確な診断が下せず、原因を突き止めきれなかった。もちろん高額な検査料を払えば、高度な医療機器を備えた獣医師に診てもらうことも可能だった。そして、CTもMRIなどの検査もできただろう。主治医からも、検査を勧められたりもした。それでも、高額な治療費を払うことをためらってしまった。猫の治療にお金をかけることより、猫を睡眠薬で眠らせることの方が怖かったからだ。

もし万が一、彼女が目覚めなかったら、どうしよう。私の決断が鈍ったのは、弱った猫が睡眠薬によって眠らされて、二度と起きてこないかもしれないと思うだけで、思考停止になってしまったからだ。しかし猫の病気が悪化し、亡くなってしまうことなども想像したくなかった。彼女がいなくなる日常は想像できなかった。だからこそ、手遅れにならないうちに、彼女の病気をなんとかしてあげたいと思ったのだった。私たちにとって、彼女は我が子のような存在だった。自分の健康よりも、猫の健康が気になって仕方がなかった。子供がいない私たちにとって、猫は娘であり、友人であり、ときには親のようですらあった。彼女のおかげで、私はずいぶんと救われた。彼女は、友人よりも知り合いよりも相談し慰めてもらえる「親友」だった。

そんな彼女は、私たちのところにある日突然訪れ、しばらくの間私たちの傍《かたわら》にいて、私たちとともに生き、そして私たちのところから去っていった。もしも「運命」ということばを使うことが許されるならば、彼女が私たちのところに来たのも「運命」であり、彼女が私たちのところから去ることも「運命」だった。しかし、彼女が苦しむことも「運命」だったのだろうか？

彼女は、苦しむ必要はなかったのではないか。亡くなって数年も経つのに、いまだに私は悩んでいる。彼女の最期がけっして安楽ではなかったからだ。亡くなる前の一、二ヶ月は毎日のように主治医の点滴と注射を受けていた。注射が大の苦手だった彼女は、毎朝、獣医に連れて行かれないように、自宅のいたるところに隠れて私たちの手を煩わせた。私たちに見つかってしまい、二人掛かりで捕まえられると必死になって抵抗した。なんとか弱った彼女を、私も妻もなだめすかした。私は、彼女をバッグに押し込んで、自転車を漕いで獣医のもとに走った。私は獣医のところに行くまでの道すがら、交差点で止まるたびに、また自転車を走らせながら、彼女に話しかけていた。

そんな毎日が、二〇一五年十二月一日を挟んでなくなってしまった。前日も早朝一番に獣医に診てもらってから大学に出かけ、授業を終えると急いで帰宅した。夕方、私が疲れて帰宅すると、彼女は、猫のベッドの上で丸くなっていた。それが彼女のいつもの自分の場所だった。私が猫の名前とともに、「大丈夫?」と声をかけると、私の方を軽く見てから小さく尻尾を振った。それから、しばらく夕方のひと時、私はうとうとしてしまった。辺りが暗くなるころ目が覚めると、彼女が私をじっと見ていた。そこで、私が彼女の名を呼ぶと、また尻尾を小さく振った。

私はなぜか、彼女の様子があまりよくないように見えた。猫のベッドに近づき、彼女を撫でたり話しかけたりした。水を欲しいのかと思って、口元に水に浸した指を近づけたが、一口二口ほど指をぺろぺろ舐めただけで、すぐに顔を背けてしまった。私は気が気ではなかった。妻の帰宅が遅くなっているように思い、猫を撫でながら不安になっていた。妻が帰宅してからは、猫の体調は激変した。徐々に弱っていく彼女を見ながら励ましても、それが何の力にもなっていないように思えた。次第に私の目に涙が溢れてきた。

私たちは、簡単な夕食を済ませた後、二人ともつききりで、看病を続けた。私には、猫が何を欲しているのか、何が辛いのか、まったく分からなかった。もちろん、分かるはずもない。人間と猫との間にコミュニケーションを取る手段がないことは分かっている。確かに、十六年間という時間の流れのなかで、私たちはそれ相応のコミュニケーションをとってきた。私と猫とは阿吽《あうん》の呼吸のようなものも互いに持っていた。人と人、人と動物、動物と動物など、異種のコミュニケーションにはそれぞれの異なるコミュニケーションの手段がある。しかし、私がここで触れているのは、ありきたりの常識的な知識とは異なることだ。私と猫との間には、〈死に行くもの〉と〈生き残るもの〉との〈絶対的な差異〉のようなものが横たわっていた。〈生き残るもの〉が望んでも、どうしても到達しえない〈断絶〉があるといってもよい。

私は彼女に話しかけ、涙が溢れるままに撫で続けた。いくら撫でても、そのようなものは看病でもなく、痛みを和らげられるはずもない。それも分かっていた。私からすれば、ただ死が間近に迫っていることを認めたくなかっただけだ。彼女が〈生き延びる〉ことだけを願っていた。しかし、彼女は、深夜になるに連れ、呼吸も乱れ、視線も定かではなくなってきた。弱々しい視線をこちらに向けながら、荒い息で呼吸を繰り返していた。彼女は、私たちに何かを訴えようとしているように見えた。

私は、彼女が私たちに何かを告げようとしたと、今でも思っている。少なくとも、二人きりで過ごした夕方の居間で、彼女は私の声にきちんと反応したのだ。彼女は、私を見ながら、私の〈呼びかけ〉

に尻尾を振って〈応答〉してくれた。彼女は、自分なりに最期を予感しており、私たちに言い残したいことがあったのではないか。それがたとえ感謝でもなく、愚痴でもよかった。何かを〈遺して〉欲しかった。どんな〈贈り物〉でもよかったのだ。彼女が〈残してくれるもの〉であったなら。

明け方の寒さの中で、彼女の呼吸が絶え絶えになった。すると突然、〈からだ〉をひどい痙攣が襲った。断続的に痙攣をし、苦しそうに〈からだ〉をくねらせたりした。こんなに力が残っているのかと思うくらいに強い力で、痙攣をし続けたので、私は猫が自分で舌を噛まないか心配だった。妻にいわれて、猫の口にタオルをくわえさせたり、全身の痙攣を力一杯抑えたりした。それからは、荒い息を繰り返すばかりで、私たちが声をかけてもほとんど反応しなくなってしまった。

朝日が窓から差し込み、部屋がいつしか明るくなっていた。私たちは朝が来たのすら気づかなかった。そんななか、彼女は、大きく声を出したかと思ったら、動かなくなってしまった。いくら名前を呼んでも、〈からだ〉はもう反応しなかった。痙攣もおさまっていたし、荒い呼吸もなくなっていた。そして、半開きになった瞳はもう動くことはなかった。

こうして、彼女の長いようで短い闘病生活は終わってしまった。妻が彼女に「ありがとう」と感謝して瞳を閉じてあげた。私は、ずっと彼女の名前を呼びながら、まだ暖かい〈からだ〉を撫でた。それから、「ありがとう、ありがとう」と言い続けた。私にとって、彼女と過ごした十六年間はとても幸せな日々だった。だから、どうしても感謝を伝えたかったのだ。

私には、彼女は〈天使〉のような存在だった。どこからともなく我が家に訪れ、日々の暮らしに彩りを添え、何かの役目を終えたかのように、私たちのもとから立ち去ってしまった。

長々と猫の闘病の記録と、彼女の最期を記したのは、〈ケア〉という関わりについて、彼女の看病をしながら、いろいろと考えさせられたことがあったからだ。そもそも〈ケア〉とは、我が家の猫のように、〈そこにいること（being-there）〉で〈幸せ〉をもたらすものでなければならない。つまり、〈ケア〉は「そこにいること」だけでもできることなのだ。私たちにとって、彼女が「そこにいる（そこにいた）」ということだけで、生きる力と勇気が湧いてきた。そして、彼女との生活の中で、私たちは笑ったり泣いたり怒ったりしたのだった。

〈ケア〉には〈情念（passion）〉が伴う。〈ケア〉に携わることによって、〈ケア〉に関係する人たちに〈幸せ〉をもたらす。〈ケア〉の関わりにはつねに〈喜怒哀楽〉などの〈情念〉が伴う。しかし、〈情念〉は必ずしも良い効果や成果を生むばかりではない。〈ケア〉することが人を傷つけ、傷めることがある。なぜなら、〈情念〉とは〈力〉であり、〈ケア〉はこうした強力な〈力〉が錯綜する関係性だからだ。それゆえ、私たちは、〈ケア〉の関わりがいつも美しい話だけではないことをもっと知るべきだろう。人と人とが関わり、人が動物や植物と触れ合うとき、そこには相互作用としての〈力〉が生じている。というよりも、どんな関係にも、関係者たちの〈あいだ〉には様々な〈力〉が発生し、互いに引きつけ合ったり、離れ合ったり、ぶつかり合ったりする。

十八世紀の思想家・社会改革者シャルル・フーリエが、奇想天外な書物『四運動の理論』（一八〇八）

で詳細に論じたように、私たちは〈情念引力（attraction passionnelle）〉によって支配されている。しかし、私たちが〈情念引力〉をうまく用いて社会関係を結ぶことによって、社会はより良い方向に向かう可能性もある。フーリエ研究者・三原智子《みはらともこ》が言うように、〈情念引力〉が「うまく調整された結果、すべての人々が欲望のままに行動すれば、それだけで、さまざまな仕事が自発的に行われる」のである。「あるものが嫌う仕事を、他のものが好んで行い、結果的に社会の歯車がだれを強制することもなく回る」。フーリエの奇抜な発想による〈協同体（association）〉は、〈空想性〉を秘めながら、〈ケア〉の関わりを的確に説明する。〈ケア〉の関わりによる〈統一〉も、〈ケアの力〉が斥力《せきりょく》として働き、互い同士を引き離し疎遠にする〈分離〉も、〈情念引力〉の働き方に基づいている。だから、〈ケアの力〉は人を励まし勇気づける〈エンパワメント（empowerment）〉にもなるが、〈力〉の使い方を間違うと、〈暴力（violence）〉や〈ハラスメント（harassment）〉へと転換してしまう。「地獄への道は善意で舗装されている」といわれる所以である。

私が猫から学んだことは、〈そこにいる〉ことの難しさである。それは〈ケア〉の難しさと通じている。フーリエが〈協同体〉を形成するために、まず初めに取り組まざるをえなかったのが、私たちの間にある〈情念引力〉の分析であることは当を得ている。

私たちが〈協同＝協働体〉を形成するためには、何が必要なのか、そして〈ケアの倫理〉を根付かせるために、何が重要なのかを検討する必要がある。こうした根本的な問題を視野に入れない限り、「ケアとは何か」を問うても仕方がない。ケアの専門家や専門職に任せれば事足りると考えることは、狭隘《きょうあい》な考えだろう。私たちはことさらに何かを「する（do）」ことが〈ケア〉だと錯覚してしまう。しかし本当にそうなのか。私たちは、誰かと関わるときに、つねに何かを〈しなければならない〉のか？　もしくは、〈するべき〉なのか？

我が家の猫は、私たちに何かを「する（do）」わけでもなかった。私も彼女に何か「された（done）」わけでもない。ただ彼女は、自分が好きなときに私の傍《そば》にやってきて、私の膝の上に乗り、私の仕事の邪魔をするだけだ。たまたま私が居間で寝転がって本を読んでいると、本の上に乗ってくる。読書をやめて、彼女の相手をし始めると、すぐに何が気にくわないのか嫌気がさすのか、別のことに興味が湧くのか、膝から飛び降りてしまう。また別のところに行って、ひとりで遊び始めたりする。それでも私は十分に癒されたし、気分が快適になった。もちろん、〈ケア〉に付きものの〈情念〉として、〈イライラ〉も〈困惑〉もなかったわけではない。「無償の愛」を注いでくれたわけでもない。

もしも彼女が私に対して何かを「した」のだとすれば、それは単に〈傍にいること〉であり、〈そこにいること〉だけだ。その意味で、私の猫が「した」のは、「何かのための行為」という意味で「目的的行為」ではない。もちろん、猫がそこに〈いる／存在する〉ことも、何らかの「行為」であると言えないこともない。確かに、私は猫によって十分に〈ケアされた〉のだから、猫が〈そこにいる〉という「行為／動作」は能動的であり、私も受動的に〈ケア〉されたことになるかもしれない。

しかし、私の猫も含めて他の生命体が、私たちに対して何かを積極的・能動的に、目的的に「する」わけではない。ただ、〈そこにいる〉だけだ。彼ら・彼女ら・それらは、私たちの周りに〈存在する〉。

私たちを取り巻く「気」のように、私たちが何かと、または誰かと交わす〈ことば〉に纏《まと》わりつく〈言《こと》霊《だま》〉のように、誰かの〈魂〉のように、亡くなったものたちの「霊」のように〈存在する〉。

私たちが〈生き延びていく〉のに必要なのは、自分たち人間だけではない。〈ケア〉とは、誰かが誰かを〈ケア〉するということだけではない。私たちには綺麗な空気や水、心地よい環境によっても〈ケア〉されている。もちろん、私の家の猫のように、愛すべき動物たちや植物によっても〈ケア〉されている。それと同時に、私たちがそこで生きている自然環境や動植物たちが、私たちを襲うかもしれないということも忘れてはならない。〈ケア〉の関わりは、そこに〈情念〉が関与する限り〈諸刃の刃〉なのだ。気候変動や大地の動きから、私たちの周りの動植物に至るまで、〈情念〉は宿る。それら全てを人間がコントロールできるわけではない。しかし、フーリエが言うように、全宇宙を〈情念〉が支配しているならば、人間の〈情念〉を分析すれば、「全宇宙の運動を見とおすことができる」。フーリエが唱える「四運動の理論」には、社会的運動、動物的運動、有機的運動、物質的運動があり、その中でも第一位の地位を占めるのが、人間の〈情念〉の運動によって引き起こされる社会的運動だからだ。人間の情念の運動を把握すれば、全宇宙の運動を的確に制御することができる。

〈ケア〉とは人間の〈情念〉の運動だ。それは世界や人々に関わる際の〈贈与＝恵み〉であると同時に、それらの〈破壊〉に通ずる。唯一の希望は、〈ケア〉が〈愛〉という〈情念〉に貫かれているか否かということだろう。フーリエは、完成させることができなかった大著を私たちに残している。その表題を『愛の新世界』という。社会を変えるためには、〈愛〉が必要なのだ。

私たちの社会は、個人主義的な社会であり、個人の権利が尊重され、自己決定と自己責任を基本にする。個人主義的な社会では、本来、「他人を傷つけなければ、何をしても良い」という古典的自由主義の原則が貫徹されている。しかし、私たちは、他人を傷つけずに生活を送ることが難しい。他人の権利や主張を侵害しないよう行動していても、いつ、どこで、どのような仕方で誰かを傷つけ、他人の権利を蔑《ないがし》ろにするかを予測できない。私たちの行為や発言が誰かを傷つけ、誰かの権利を侵害している可能性は否定できない。

私たちがひとりで生きていけない存在である以上、〈他者〉（＝他人、自然、ものなど、自己以外の存在者）との関係性の中で生きていくしかない。〈他者〉との関係性から抜け出せない状況下で、「他者を傷つけないで生きる」ことは難しい。そうであるならば、〈他者〉を傷つけない方法を模索して〈他者〉との関係性を断とうとするよりも、自分が存在し、自分が行為することによって〈他者〉を傷つけてしまうことを積極的に認めて生きていくことから始めよう。そのように振る舞うことが、〈幸福〉に近づく道であると信じるからだ。

自分が存在することで、誰かを傷つけてしまうならば、自分が傷つけた〈他者〉や〈もの〉を〈ケア〉するために、自分が新しい存在の仕方を模索すればよい。〈他者〉を〈ケア〉し癒すような存在性をめざし、〈他者〉を〈ケア〉する行為を選ぶべきだ。〈他者〉を積極的に傷つけようと企《たくら》む人は例外として、ふとした発言や行動が、思わず誰かを傷つけてしまうことはありうる。重要なのは、傷ついた人たちを、どのようにして〈ケア〉し、癒していくかを考えることだ。

その際に忘れてならないのは、私たちが〈そこに存在すること〉で、誰かを傷つけているだけでなく、誰かを勇気づけ、誰かの支えにもなっているということがありうるということだ。〈ただそこにいる〉ということによって、〈他者〉を〈ケア〉することもある。私たちが存在することで、誰かは苦境から救われ、明日への希望をつなぐことができるかもしれない。誰かは私たちの存在を拠り所にしている。私たちが存在することによって、〈他者〉を傷つけてしまうかもしれないと同時に、別の〈他者〉を癒し、〈他者〉を支えることができるかもしれない。私たちが存在することで傷つけた〈他者〉をも、時間とともに、私たちの存在性が癒すことができるときが来るかもしれない。

それこそが、〈存在することのケア〉である。私たちは、〈そこにいる〉だけで、自らも癒され、〈他者〉をも癒すことができる。〈存在することのケア〉とは、私たちが自分だけでなく〈他者〉をも傷つけてしまうことの〈いたみ（痛み・傷み・悼み）〉を積極的に引き受けたうえで、それでもなお、私たちの〈存在の関わり〉の中で、〈他者〉を支え、勇気づける関わりを実践することだ。私たちが〈生きるということ〉は、生きることの辛さと悲しみを背負いながらも、〈他者〉と関わる〈ケア〉を実践することだ。〈ケア〉の実践のなかで、私たちは〈他者〉と共に生きることの喜びを見出していくことができる。

それが、〈あなた〉と〈わたし〉の〈幸せ〉の実現への第一歩になるはずだ。

もくじ

第5章　「生存の美学」としてのケア――〈ケア〉が〈アート〉に出会う〈場所〉　221

第1章

暴力被害者のケア——〈生き延びる(survival)〉ことの倫理

第1節　〈生き残ること〉と〈生き延びること〉

〈普通のひと〉を襲う暴力――悲劇の終わらない被害者の日常

二〇一八年二月十四日午後二時三十分、アメリカ合衆国・フロリダ州パークランドのマージョリー・ストーンマン・ダグラス高校で、元生徒による銃乱射事件が起きた。この事件では、生徒十四人、学校スタッフ三人の計十七人が亡くなり、約四十人が重軽傷のため病院に搬送された。私が驚いたのは、この事件がアメリカでは二〇一八年に入って死傷者が出た「学校銃乱射事件（school shooting）」としては六件目ということだ。

この事件に私が注目したのは、事件後、被害者の高校生たちが中心になって、銃規制を求める抗議デモを行ったからだ。抗議デモは、事件から一ヶ月後の三月二十四日にはワシントンD.C.を含む合衆国各地や世界中の大都市にまで拡大した。学生主導の「March For Our Lives（私たちの命のためのデモ行進）」と名づけられたデモには学生や教員だけでなく、著名人に至るまで合わせて一〇〇万人もの人が集まったという。

その一方で、事件の余波が思わぬところで噴出した。事件から一年ほど経った二〇一九年二月、一週間の間に立て続けに二人が自殺した。一人の名前は公表されていないが、同校に通っていた男子高校生だった。彼の前に、すでに同校の元生徒シドニー・アイエロさんが自殺していた。CNNによれば、彼女は、事件直後は高校の教室に入ることを怖がり、授業も出席できない状況だった。それでもなんとか高校を卒業し、その後には銃規制の法律改正を求める全国的な学生デモにも参加した。

ただ彼女は、親友二人を事件で亡くしたこともあって、「心的外傷後ストレス障碍（Posttraumatic Stress Disorder）〔以下、PTSDと略記〕」の診断も受けていた。おそらく自分だけが〈生き延びてしまった〉という思いに苛まれ、〈生き延びてしまった〉ことで自分を責めたのだろう。

〈生き残ること／生き延びること〉の罪悪感

凶悪な犯罪だけでなく、地震や津波などの災害であっても、その後を〈生き延びる〉ことが罪悪感を引き起こす可能性がある。仲間や家族とともに「一緒に死ねなかった」「一人だけ生き残ってしまった」という思いが、結果的に自分を責めることになるからだ。自然災害が起こるたびに、〈生き残り、生き延びた人〉が、自分が罪を犯したわけでもないのに「サバイバーズ・ギルト」に見舞われる。〈生き延びる（survive）こと〉があたかも〈ギルト（guilt＝有罪）〉であるかのように、〈生き残り、生き延びた人〉は自分を責める。事件や事故による、被害者・被災者や遺族の〈こころの傷〉は、時間とともに癒えたりはしない。それどころか、自分自身が〈生き延びてしまった〉ことに対する罪悪感を感じて、自殺してしまう人がいる。

だからこそ、事件や事故の直接の被害者ではなく、単なる傍観者としての私たちは、事件が凶悪であればあるほど、災害が苛烈であればあるほど、せめて被害者とその遺族・家族が〈生き延びること〉に対する〈罪悪感〉を持たないように〈ケア〉すべきなのだ。そして、もしも罪悪感を持ったとしても、自殺など最悪なことになる前に、少しでも軽減するように努めるべきなのだ。

そのためにも、彼らが背負う様々な〈苦痛〉や〈いたみ（痛み・傷み・悼み）〉を知らなければならない。そして、〈ケアの倫理〉が彼ら・彼女らにとって少しでも〈意味〉があるとすれば、被害者が、家族や仲間たちと〈共に生きることの幸せ〉への想像力を働かせて〈生き延びてもらう〉ことだ。情動・感情（emotion）をも配慮する〈ケア〉の関わりを通して、〈生きることの意味〉を見出してもらうことだ。それゆえ、私たち傍観者が〈ケア〉しなければならないのは、被害者・被災者の〈生への眼差し〉であり、彼ら・彼女らやその家族の〈いのち（life, vie, Leben）〉である。

そのためには、〈いのちのケア〉の視点が必要である。これまで考えても来なかった〈いのち〉に向かう〈倫理的思考〉が必要なのだ。それは、通常の社会道徳やその制度化の〈外〉に向かう〈倫理的な思考〉である。〈外への倫理的思考〉は、私たちのモラルや道徳を超えて、さらに私たちの日常性を超えている。それゆえ、私たちの「常識・共通感覚（common sense）」が通用しない。

少なくとも私には、〈外への倫理的思考〉へと範囲を拡大しない限り、私たちが〈生きることの意味〉や〈死ななければならないことの意味〉を考えることができない。例えば、犯罪被害者も犯罪加害者も、どうしてこのような仕方でしか生きられなかったのかを考えるだろう。特に、被害者や被災者は、「どうしてこのような仕方で死ななければ（殺されなければ）ならなかったのか？」を亡くなる瞬間に考えたかもしれない。そして、〈生き残り、生き延びた人〉は「どれほど苦しんでも、どれほど痛めつけられても、私たちはなぜ生きなければならないのか」と自問するはずだ。

自死を選んだ人たちは、苦しみや辛さを乗り越えると称して、なぜ死ななければならなかったのか？　誰が私たちに「生きろ！」と指令するのか？　誰のために？　なんのために？　答えがないからこそ、問い続ける〈意味〉がある。あるいは、これらの問いは、答えの有無に関わらず問わなければならない問いなのだ。私は、これらの問いを〈形而上学的《メタフィジカル》＝超・物理学的（meta-physical）な問い〉と呼ぶ。〈ケアの倫理〉は、これらの問いにあえて取り組む倫理なのだ。それはもはや私たちの〈生〉に向かう〈常識外の倫理的思考〉というしかない。

それはそうと、そもそもフロリダの乱射事件の加害者である元高校生は、なぜ自分が通っていた高校を襲撃しなければならなかったのか？

加害者とは誰か？——乱射事件加害者の生い立ち

報道によれば、彼は、事件の前年に母親を肺炎の合併症で亡くしていた。その後彼は、友人の家に引き取られた。友人の両親によれば、彼は多少世間知らずなことはあったにせよ、家のルールをきちんと守っており、のちに凶悪な事件を起こすことなど想像できなかったという。友人の父親は、彼が孤独でガールフレンドを欲しがっており、母親を亡くしたことで極度の〈うつ状態〉に陥っていたため、心理療法家《セラピスト》を紹介したという。元高校生は、心理療法家《セラピスト》と面談し名刺をもらうなど、心理療法《セラピー》にも前向きな姿勢を見せていた。しかも、それは事件の五日前だった。

当時の報道によれば、フロリダ州の検察当局は、元高校生が携帯電話に録画した犯行予告動画を公表した。しかもその一部は、犯行当日に録画されていた。その動画で彼は、自分の名前を名乗った後、「二〇一八年〔に起きた、その前の五件の銃撃犯の〕の次の学校銃撃犯になるだろう」と語り、「目標は少なくとも二十人」とか「お前たちはみんな死ぬ」などと語っている。また続けて、「校内の全生徒がおびえて逃げ隠れするだろう。俺の力による報復によって、やつらは俺という人間を知る」とも語っていた。その一方で彼は、同じ動画の中で、「俺はつまらない人間だ、何者でもない。俺の人生は空っぽで無意味だ」とか、「みんなが、何もかもが大嫌いだ」と語っていた。

自分を「つまらない人間」「何者でもない」と卑下し、自分の人生は「空っぽで無意味だ」と語る彼の〈こころ〉の空虚を、周りの人たちは誰も理解していなかったのだろうか？　いったい加害少年の内面で、何が起きたのだろうか？　犯行に及ぶ数日前には、心理療法《セラピー》を受けることに前向きだったというのに。単に、犯行を予期されないためのカモフラージュだったのだろうか？　彼は自分の内面を誰にも告白することもなく、自分の携帯電話に自分の思いを吐露した。自分の人生を「空っぽ」と語る彼にとって、母親を亡くし、友人宅に寄宿する生活がどれほど辛く悲しく寂しいことだったのか、誰もわからない。元高校生に関わった心理療法家《セラピスト》によれば、彼自身も日常生活の中で暴力に晒されて育ち、暴力に鈍感になっていた。

ところが、犯人の元高校生の生い立ちが報道されるとすぐに、全米中で様々な同情を呼び、結果的に全米や欧州各地から一〇〇～二〇〇通の手紙が代理人の弁護士事務所に届いた。驚くのは、多数の手紙の中の一通も、事件に批判的なものはなく、寄付まで申し出る手紙も何通かあったということだ。

彼の生い立ちを考えれば、彼もまた「暴力被害者」と言えないこともない。もしかしたら、彼の十九年の人生は、安直に「絶望」という言葉では、とても語ることができない人生だったのかもしれない。しかし、忘れてはならないのは、彼の人生の辛さや過酷さが、彼が犯した罪を贖《あがな》う免罪符になるわけではないということだ。

それこそ、なんの罪もない高校生や教師を、軍用自動小銃M16の民間向けモデル「AR－15」で大量に殺傷してもよいという理由にはならない。彼がどれほど「絶望」していたとしても、自分の人生が無意味だと慨嘆《がいたん》したとしても、そして、多数の人たちが彼の生い立ちや境遇に同情する部分があったとしても、彼が行った殺戮行為は到底許されるものではない。それこそ、彼の犯行によって、彼と同じような「暴力被害者」を生み出してしまったことを、私たちは忘れるべきではない。

ただ報道によれば、彼は母親の残した巨額な資産を被害者と遺族に寄付すると語っている。彼自身の中に、自分の行為に対する贖罪の意思があるのかは定かではない。検察当局は裁判で死刑を求刑すると報道されている。

事故や事件から近い存在・遠い存在

私たちは、凶悪な事件が起きるたびに、事件の被害者たちに同情したり、悲しんだりする。そして、事件の加害者に対して、憎しみや怒りの感情を抱えたりする。たとえ加害者がどんな辛い状況にあったとしても、また加害者に同情の余地があったとしても、加害者が犯した罪を帳消しにすることはできない。罪を犯した人の境涯がなんらかのかたちで犯行に影響しているとしても、似たような状況に置かれた人たちが、必ずしも罪を犯すわけではないからだ。

それゆえ、フロリダの銃乱射事件の加害者のように、孤独で絶望を抱えた人たち全てが全て加害行為に及ぶわけではない。しかしそれでも、犯した犯罪行為の責任を全て、加害者に帰するだけでは不十分であるように思われる。犯行を語るとき、ともすると私たちは加害者が置かれてきた状況を無視してしまう傾向にある。

実際に、孤独や絶望、または貧困などの厳しい状況に置かれた人たちは、それ以外の人たちよりも、加害行為や犯罪に手を染める確率は高い。例えば、法務省に勤務経験のある犯罪学者・浜井浩一は、「自分が経験した限り」という条件をつけながらも、凶悪事件の加害者たちの多くは、「実は、人から愛された体験に乏しく、そのため他人にこころを許せず、人とうまく接することができず、未熟で小心、衝動的であるがゆえに、取り返しのつかない事件を起こしてしまった人たち」[1]であると言う。

また浜井は、実刑判決を受けて服役する受刑者の特徴として、「無職であったり、離婚していたりと社会基盤が脆弱である」こと、「教育水準やＩＱ（知能指数）が低く、不遇な環境に育ち、人から親切にされた経験に乏しいため、すぐにふてくされるなどコミュニケーション能力の乏しい」ことなどを挙げている。このような人たちは、示談や被害弁償もままならず、不適切な発言を繰り返したりするために、検察官や裁判官の心証を悪くする傾向にある。そのため、判決では「まったく反省していないとみなされ、再犯の可能性も高いとして実刑を受けやすい」[2]。こうした実態を受けて、浜井は、社会的弱者が実刑を下されやすいのは、「累犯化しやすいため」と言う。弱者たちが誰からも手を差し伸べてもらえず、境遇の改善がなされないままに放置され、社会の中で落伍者のようになることによって、凶悪な大量殺人者や、他人を平気で傷つけることができる人になってしまうとも限らない。

無力な私たちができることがあるとすれば、似たような事件を起こさせないことだけだ。しかし、私たちは、世間を震撼させた凶悪事件すら忘れてしまう。事件そのものも、そこに巻き込まれた被害者もその家族も、事件を起こした犯罪加害者も、日常生活を送る中で忘れてしまう。そして、事件と直接的に関係のない私たちは、日々の日常に戻って行く。

しかし、被害者や被害者家族はそれまでの日常に戻ることもできず、つねに事件と向き合いながら生きていかなければならない。彼ら・彼女らにとって、事件は終わらないままだ。そして忘れてはならないのは、「加害者家族」もまた、事件の〈被害者〉だということだ。「加害者家族」は、衆人環視の中で、別な意味で〈生き延びていかなければならない〉。

〈普通の人びと〉の暴力——〈生き延びること〉の困難

日本国内でも悲劇的な事件が起こっている。二〇一八年三月二日東京都目黒《めぐろ》区で五歳の女児が義理の父親の暴行に遭い、翌日に死亡した。この事件では、同日に義父が傷害容疑で逮捕された。その三ヶ月後の六月六日に、先に傷害罪で起訴されていた義父に、さらに「保護責任者遺棄致死」の容疑がかかり再逮捕された。同日、実母もまた、同じ容疑で新たに逮捕された。

各種のメディアは、両親の女児への虐待の激烈さや凄まじさだけでなく、児童相談所の引き継ぎや虐待に対する対応の鈍さを批判的に報道した。この家族が香川県から東京都目黒区に転居する前に、香川県側の児童相談所は、すでに両親による虐待の実態を把握していた。それにも関わらず、東京都側の所轄の児童相談所は緊急性を把握しておらず、対応の遅れが最悪の事態を招いた。

警視庁は両親の逮捕後、女児が大学ノートに書きつけた「反省文」[3]を公表した。そこにはたどたどしい、習いたての言葉が書き連ねてあった。女児は朝早くから、父親からの強制でひらがなの練習をさせられていたという。そこには、次のように書かれていた。

（日付不明）もうパパとママにいわれなくても しっかりと じぶんから きょうよりかもっともっと あしたはできるようにするから もうおねがい ゆるして ゆるしてください おねがいします ほんとうにもうおなじことしません ゆるして

（日付不明）きのうぜんぜんできてなかったこと、これまでまいにちやってきたことをなおす／これまでどんだけあほみたいにあそんだか あそぶってあほみたいだからやめるので もうぜったい、ぜったいやらないからね わかったね ぜったいのぜったいおやくそく えいえいおー

（日付不明）あしたのあさは きょうみたいにやるんじゃなくて もうあしたはぜったいやるんだぞとお

もって　いっしょうけんめいやってパパとママにみせるぞていう　きもちでやるぞ
（日付不明）きのうパパにおこられたこと　おべんきょうおしえてもらったのに　おれいをいわなかっ
た　べらんだでたたされた

本章で取り上げた二つの事件は、たまたま同じ年のほぼ同時期に発生している以外に共通性はない。両方の事件について、関係者も私たち傍観者も含めて、「何も共有するもの＝共通するものがない」。その意味で、世間で起こるほとんどすべての出来事が、当事者も関係者も「共有するもの＝共通するもの」を持たない。それでも私から見たとき、両方の事件には「共有するもの＝共通するもの」がある。それは、どちらの事件も、被害者も加害者も、ありふれた日常を生きる〈普通の人びと（ordinary people）〉であるということだ。世界中のどんな事件や事故であれ、そこに巻き込まれていく人は、ほとんどの場合、〈普通の人びと〉である。

そんなことは当たり前だと思われるかもしれない。しかし、その〈当たり前〉が最も問題なのだ。あまりに〈当たり前〉すぎて、私たちは往々にしてこの事実を忘れてしまう。逆に、事件や事故に巻き込まれると、匿名の〈普通の人びと〉は誰でも、「当事者」にさせられてしまう。昨日まで大過なく過ごしてきた日常が、〈その日〉を境に一変してしまう。そして誰もが、その激変に適切に対応することができないでおろおろする。

ただフロリダの銃乱射事件は、起こるべくして起きたと言えないこともない。加害者の元高校生は、私たちの感覚では〈普通の人〉のカテゴリには含まれないかもしれない。日本人の〈常識＝共通感覚（common sense）〉からいって、十代の元高校生が、自動小銃を手にすることが〈普通〉だとは思えない。銃の携行についての価値観が違いすぎるため、私たちにはアメリカの銃社会が異様に見える。私たちが住む日本では、護身用であれ何であれ、銃を日常的に所有する習慣がない。それゆえ、銃乱射のような凶悪犯罪は、日本では起きる可能性は低い。

しかし、もちろん銃の保持が凶悪犯罪の有無を決定するわけではない。大量殺人を例に挙げるならば、二〇一六年七月二十六日に神奈川県相模原《さがみはら》市で起きた「相模原障碍者施設殺傷事件」では、元施設職員が夜間に侵入し、入所者十九人を刺殺し、他の入所者や職員らを含む二十六人に重軽傷を負わせた。犯行が夜間であり、死傷者のほとんどが重度障碍者だったから、死傷者の人数が極端に多いと考えられる。それゆえ、銃の所持そのものが、日本で凶悪な大量殺人事件が起こらない理由ではない。

私が注目したいのは、〈普通の人〉が凶悪な大量殺傷事件を起こしうるという現実であり、そこに潜む心理・社会的状況である。フロリダの事件の加害者もまた、事件を起こす前も、学校や地域にとっては〈困った人〉だった。それゆえ、地域の誰かはこのような事件を起こしうると予想していたかもしれない。とはいえ彼が、学校を襲撃する犯罪を起こすとまでは想像しなかったかもしれない。危険人物として、FBIなどからマークされるほどではなかった。その意味で彼も、〈普通の人〉だった。

私たちの日本社会でも、突発的に犯罪を犯す〈困った人〉は、私たちの日々の暮らしの中にも紛れ込んでいるし、私たち自身もまた、いつそんな犯罪を犯す〈困った人〉になるかもしれない。程度は違っても私自身ですら、周りから「あいつは、困ったやつだ」と思われているだろうから。
例えば、混雑した電車の中で、イヤホンをしながらスマートフォンでゲームをして、自分の陣地を譲らずに足を踏ん張り、肘を張り続ける人は〈困った人〉ではないのか？ そういう人に限って、周りの人が同じことをしていると、舌打ちしながらあえて無理やり押したりする。そういう人の〈虫の居所が悪い〉とき、誰かに絡んだりしないとは限らない。また、誰かが降りようとしても頑固に扉の前に居座り続ける人も、酔っ払って悪態をつく人も、周りから見れば十分に〈困った人〉だろう。私たち〈普通の人〉はいつでもどこでも、〈普通の誰か〉にとって〈困った人〉になりうるし、ふとしたきっかけで犯罪行為を犯す危険性に晒されている。

しかし、本当に困るのは、本人が自分を〈困った人〉だという認識を持っていないことだ。私たちは、自分自身が〈困った人〉ではないかのように思い込み、少しでも違和感があると、そういう人たちをつかまえて〈困った人〉というレッテルを貼る。そして、〈困った人〉を何食わぬ顔でやり過ごしながら、あたかも「触らぬ神に祟りなし」の人生訓をもって日々を過ごしていく。それでも、私たちのような〈普通の困った人〉はそれなりに生きていける。

しかし、〈普通の人〉だったはずの母親や義父に虐待され殺された〈普通の女児〉は、生きていくことができなかった。彼女は、いかなる権力からも無縁であり、両親に対する「媚《こ》び諂《へつら》い」も処世術も何も身につけないまま、圧倒的な弱者として生きてきた。自分を守る術《すべ》も知らず、自分を産んでくれた母親からも放置された彼女は、虐待する義父に認められようと努力し、親にすがって生きていくしかなかった。おそらく、なんとか自らの存在を認めてもらうために親の顔色を伺い、親からの信頼を僅かでも勝ち取るために〈生き延びる（survival）〉ことに懸命だったはずだ。

それは全く〈普通〉のことではない。「いっしょうけんめいやってパパとママにみせるぞというきもちでやるぞ」という必死の誓いは、自分が真剣に両親の期待に応えようとする彼女なりの叫びだった。彼女にとって、親は絶対的存在であり、自分を庇護し保護する唯一の拠り所だっただろう。しかし、実母も悪魔のような義父も、彼女が〈生き延びよう〉とした意思を聞き届けなかった。結果的に、彼女は恨み言も言えないままに衰弱して亡くなってしまった。わずか五歳十一ヶ月の命だった。翌春には小学校に入学する予定だった。

女児を虐待した両親の裁判が進む中で、様々なことが明らかになっていった。義父は、女児を虐待していただけでなく、女児の実母に対しても心理的ドメスティック・バイオレンス（DV）を日常的に行使し、実母の〈こころ〉をコントロールしていた。結果的に、実母は女児を守りたくても守れない状況、あるいは守りたいという気持ちすら生じなかったかもしれない。〈普通の人〉による〈暴力〉は、私たち〈普通の人〉の生活の中に忍び込んでおり、私たちを蝕んでいく。

日常化する暴力——虐待とその背景

二〇一九年十月十五日東京地裁（守下実裁判長）は、義父に懲役十三年の実刑判決（検察側の求刑は十八年）を下した。判決によれば、女児の義父は、香川県で女児の実母と結婚し、その約半年後、女児に弟が生まれ、その頃から女児への虐待が始まっている。女児は児童相談所の一時保護と解除を繰り返す中、最終的に両親の元に帰ることになる。義父の弁護士は、義父が理想的な家庭を築こうとしたことが彼にとってプレッシャーになり、実母に対してきつく当たるようになったと弁護した。

義父は、女児の実母と入籍後、実母に対して連日のように長時間の説教などを繰り返し、罵声を浴びせたりしたため、実母は義父に何も言えなくなってしまった。心理的DVによる義父のコントロール下に置かれた実母も、女児に対するあまりに苛烈な虐待から女児を救い出すことができなかった。女児の義父は、妻に対して〈ことばの暴力〉という悪辣で巧妙な仕方で心理的な支配を行い、女児を救うべき立場にあるはずの母親が女児に手出しできないように仕向けていった。義父は終始、女児の虐待に対して主導的な立場に立ち、最も重要な役割を果たしていた。本人もまたそれを認めている。

しかしその一方で、彼は、前父の躾《しつけ》がなっていなかったために、自分が厳しく躾なければならなかったとも主張した。彼の中では、理想の家庭を築くためには、ある程度厳しい躾が必要だと考えていたのかもしれない。彼の〈こころ〉の奥底には、〈いい父親〉になって、〈理想の家庭〉を築かなければならないという思いが強くあったのだろうか? 女児は、東京に転居してから亡くなるまでの三十九日間、ほとんど外出することはなかった。しかし、女児を除く両親と弟の三人は、東京や浅草観光をして過ごしている。そこには、義父が抱く〈理想の家族〉像があったのかもしれない。

女児が亡くなる直前、義父は女児に対して達成困難な課題を次々と課し、課題ができないと水のシャワーを浴びせるなどの虐待を繰り返した。義父は女児に満足な食事を与えなかったため、女児は五歳児にも関わらず、二歳児並みの女児の体重にまでやせ細った。さらに、義父は女児の顔面を殴打し、女児は嘔吐を繰り返していたという。亡くなったとき女児は一七〇箇所の怪我を負い、皮膚が浅黒く変色していた。義父が老獪《ろうかい》なのは、虐待した事実が露見しないように、女児を病院に連れて行くことを拒み、実母にもそう要求していたことだ。女児が亡くなる前日、義父は、女児が動かないことに恐れをなして救急車を呼び、女児は病院に搬送された。しかし翌日、女児は敗血症のため死亡した。

それでは、義父には親としての責任感も、父親としての愛情もなかったのだろうか？　彼の裁判における証言から察するに、単なるDV夫や虐待する父親という像だけでなく、家庭を懸命に維持しようとする姿勢もわずかに見られる。実際に、彼を苦しめ追い込んだのは、親にならなければならないという強烈なまでの義務感だった。彼は公判で、女児に対する気持ちを尋ねられたとき、号泣しながら「私が……親になろうとして、ごめんなさいという気持ちです」と答えたという。[4]

公判でいくら謝罪しても、彼（ら）の犯した罪は贖うことはできない。それでも、愛すべき家族を持ち健全な家庭を持つべきだ、父親・母親として子どもを「立派に」育てるべきだという世間の〈普通の人びと〉の視線が、若い夫婦を追い込んでいったと言えるだろう。義父は、世間の期待（?）に応えるために、子どもにきちんとした大人になってもらいたいという思いで、〈躾という暴力〉を選んだ。女児を虐待死させた義父も含めて、虐待する親たちの言葉の中に、〈躾という暴力〉が見え隠れする。伝染病や感染症のように、社会の中では〈躾〉という言葉が蔓延し、若い親たちを苦しめる。

陰惨な事件や事故のほとんどで、私たち〈普通の人〉が弱い立場にある〈普通の人〉を傷つける加害者になったり、強い立場の〈普通の人〉の犠牲者になったりする。それでも、〈普通の人〉である私たちは、時の流れの中で、事件の悲惨さや被害者の苦痛も、加害者に対する憤りも忘れていく。

私たち〈普通の人〉は、悲惨な事件や事故、さらには大災害ですら、たまたま被害者や被災者にならなかっただけなのに、それぞれの事件や事故の報道にいちいち反応しなくなっていく。イタリアのアクティヴィストで思想家でもあるフランコ・ベラルディ（ビフォ）も言うように、「われわれはむしろ、それに慣れてしまっている[5]」。

社会・政治的暴力——「トラウマ」の連鎖

しかし事件や事故、災害に見舞われた人たちや遺された遺族は、私たち傍観者のようには、事件や被災を忘れることはない。彼ら・彼女らは、なんらかの「心的外傷（トラウマ trauma）」を抱えながら、「生き延びていく」しかない。彼ら・彼女らの中には、「トラウマ」が深すぎるために、〈普通の人〉としての人格が破綻してしまう人もいる。その結果、世間で起こることに何の感情も示さない場合もある。「トラウマ」を抱えた人びとを、私たちはどこまで理解できるのか。癒されることの難しい「トラウマ」を抱えた人たちと共に生きていくとき、私たち〈普通の人〉には、何ができるのか。

フランスの現代哲学者カトリーヌ・マラブーは、『新たなる傷つき者たち（les nouveaux blessés）』（二〇〇七）の中で、「新たなる傷つき者」という概念を用いて、「トラウマ」を抱えた人たちをどのように捉えていくかを考察している。私にとって彼女の思想が興味深いのは、「社会・政治的トラウマ(traumatismes sociopolitiques)[6]」という概念を創り出しているからだ。私は、この概念によって、〈社会・政治的暴力〉の連鎖を明らかにすることができるのではないかと考えている。

また、私がここでマラブーの思想に着目するのは、暴力被害者の〈社会・政治的トラウマ〉が、被害者の「人格」を変様させ、まるで「見知らぬ人=異邦人」になってしまったかのように振る舞うことに注目しているからだ。つまり彼女の理解では、「トラウマ」が脳を傷つけ変性させているのである。

彼女の指摘を受けて、私は暴力の連鎖を次のように解釈できると考えている。私たち〈普通の人びと〉が、なんらかの圧倒的な暴力によって、〈脳の外傷〉としての「トラウマ」を負い、それが原因(=素因)となって、その人の「人格」が変容し、別人格となった「暴力被害者」が、次なる暴力を他者に振るうことで、「暴力加害者」へと変貌すると考えられる。

もちろん、これは一つの仮説でしかない。ただ、一つの試みとして、暴力の連鎖の可能性(=危険性)を、最近の「子ども虐待」による発達障碍の研究から考察することによって、ある程度のことが言えると考えている。性的虐待も含めて「子ども虐待」やDVなど、主に家庭・家族内で起こる暴力や、「ハラスメント」(セクシュアル・ハラスメント、パワー・ハラスメント、アカデミック・ハラスメント、マタニティ・ハラスメント)などの学校や職場など日常生活の中で起こる暴力が〈こころ〉を傷つけるだけでなく、脳をも傷つけるという脳神経科学研究や精神医学研究が徐々に蓄積されつつあるからだ。

私たちは、「トラウマ」という〈こころの傷〉だけでなく、〈脳の傷〉にもっと注意を払うべきだろう。

「エピジェネティクス(epigenetics)」と呼ばれる分野では、「トラウマ」が脳の遺伝子に影響を与えることを明らかにしている。分子生物学者ネッサ・キャリーは、『エピジェネティクス革命――世代を超える遺伝子の記憶』（二〇一二）の中で、「エピジェネティクス」とは「遺伝子自体は変化させずに、遺伝子のスイッチをオン、あるいはオフに変化させる、私たちの遺伝物質上の一連の付加的変化（修飾）と定義することができる」[7]と言っている。虐待のような暴力に晒された子どもも、幼児期の「トラウマ」によって、脳の遺伝子発現が変化させられ、その変化がエピジェネティックな仕組みによって生み出されたり、維持されたり（あるいはその両方）するということだ。

より恐ろしいのは、「エピジェネティクスを介した遺伝子発現の異常」が「成人になってから精神疾患にかかるリスクを高める要因となるはずである」[8]ということである。キャリーによれば、成長の早い段階で虐待や育児放棄を受けた子どもは、〈普通の子ども〉に比べて明らかに高い精神疾患のリスクを持って成長する。それは多くの場合、うつ病や自傷行為に始まり、薬物中毒や自殺において高いリスクを持つ大人に成長する。つまり、虐待や暴力は、私たちの〈こころ〉に傷をつけるだけでなく、遺伝子にまで影響を与えるのであり、成人になった後も、その人を苦しめるのである。

精神科医の杉山登志郎は、虐待や暴力による「トラウマ」が子どもたちの脆弱な脳を変異させ、「発達障碍」のような症状を出現させると言う。彼は、それを「こども虐待」による「第四の発達障碍」と名づけた。杉山によれば、第一は知的障碍や肢体不自由など古典的発達障碍、第二は「自閉症スペクトラム（Autism Spectrum Disorder（ASD））」（以下、ASDと略記）〔ASDについては、第二節で触れる〕、第三は「注意欠陥多動性障碍（Attention-Deficit/Hyperactivity Disorder（ADHD））」〔以下、A

DHDと略記）や「学習障碍（Learning Disorder（LD））」（以下、LDと略記）などいわゆる軽度発達障碍である。[9] 杉山によれば、遺伝子による身体的素因と、暴力に日々晒される日常生活という環境要因との「掛け算」によって、様々な精神疾患が生ずる。もしかしたら、目黒区の女児虐待事件の加害者の義父もまた、虐待の「被害者」ではなかったか？ 彼自身が大学時代から大麻を吸い、社会に出てからも違法ドラッグに手を出しているという証言もある。しかし、憶測はやめておこう。

第2節 「子ども虐待」という〈社会・政治的暴力〉——「トラウマ」の連鎖

マラブーは、「新たなる傷つき者」の「出現=創発《エマージェンス》」として「フロイトの時代に同定されなかった障害に見舞われた主体=患者（sujet）」[10]に着目する。その障碍には「運動障碍」一般だけでなく、「強迫性障碍（強迫（神経）症）」やADHDも含まれている。マラブーは指摘していないが、私にとって重要なのは、「強迫性障碍」や「ADHD」などが「新たなる傷つき者」として挙げられていることだ。これらの障碍は、アメリカ精神医学会が主導して策定された『精神医学の診断・統計マニュアルDiagnostic & Statistical Manual of Mental Disorders』第五版（二〇一三）（以下、DSM-Vと略記）ではASDと並んで、「神経発達障害群（neurodevelopment disorders）」として記載されている。[11]特に私が着目したいのは、これらの発達障碍者が教育・社会問題を引き起こしてもいるからだ。

精神病理学者の松本卓也によれば、これまで「自閉症」や「アスペルガー症候群」というように分類されていた障碍が、DSM-Vでは、その症状の多様性や連続性のゆえに、ASDという連続体（スペクトラム）として考えられている。ASDとしての有病率は、これまでは一%以下と見積もられていたが、概念の変遷や啓発運動の結果として、数%程度存在することが明らかになっている。[12]

ASDの特徴は、第一に、社会的コミュニケーションや対人的な相互反応に持続的な欠陥があること、第二に、行動や興味、活動が限定されており反復的に行われたりすることだ。第一の場合で特徴的なのは、対人的に異常な近づき方や通常の対話のやりとりができないこともあれば、興味や情動、感情の共有が少ないこともある。言語を始め、対話の場面でも視線を合わせない、表情を読めないなどの非言語的なコミュニケーションも困難であったりする。第二の場合では、同じ動作を繰り返し反復したり、同じものに固執したりする。さらに特徴的には、感覚刺激に対して過敏であったり、逆に鈍感であったりもする。

私がマラブーに倣って、ASDを「新たなる傷つきし者」として重視するのは、先に触れたように、虐待やDVの結果としての「第四の発達障害」[13]として注目されているからだ。虐待やDVなどの暴力の被害を受けたり、何らかの外傷的《トラウマティック》出来事に直面したりすることで、〈からだ〉や〈こころ〉がどのような影響を受け、傷つけられるかという問題に〈ケアの倫理〉は立ち向かわなければならない。

その意味で、〈ケアの倫理〉は、マラブーの言う「出来事と傷との関係（le rapport entre événement et blessure）」[14]を考察していかなければならない。次節で検討するように、当初、外傷的出来事と「トラウマ（＝こころの傷）」の関係は、戦争精神医学が扱ってきた。[15]フロイトが精神分析の理論に磨きをかけてきたのも、戦争と〈こころ〉との関係だった。[16]しかし現代では、何の変哲もない日常の中で、戦争に匹敵するような悲惨な出来事や事故が多発している。そして、苛烈な出来事に晒された私たちが〈傷つく〉のは、もはや〈こころ〉だけではない。したがって、私たちは、もはや精神分析学や精神医学に頼っている場合ではない。〈こころ〉だけを扱う学問だけでは、もはや解決ができない〈外傷＝トラウマ〉がある。それが、「社会・政治的トラウマ」であり、その〈外傷〉を抱えて生きていかなければならない人がいる。問題は、〈からだ〉と〈こころ〉の〈外傷〉なのだ。

マラブーによれば、「あらゆる外傷は、情動をつかさどる脳部位に影響をもたらす」[17]。つまり、「ショック、強烈な心理的ストレス、急性の不安」などの〈こころ〉が「情動的脳（*cerveau affectif*）に影響をもたらす」[18]のである。それゆえ、私たちが気をつけるべきなのは、事件や事故の大小に関わらず、様々な日常性の暴力や虐待・ハラスメントは、〈こころ〉だけでなく、情動的脳のような〈からだ〉にもダメージを与えるということである。

また、「新たなる傷つきし者」について特に注意したいのは、偶発的な損傷であれ慢性疾患であれ、患者たちの臨床像は異なっているにもかかわらず、すべての人たちが「情動障碍」に苦しんでいることだ。[19]「新たなる傷つきし者」は、「無関心（indifférence）ないし興味の喪失（désaffection）」[20]を特徴とする。ＡＳＤに苦しむ人たちはある特定のことに興味がある一方で、それ以外についてはまったく無関心・無反応である。マラブーは、こうした特徴を「特に、同一性《アイデンティティ》の完全な変容《メタモルフォーゼ》に結びつく情動的な冷淡さ、荒廃、無関心が常に再帰してくる」と言っている。先に触れたように、情動的脳に〈外傷（トラウマ）〉を負った子どもたちが遺伝子に影響を受けたまま成長し、親となって子どもを養育するとき、自らの子どもを虐待しないとは限らない。むしろ、その可能性が増長されることに注意すべきだろう。そこには、成人になった虐待の被害者が虐待の加害者へと転換する可能性があるということだ。ちなみに、キャリーによれば、幼児期に虐待やネグレクトを経験したことのある成人は、同世代の人に比べて、受けているストレスの程度が高い。言うなれば、慢性的なストレスを受けている。そして、そのような人たちは、精神疾患を発症するリスクも高い。[21]

さらに友田明美と藤澤玲子は、虐待によって脳が変性し、様々な精神疾患を発症したり、社会的トラブルを引き起こしたりすることを指摘している。[22] 杉山の経験に基づく統計によれば、虐待する親の精神疾患で最も多いのがうつ病であり、第二位が高機能広範性発達障碍（いわゆるASD）、第三位がPTSDであることに注意を要する。また、加害親が被虐待の既往を持つ確率は、六八％、DVの被害者が五四％で、いずれかの被害者は全体の約八割に及んでいる。以上の結果から、杉山は「暴力にさらされた子どもは、治療をきちんと受けない限り暴力にとても親和性が高い大人に育ち、DV夫となる暴力的な男性に引きよせられ、更にみずからも子どもになんらかの虐待を行う危険性が高くなってしまう。この親の統計でPTSDやうつ病が多いのは、暴力の連鎖を反映しているものと考えられる[23]」と言う。

以上からも分かるように、脳損傷や脳障碍、アルツハイマー病などの神経変性疾患の患者は〈脳〉の疾患であり、トラウマやPTSDが〈こころ〉の病であるという区別は成り立たない。後に検討するように、アルツハイマー病を患ったマラブーの祖母も、ベトナム戦争に従軍した経験のある兵士も、性的虐待でPTSDを抱えて生きる被虐待児も、被虐待児として〈生き延び〉自ら虐待する大人となった人もすべて、「新たなる傷つきし者」であり、「情動障碍に苦しんでいる」。

第3節　「新たなる傷つきし者」の出現
――「社会・政治的トラウマ」の問題

精神病理学の〈政治性〉

マラブーは、虐待や暴力の被害者の「トラウマ」やPTSDに対して、哲学的にアプローチしようとするだけではない。彼女は、学問としての精神医学や精神病理学にも〈ポリティクス（政治性）〉を見出す。彼女は、精神病理学は「政治的身振り（un geste politique）」を孕んでいると言う。彼女によれば、精神障碍の規定や定義、臨床像（tableau clinique）、心理療法《セラピー》（thérapie）は常に、その時代時代の戦争状態と切っても切れない関係にある。その意味で、それらの学問や技術は、その時々の政治的な背景を背負っている。

「トラウマ」やPTSDの症状や障碍は、第一次世界大戦の時代には「戦争神経症」と呼ばれており、その治療にフロイトも関わっていた。そもそも身体的な外傷の意味で用いられていた「トラウマ（外傷）」概念を、「心的外傷」の意味にまで拡張させて用いた張本人こそ、フロイトだった。そのほぼ五十年後のベトナム戦争時に、帰還兵たちが「トラウマ」を抱えて帰国したことが大きな出来事となった。彼ら兵士達と治療にあたった精神科医たちは、七年にもわたる調査・研究の蓄積からアメリカ精神医学会を動かし、DSM－Ⅲ（一九八〇）に「PTSD」という項目を初めて掲載させることになる。[24] その後も、近年ではイラク戦争の帰還兵がPTSDに罹っている現実を見るとき、PTSD概念がいかに戦争と密接に関わり、政治的な背景を持っているかを知ることができる。

PTSDとは何か？——DSM－Vの記述から

DSM－V（二〇一三）では、「外傷性神経症（traumatic neurosis）」はPTSDと適応障碍として理解されている。[25] 松本は、「ストレス反応の概説」で、両者について次のように述べている。

> 大災害や虐待、性暴力sexual violenceなどの出来事や、あるいはより一般的にストレスとして捉えられるような出来事に暴露されたときに、さまざまな精神的苦痛が生まれることがあります。そのような精神障害は、これまで外傷性神経症traumatic neurosisと呼ばれてきましたが、現代のDSM‐5では、成人の外傷性神経症は、大きく分けて心的外傷後ストレス障害posttraumatic stress disorder（PTSD）と適応障害に分類されるに至っています。

さらに松本は、PTSDの主症状として次のような項目を立てている。

—①**再体験** re-experiencing **ないし侵入** intrusion：外傷的な出来事が、イメージ・思考・知覚の形で反復的かつ侵入的に想起されること、あるいは夢の中に苦痛を伴いながら反復的にあらわれることを指す。外傷的な出来事を思い出させるようなものがきっかけになって、強烈な精神的苦痛や、生理的反応が生じることもある。

②回避ないし鈍麻 numbness：外傷的な出来事に関連する物事を避けようとしたり、興味を感じなくなったりすることを指す。そのような行動が繰り返されることになって人間関係が疎遠になることもある。

③過覚醒 hyperarousal：睡眠障害（特に入眠困難や中途覚醒）、あらゆる方向を絶えず気にしてしまうがゆえの注意集中の困難、過剰な警戒、極端な驚愕反応などを指す。

さらに松本は補足的に、これらの症状の相互の関係について、「再体験が起こるがゆえに、それを避けようとして回避が起こり、回避を達成するために常に覚醒していなければならなくなる（過覚醒）」と理解できると言う。こうした主要な症状に、さらに認知と気分の変化が追加されたものが、DSM‐Vの「心的外傷後ストレス障害」の診断基準としてあげられている。参考までに、診断基準の概略を松本の表に即してあげておく。

心的外傷後ストレス障害　三〇九・八一（F四三・一〇）

A　実際にまたは危うく死ぬ、重傷を負う、性的暴力を受ける出来事への暴露

B　心的外傷的出来事の後に始まる、その心的外傷的出来事に関連した侵入症状の存在

C　心的外傷的出来事に関連する刺激の持続的回避
D　心的外傷的出来事に関連した認知と気分の陰性の変化
E　心的外傷的出来事と関連した、覚醒度と反応性の著しい変化

これらの診断基準には、それぞれ細目がある。松本によれば、心的外傷的出来事に関して、A基準にあるように、自分が経験するだけでなく、「他者が経験している現場を目撃する場合」「家族や親しい友人が経験したことを聴取する場合」などもある。

またBからE基準の症状が一ヶ月以上持続しており、患者本人に「社会的・職業的生活上の障害が生じていること」、そして「他の障害や薬物などの作用ではうまく説明できないことが確認された場合に、心的外傷後ストレス障害」と診断される。[26]

〈こころの傷〉と〈脳の傷〉の反転の謎

心身ともに強靭に鍛えられた兵士ですら、戦争の暴力によってPTSDを患うことが避けられないのならば、特段の訓練も鍛錬もしていない私たち〈普通の人〉の〈こころ〉は容易に傷つけられる。ただ注意しなければならないのは、暴力性が類似しているから、戦争神経症がPTSDへと概念的に練り直されながら変遷してきたわけではないということだ。重要なのは、暴力のあり方や暴力の類似性ではなく、私たちに振るわれた暴力が何であれ、それによって引き起こされた障碍や症状にあまり

にも類似性があったということである。マラブーは、「脳損傷者の症状とPTSDに苦しむ戦争帰還兵（中略）の症状とのあいだに存在する歴然とした類似性に、衝撃を受けないわけにいかない」[27]と言う。

その一方で、気をつけるべきなのは、両者の関係が反転するということである。頭部の損傷の有無に関係なく、PTSDを患った戦争帰還兵や、戦争での外傷被害者の行動が、あらゆる点で脳損傷者の行動と似通っているということである。「政治的な外傷効果と器質的な外傷効果とのあいだに明確な線引きができないこと」[28]（強調・マラブー）に注意すべきなのだ。私たちは、脳そのものに目立った損傷や障碍がなくても、PTSDのように人格の荒廃が発生することを理解する必要がある。

しかも脳科学の進歩によって、「虐待、戦争、テロ、抑留、性的虐待といった体験を持った外傷被害者」の脳は、微小なものであれ外傷を負っていることが、明らかになりつつある。そして、マラブーの指摘で重要なのは、「外傷の再定義」を行い、彼女が言うように、虐待や戦争、テロや性的虐待による被害者の「トラウマ」も、「社会・政治的トラウマ（traumatismes sociopolitique）」[29]として位置づけ直し、脳損傷者や脳障碍者による外傷と同様に捉えることが必要になるということである。

また松本も言うように、「大災害や虐待、性暴力（sexual violence）などの出来事」や「一般的にストレスとして捉えられるような出来事に暴露されたときに」[30]、私たちは様々な精神的な苦痛を味わう。しかも大災害なり虐待なり性暴力などの出来事は、被災者や被害者にとって「災害的出来事（l'événement désastreux）」として極めて偶発的に生じ、彼ら・彼女らを完全に打ちのめす。しかも人為的暴力や虐待、ハラスメントのような〝社会・政治的暴力〟は、「社会・政治的トラウマ」を引き起こし、「心的な偶発事故《アクシデント》（accidents psychiques）」として日常生活を生きる私たちを襲う。

そして、暴力に打ちのめされた被害者たちは、戦争の戦闘体験やその後遺症に苦しんだ兵士たちと同じように、PTSDに苦しみながら生きていかなければならない。マラブーや松本の指摘を待つまでもなく、〈こころ〉が傷を負うことによって出現する症状は、虐待や性的暴力の被害者であれ戦争帰還兵であれ、類似していることを忘れるべきではない。そして重要なのは、〈こころ〉が傷つくことと同時に、〈脳〉もまた傷つくということである。

マラブーは、「トラウマ」が〈脳〉をも傷つけることを、自らの祖母から学んだ。自身の祖母がアルツハイマー病に罹患しながらも、おのれの哲学的なアプローチの非力を実感した先に見出したものが、「新たなる傷つきし者（Les nouveaux blessés）」（強調・引用者）という概念であった。

マラブーは、PTSDを抱えた患者などの「傷つきし者」たちに加えて、「新たなる傷つきし者」という概念を提起する。その概念は、「ひとつの回帰」であると同時に「ひとつの出現＝創発（émergence）」であるという。「トラウマ」やPTSDが「戦争神経症」や「外傷性神経症」として理解されていたという意味ではすでに「トラウマ」を抱えた「傷ついた者」は存在していた。その意味で「傷つきし者」という概念の「回帰」であり、新しい障碍としては「ひとつの出現＝創発」であるからだ。

私たちの常識では、脳に損傷や障碍を持つ患者は、すでに何らかの形で「トラウマ」を得た「傷つきし者」である。しかし彼女の提唱する新しい「トラウマ」被害者は、「従来の精神分析が把握＝包括（comprendre）できないようなこころの傷を負ったすべての者、すなわち、精神分析の管轄に関連するものとして理解する（entendre）と同時に、そのように見なせないようなこころの傷の負傷者」を含んでいる。「回帰」としての「新しき傷つきし者[31]」とは、脳損傷や脳卒中の被害者であり、頭部外傷、腫瘍、脳炎、髄膜脳炎などの患者である。またパーキンソン病、アルツハイマー病のような神経変性疾患の患者も含まれる。さらにマラブーは、「精神分析が治療しようと試みたが結果的に成功しなかった患者たち」として、「統合失調症、自閉症、癲癇、トゥレット症候群」の患者なども、このカテゴリーに入れている。「新たなる傷つきし者」とは、従来の「トラウマ」を抱えた人たちに加えて、脳障碍から脳損傷の患者や、統合失調症などの精神疾患の患者、さらには自閉症や癲癇など脳の障碍に苦しむ人たちまでも包括する概念である。彼ら・彼女らは何らかの仕方で「脳的こころ＝脳としてのこころ」に「トラウマ」を抱え、自覚・無自覚に関わりなく情動の苦しみに苛まれている。

そもそも私がマラブーに言及するのは、彼女が暴力やハラスメントの被害者がＰＴＳＤを発症した際の症状が、アルツハイマー病などの脳損傷や脳障碍のために情動を欠落させた患者と同様の症状を呈する点に着目しているからである。彼女は、この点について大胆な仮説を提起した。それは、「広い意味での脳損傷者たち、とりわけアルツハイマー病の患者たちは、戦争による外傷の被害者と同様の症状と振る舞いを示すという仮説[32]」である。

彼女は、脳損傷や脳障碍の患者の症状が、ＰＴＳＤに苦しむ戦争帰還兵[33]の症状と類似していることを指摘する。先に述べたように、両者には「同一性《アイデンティティ》の完全な変容《メタモルフォーゼ》（une métamorphose totale de l'identité）」に結びついた「情動的な冷淡さ、荒廃、無関心ぶりがつねに見て[34]」とれる。私にとっては、アルツハイマー病患者と、PTSDに苦しむ戦争帰還兵との症状の類似性だけが問題なのではない。私たちは、戦争からほど遠い世界のなかで、アルツハイマー病に罹患するほど年齢を重ねていない子どもにも、〈日常性の暴力〉の被害者として、「トラウマ」やPTSDが発症している現実を見なくてはならない。性的虐待を含む虐待や、種々のハラスメントなどの暴力の被害者たちもまた、「トラウマ」やPTSDの諸症状で苦しんでいる。私たちが日常を生きる世界は、私たちが思うほど、安全でも安心でもない。

過酷な現実を生きる被害者たちを尻目に、私たち〈普通の人〉の多くは重篤なPTSDに苦しんだり、周囲との軋轢に苦しみ、社会復帰が厳しい適応障碍と診断されたりしない。逆に言えば、私たちは、たいていの場合、日常生活が送れなくなるほどの厳しい「トラウマ」体験もなく、適応障碍を患うほどの社会の圧力を感じない〈鈍感さ〉に救われている。ただその〈鈍感さ〉が、「トラウマ」を抱えPTSDに苦しむ人々に対する感度を鈍らせる。それでは、なぜこれほどまでに〈他者の苦痛への感度〉が鈍っているのだろうか。〈共感能力〉が決定的に欠如しているのだろうか。それとも、私たちは意図的に他者の苦痛に〈共感〉しないように、日々を生きているのだろうか。

私たち〈普通の人〉は、幼少期に両親や義父母からの体罰や虐待（「不適切な養育」としてのマルトリートメント maltreatment）[35]をかいくぐり、学校ではクラスメートや教師からのいじめや体罰をすり抜け、就職してからは職場でのセクシャル・ハラスメントやパワー・ハラスメントを回避し、家庭に戻ればDVに目をつぶってやり過ごす。歳を重ねて退職後に高齢者の仲間入りをしたら、「エイジズム（年齢による偏見（ageism）〉」を、それとなく誤魔化しながら生きていかなければならない。さもないと、寝たきりになったり認知症を発症したりしたら、家族であっても何をされるかわからないからだ。

現代を生きる私たち〈普通の人〉の〈生＝人生〉は、〈暴力〉に取り巻かれており、少しでも他者に関われば、大なり小なりの〈傷〉は避けられない。その〈傷〉が重篤化し「トラウマ」になればなるほど、ＰＴＳＤを抱え込む確率が増す。そうならないためには、いじめやハラスメントなどの〈日常性の暴力〉から自らを遠ざけておくことが優れた生き方になる。そのためには必要のないことには首を突っ込まず、苦痛に喘ぐ人たちにも必要以上に〈共感〉や〈同情〉は禁物である。巻き込まれたら、逃げられなくなってしまうからだ。見て見ぬ振りをしてやり過ごすことが最善の道なのだ。

現代を生き抜く〈普通の人〉として、私たちは必要最低限の共感能力を持ち、「君子危うきに近寄らず」をモットーに生きることが、〈日常化した暴力〉が蔓延する社会を生き抜く知恵である。皮肉なことに、ストレスの多い社会を生き抜くことができる私たちは、戦争からの「サバイバー（生存者survivor）」と同様に、「サバイバー（生き延びる者＝生き残る者）」である。

それに対して、暴力やハラスメントの被害者たちは、トラウマやＰＴＳＤを抱えながら、共感能力の感度の鈍い傍観者としての〈普通の人びと〉と共に生きていかなければならない。そして、暴力の被害者たちは、暴力によって傷つけられた〈こころ＝脳の傷〉による変性によってＰＴＳＤを発症すると同時に、暴力加害者へと変容＝変貌《メタモルフォーゼ》（métamorphoser）していくかもしれない。

第4節　〈情動を抱える生〉の〈ケアの倫理〉

「破壊的可塑性」の意味——マラブーの提案

マラブーによれば、〈こころ〉に傷を負った人たちの「脳の苦しみ」へのアプローチに関して、認識論的にも、臨床的にも、また形而上学的にも、精神分析と哲学は非力だった。[36] だからといって、彼女は哲学的アプローチを放棄したわけではない。彼女は〈脳〉から〈こころ〉に向けて哲学的にアプローチするためにこそ、神経生物学的知見を縦横無尽に活用する。というのも彼女は、「こころそのものの再定義を行う」ことを目論んでいるからである。そのために彼女は、神経生物学の観点からフロイト精神分析を批判し、精神分析が放棄してしまった神経学的なアプローチを取りながら、神経学と精神分析の両者を接合しようとする。

しかも忘れてはならないのは、マラブーは、フロイト精神分析を脳科学と結びつけようとする「神経精神分析（Neuropsychoanalysis）」の試みも視野に入れていることだ。彼女は、フロイトを読むために神経生物学や脳科学を活用し、これまで哲学が扱えなかった（扱おうとしなかった）〈脳〉と〈こころ〉の関係に新たな哲学的な考察をもたらそうとする。[37]

その際にマラブーは、哲学や精神分析を神経生物学や脳科学の「婢女《はしため》」として位置づけるのではない。自身が哲学的分析の道具として彫琢してきた「可塑性（plasticité）」[38]の概念を用いて、〈脳〉と〈こころ〉の関係を哲学的に考察するのである。彼女によれば、可塑性には三つの意味がある。第一に、粘土のように、〈かたち（＝形式 forme）〉を受け取ることのできる物質のもつ能力、第二に、〈かたち〉を与える能力として、彫刻家や整形外科医などがもつ能力、第三に「プラスチック爆弾（plastic）」に見られるように、〈かたち〉を爆発させ粉砕する可能性としての可塑性である。[39]

マラブーは、「可塑性」概念を〈脳〉や〈こころ〉の〈傷〉にも応用することによって、私たちの〈からだ〉の外から不意に訪れる様々な外傷的出来事にも可塑性を見出す。例えば、私たちが事件や事故、災害などの外傷的《トラウマティック》な出来事に晒されたとき、私たちの〈こころ〉は傷を負う。それでも、〈こころ〉には可塑性が備わっているから、その能力によって〈こころ〉は〈かたち（形式《フォルム》）〉を取り戻し、同一性《アイデンティティ》を維持することができる。

しかしマラブーが特に着目するのは、破壊的な力を持つ「トラウマ」の持つ可塑性である。彼女は「トラウマ」という「破壊」が「かたちをつくる」という。また言い換えて、「かたちの破壊による創造（création par destruction de forme）」と呼ぶ。外傷的出来事の衝撃が過激である場合、私たちの〈こころ〉は粉砕され、同一性《アイデンティティ》が崩壊してしまう。あるいは、何らかの脳障碍や脳疾患によって〈脳〉が〈傷〉をおい、「同一性《アイデンティティ》が永遠に破壊され、他者がかたちづくられる（former une autre）」[40]（強調・マラブー）。つまり、それまでの同一性《アイデンティティ》や、それに基づく〈こころ〉は「爆発と無化」に見舞われ、別の「人格」が〈かたち〉づくられる。第2章で詳しく検討するように、マラブーは、祖母がアルツハイマー病になり、「別の誰か」になってしまったのは、まさに「トラウマ」が持つ「破壊的可塑性」に原因があると考えた。

マラブーは、精神分析も神経学も「可塑性」概念に着目してはいても、哲学的な次元では考察していないという。彼女によれば、両者が言及するのはあくまで〈こころ〉の可塑性や〈脳〉の可塑性でしかない。それらは彼女の可塑性の定義のうち、二つの意味にとどまっている。マラブーにとって重要なのは、「トラウマ」が持つ「破壊的可塑性」という第三の意味である。精神分析と神経学の比較研究を行い、哲学的な考察を加えるためには、可塑性の第三の意味を積極的に取り上げ、練り上げていく必要がある。そこでマラブーは、〈脳〉と〈こころ〉との間に「橋をかける」ために、「脳的こころ＝脳としての心（la psyché cérébral）」[41]という概念を案出した。

しかも「こころ」を精神分析や精神医学からアプローチするのではなく、あくまで〈脳〉との関連で神経生物学的に考察するために、彼女は「新たなる唯物論（un nouveau matérialisme）」[42]を提唱する。「新たなる唯物論を練り上げるべき時がきた。新たなる唯物論が、神経生物学に向かい合う大陸哲学の新しい立場を決めるだろう。そしてそれは、長い時間をかけて、人文科学と生物学的科学とを結びつける橋をかけたり、かけ直したりするのである」[43]。彼女にとって「新たなる唯物論」とは、「脳の苦しみをこころの苦しみとして再認識し、両者を同一のものとみなす」[44]という姿勢に基づいており、「脳と思考、脳と無意識をわずかでも引き離すことを拒絶する」[45]ものである。

〈情動を抱える生〉の〈ケアの倫理〉

私の見解では、精神分析をふくむ心理療法《セラピー》や精神医学が〈こころ〉を特権的に重視するあまりに、物理《フィジカル》・身体的で唯物的《マテリアル》（＝物質的）な〈からだ〉の側面からのアプローチが脆弱になっている。もちろん私もまた、〈こころの傷〉としての「トラウマ」に着目し、それを治療することの重要性を認めることにやぶさかではない。しかしその一方で、「トラウマ」が脳に根ざした疾患でもあることに注意を向けるべきだと思う。

精神科医の杉山登志郎は、大多数の発達障碍が多因子遺伝モデルに適合することを指摘した。彼は、様々な遺伝子が関与しあい、一部の遺伝子が日常的に突然変異を起こしているという。しかも彼は「多くの遺伝子による身体的素因と、環境因との掛け算によって疾患の発現が生じる」と指摘している。杉山の指摘で重要なのは、「遺伝情報がメッセンジャーRNAを介し、酵素の発現に転写される過程で、さまざまな環境の干渉を受け、遺伝情報のスイッチのオン・オフが生じる現象」[46]として「エピジェネティクス」に着目している点である。虐待のような暴力が〈脳〉を変化させるだけでなく、遺伝子情報にも影響を与えることはもっと強調されるべきだろう。そこでは、〈生＝いのち〉と〈からだ〉の関係が蔑ろにされている背景がある。〈生＝いのち〉の〈象徴化〉とでも呼ぶべき事態がある。

マラブーは、フーコーに始まる「バイオポリティクス（＝生政治学 bio-politics）」における「生《ビオス》」概念が生物学的な〈生〉と切り離され、〈象徴化〉されていることを批判する。彼女は、「エピジェネティクス」を、バイオポリティクスに抵抗する「生物学的抵抗」の戦略として用いる。彼女にとって重要なのは、私たちの「生」を生物学的な〈身体＝からだ〉を根拠にして、バイオポリティクスに抵抗することにある。そのためには、「象徴的なものと生物学的なものの一致を訴える、新たな唯物論を練り上げねばならない」。それが、マラブーが唱える「新たなる唯物論」の一つのあり方である。

私は、マラブーの抵抗の戦略を正確に計測する立場にはない。ただ、私は従来の「トラウマ」を抱えて生きる人たちだけでなく、「社会・政治的トラウマ」の被害者や、何らかの暴力の被害者だけでなく、かつての被害者でありながら現在では加害者側の立場にいる「新たなる傷つきし者」＝「新たなる傷つけし者」たちをも含めて、〈情動の動揺の被害者〉として把握したいと考えている。

そうすることで、「情動を抱える生」という観点から〈生のケア倫理学〉を構築することを考えている。いつでもどこでも誰もが、加害者にも被害者にもなりうる「生＝人生（life）」のあり方を踏まえた〈普通の人びと〉の〈生きることの倫理学（Ethics of Life）〉である。

私たちはトラウマ後にも成長する——「ポストトラウマティック・グロウス（PTG）」

私たちが、様々な試練や辛い出来事によって「トラウマ」を得たとしても、私たちは生きていかなければならない。もちろん、生きることは義務ではない。誰かに頼まれたわけでも、誰かの「ために」生きるのでもない。私は、〈ケアの倫理〉の観点に立っていても、本人が死にたければ、死ねばよいと考えている。ただ私は、我が家の猫が最後の最後まで生きようとする〈欲望〉を見せつけてきた事実を無視したくない。彼女は、最後まで〈生きる〉ことを諦めなかった。最後の一瞬まで、彼女は私

〈たち〉に、〈生きること〉の〈戦い〉を見せてくれた。

我が家の猫はただの「動物（animal）」に過ぎない。しかし、animalは、もとは「魂」や「いのち」を意味するラテン語のanimaに由来する。猫としての彼女は、人間である私たちとともに、「いのちを吹き込まれたもの」として存在していた。そして、「魂」を宿した「生＝いのち」を持って生き抜くためには、〈力〉が必要だ。単純に生命力と言っても良いけれど、私は〈生きる力〉と呼びたい。どんなに辛くともどんなに痛くとも、どんなに厳しい「生＝人生」が待っていようとも、私たち「動物」には、〈生きる力〉が備わっている。〈生きる力〉を最大限に発揮し、何が何でも〈生き残り、生き延びる（survive）〉ことに〈生＝人生（life）〉の〈意味〉がある。

もしもそう考えられなかったとしたら、何らかのかたちで〈こころ〉に〈傷〉を負っているか、そのように〈脳の傷〉が仕向けている可能性がある。だから、不完全な「動物＝魂を持つもの」としての私たちは〈誰か・何かと共に生きる〉必要がある。互いに支え合い、必要とし合う必要がある。私の家の猫は、〈そこにいる（being-there）〉ことで、私たちと共に生きていた。

〈生＝いのち〉は、単純にその固体のものだけではない。それは分かち合われねばならない。誰か・何かのように、〈生きる力〉を携えたものが〈傍《そば》にいる〉ことが重要なのだ。〈生＝いのち〉を〈生き延ばす〉ために、私たちはそれぞれの〈生きる力〉を強化する必要がある。辛さを抱え（辛抱し）、〈生きる力〉を擦り減らしている人を〈ケア〉するために、私たちも、共に生きなければならない。

そして、「ポストトラウマティック・グロウス（心的外傷後成長）（Posttraumatic Growth）」（以下、P

TG）という考え方は、私たちの〈生きる力〉の持つ〈したたかさ〉に焦点を当てている。PTGという考えは、一九九五年から九六年にかけて、アメリカの二人の臨床心理士・テデスキとカルフーンによって発表された。臨床心理学者・宅香菜子によれば、PTGとは「心的外傷をもたらすような非常につらく苦しい出来事をきっかけとした人間としてのこころの成長を指す」。ただ、PTGにおける「トラウマ」概念は、私がこれまで論じてきた精神医学・精神分析学における「トラウマ」よりも広い意味を持つ。宅があげている「トラウマティック」な出来事には多種多様なものが含まれる。

例えば、自分が〈こころ〉の底から信頼した人に裏切られること、資格試験や入試の不合格通知を受け取ること、死ぬまで隠しておきたかった秘密が暴露されること、家族が障碍を持つこと、同居していた家族が引っ越していくこと、失業すること、逮捕されることなども、PTGのきっかけになると言う。また地震・台風・津波などの自然災害、火災・犯罪被害・交通事故・薬害などの人災もPTGのきっかけとなる。癌と診断されることや脊椎損傷・先天性の障碍などの疾患や障碍、死別・看取り、経済的な問題・離婚・別居などの社会生活上の問題、虐待・いじめ・裏切りなどの人間関係の問題、差別・同性愛者のカミング・アウトなども、私たちの精神的な「成長（growth）」の契機となる。[47]

私が『ケアの倫理』の中でストレッサーとして記述したものの大半が、現在ではPTGのきっかけになる。PTGを考えると、私たちはそれほど脆弱ではなく、〈生きる力〉を信じてもよさそうだ。

ただ注意すべきなのは、これらの出来事から、自分ひとりの力で回復することは困難かもしれないということだ。私たちの日常生活に暴力が溢れている現実の中で、〈生き延びていく〉必要があるのなら、私たちは無防備のままでは生き残れない。『ケアの倫理』にも記したように、私たちの〈からだ〉も〈こころ〉も傷つきやすい（vulnerable）。だからといって、弱音ばかりも吐いてもいられない。さらに言えば、「傷つきやすい人」ほど、〈ケア〉を必要とする場合が多い。

鈍感で、共感能力の感度の低い〈普通の人びと〉に傷つけられないように、また、傷つけられてもすぐさま回復するように、私たちはそれなりに〈したたか〉にならなければならない。正直者がバカを見る世界を変えるために〈生き延びる〉には、正直者たちが〈連帯〉しなければならない。

私が〈ケアの倫理〉の考察をさらに広げて、〈生きる力〉という物理的・身体的な存在を支える原理的な働きまで視野を広げる必要があると考えたのは、〈ケアの倫理〉を〈ケアの形而上学《メタフィジックス》〉によって根拠づける必要があると信じているからだ。こうした私の信念《ビリーフ》は、ほぼ百年前に、日本で最初の独創的な哲学者・西田幾多郎が書きつけた〈ことば〉に触発されている。彼は、一九〇五年七月十九日の日記に、次のように書いていた。

「余はpsychologist〔心理学者〕、sociologist〔社会学者〕にあらず life〔人生〕の研究者とならん。禅は音楽なり、禅は美術なり、禅は運動なり。このほか心の慰謝《いしゃ》を求むべきなし。行住座臥同隻手有何声《ぎょうじゅうざがせきしゅになんのこえかあるにどうず》。もし心子供のごとく清く純一となり得ば、天下の至楽《しらく》これにすぎたるなし。Non multa sed multum《ノン ムルタ セド ムルトム》〔多くなく、しかし深く〕」[48]。

西田は、三十代半ばまでに家族や身内の死をいやというほど見てきた。そして七十代半ばで亡くなるまでに、恩師・仲間・知人たちの死に立ち会い、数多くの追悼文を書いてきた。彼は、そのような境遇の中で、日本で最初の独自の哲学を構築していった。彼にとって、禅はそうした〈こころの傷〉を何とか慰めるための〈ケア〉の技法《アート》だったのだろう。

しかし私は、西田のようには参禅しない。それでも、西田が「life の研究者」となろうとしたことを引き受けることができると思っている。なぜなら、私もまたそれなりに多くの死に出会ってきたからだ。子供の頃、近所に住む親戚が刺殺され、中学生のとき祖父の病死に遭遇し、高校入学直前に友人を交通事故で失い、大学一年生の夏休みに友人が自殺した。『ケアの倫理』にも書いたが、二十代半ばで伯母を癌で亡くし、後を追うように伯父も亡くなった。

殺人・交通事故死・自殺・病死など、私の周りの人の〈死に方〉が様々であったことも、私が〈life（生＝人生）のケア倫理学〉を構築することのきっかけにある。亡くなった人たちのことを思うたびに、自分にも亡くなった人たちの周りの人にも、〈ケア〉が必要だったのではないかと思っている。そしてそれは、「音楽」のように、「美術」のように、人の〈こころ〉を癒し、「運動」のように〈からだ〉をいたわるものでなければならない。〈ケア〉とはこのような技法《アート》でなければならない。

1　浜井浩一「犯罪者とはどんな人たちか？」廣井亮一編『加害者臨床』所収、日本評論社、二〇一二年、八十五頁。
2　浜井、同書、八十七頁。

3　女児の遺した大学ノートに綴られた「反省文」には次のようにも記されている。『東京新聞』電子版（二〇一八年六月六日付夕刊）。http://www.tokyo-np.co.jp/article/national/list/201806/CK2018060602000264.html（閲覧・同年九月十二日）。

4　https://gendai.ismedia.jp/articles/-/68059?page=7（二〇二〇年二月九日閲覧）。

5　Franco 'Bifo' Berardi, *Heroes: Mass Murder and Suicide*, Verso, 2015, p.1.（フランコ・ベラルディ（ビフォ）『大量殺人の〝ダークヒーロー〟——なぜ若者は、銃乱射や自爆テロに走るのか?』杉村昌昭訳、作品社、二〇一七年、七頁）。

6　Catherine Malabou, *Les nouveau blessés, De Freud à la neurologie, penser les traumatismes contemporains*, Bayard, 2007., p.36（平野徹訳『新たなる傷つき者——フロイトから神経学へ、現代の心的外傷を考える』河出書房新社、二〇一六年、三十四頁）。ただし、今後マラブーからの引用に際しては本文の文脈に合わせて適宜訳文を変更している場合がある。

7　ネッサ・キャリー『エピジェネティクス革命——世代を超える遺伝子の記憶』中山潤一訳、丸善出版、二〇一五年、xi頁。

8　キャリー、同書、三〇五頁。

9　杉山登志郎『子と親の臨床——そだちの臨床2』日本評論社、二〇一六年、二四四頁参照。

10　Malabou, *ibid.* p.36.（邦訳、三十三頁）。

11　松本卓也「第十一章　自閉症スペクトラム（自閉スペクトラム症）」『症例でわかる精神病理学』誠信書房、二〇一八年、二一四-二五三頁参照。松本は、同書のなかで、ＡＤＨＤや限局性学習症／限局性学習障碍（specific learning disorder（ＬＤ））を扱わないという。その理由として、現代的な精神病理学的検討が十分になされていないためであるという。しかし、本書では詳述することはできないが、私としては、松本のいう「現代的な精神病理学的検討」については大いに疑問があるとだけ述べておきたい。

12　以下の「自閉症スペクトラム」についての記述については、下記を参照のこと。松本、前掲書、二一四-二五三頁。

13　以下を参照のこと。杉山登志郎『子ども虐待という第四の発達障害』学習研究社、二〇〇七年。

14　Malabou, p.17.（邦訳、十四頁）。

15　「外傷（Trauma）」という概念は、フロイトの時代にハーマン・オッペンハイムが『外傷性神経症（＝トラウマ神経症traumatische Neurosen, traumatic neurosis）』（一八八九年）を出版してから一般に流布するようになった。森茂起によれば、オッペンハイムの「外傷性神経症」の障碍の範囲は現代のＰＴＳＤとほぼ重なる（森茂起『トラウマの発見』講談社選書メチエ、二〇〇五年、四〇-六四頁参照）。

16　第一次世界大戦と戦争神経症との関係については、アラン・ヤング『ＰＴＳＤの医療人類学』（中井久夫他共訳、みすず書房、二〇〇一年）に詳しい。

17　Malabou, *op.cit.*, p.20.（邦訳、十七頁）。

18　Malabou, *ibid.* p.20.（邦訳、十七頁）。

19　Cf. Malabou, *ibid.* p.36.（邦訳、三十三頁参照）。

20　Malabou, *ibid.* p.36.（邦訳、三十三頁）。

21 キャリー、前掲書、三〇五‐三〇六頁。

22 以下を参照せよ。友田明美／藤澤玲子『虐待が脳を変える――脳科学者からのメッセージ』新曜社、二〇一八年。

23 杉山登志郎『子ども虐待という第四の発達障害』学習研究社、二〇〇七年、一五六頁。

24 ベトナム帰還兵のPTSDについては、下記の論文に詳しい。イザンベール真美「ヴェトナム帰還兵のPTSD（心的外傷後ストレス障害）の形成：トラウマと兵役をめぐる言説」九州国際大学法学論集第十七巻第三号、二〇一一年、七十七‐一二三頁。

25 松本、前掲書、一八三頁参照。

26 いわゆる「PTSD」の診断基準は、拙書『ケアの倫理』でも触れられているので参照していただきたい。同書は、DSM‐Ⅳを基本にしているが、DSM‐Vにおいても概ね踏襲されているように思われる。

27 Malabou, *op.cit.*, p.19.（邦訳、十七頁）。ただし、引用に際しては訳文を変更している。

28 Malabou, *ibid.* p.20.（邦訳、十七頁）。

29 Malabou, *ibid.* p.37.（邦訳、三十四頁）。邦訳では「traumatisme」を「外傷」と訳しているが、本書では「トラウマ」と表記することにしたい。

30 松本、前掲書、一八三頁。

31 Cf. Malabou, *ibid.* p.35.（邦訳、三十二頁）。

32 Malabou, *ibid.* p.19.（邦訳、十七頁）。

33 マラブーは、戦争帰還兵について、ベトナム戦争の帰還兵だけでなく、最近では、イラク戦争の帰還兵をも視野に入れている。

34 Malabou, *ibid.* p.19.（邦訳、十七頁）。

35 友田明美と藤澤玲子は、虐待という言葉が「身体的虐待」を含意しやすく、現状にそぐわなくなってきていることを指摘し、欧米で用いられてきた「不適切な養育（child maltreatment）」概念を推奨している（友田明美／藤澤玲子『虐待が脳を変える』新曜社、二〇一八年参照）。

36 Malabou, *ibid.* p. 14.（邦訳、十一頁）。

37 その一方で、マラブーは、デカルトに代表される心身二元論などの伝統的な形而上学や、英米系の「心の哲学」と、自らの「新しい唯物論」は一線を画していると考えている。

38 マラブーは、デリダに提出した博士論文『ヘーゲルの未来』（*L'Avenir de Hegel, plasticité, temporalité, dialectique*, Vrin, 1996）（『ヘーゲルの未来――可塑性・時間性・弁証法』西山雄二訳、未來社、二〇〇五年）以来、「可塑性」概念を一貫して探求し続けている。またマラブーは、『わたしたちの脳をどうするか――ニューロサイエンスとグローバル資本主義（*Que faire de notre cerveau ?* Bayard, « Le temps d,une question », 2004.）』（桑田光平／増田文一朗訳、春秋社、二〇〇五年）では、脳科学の孕む政治性と資本主義を批判している。

39 Malabou, *ibid.* pp.48-49.

40 Malabou, *ibid.*

41 Malabou, *ibid.* p.14.（邦訳、十二頁）。
42 Malabou, *ibid.* p.342.（邦訳、三一四頁）。
43 Catherine Malabou, "Go Wonder: Subjectivity and Affects in Neurobiological Times," in *Self and Emotional Life: Philosophy, Psychoanalysis, and Neuroscience*, Colombia University Press, 2013, p.72.
44 Malabou, *op.cit.*, p.15.（邦訳、十三頁）。
45 Malabou, *ibid.* p.342.（邦訳、三一四頁）。
46 杉山登志郎『子と親の臨床——そだちの臨床2』日本評論社、二〇一六年、二十八頁。
47 宅香菜子「第一章　PTGとは——20年の歴史」宅香菜子編著『PTGの可能性と課題』所収、金子書房、二〇一六年、三頁参照。
48 『西田幾多郎全集　第十七巻　日記』（第四刷）岩波書店、一九八九年、一四八頁。漢文の読みならびにラテン語については、下記を参照のこと。浅見洋『二人称の死——西田・大拙・西谷の思想をめぐって』春風社、二〇〇五年、六十・六十一頁。

第2章

「生き延びる者」へのケア

——長寿高齢社会の現実

第1節　哲学的課題としての「認知症」

――哲学者マラブーの挑戦

哲学者カトリーヌ・マラブーの体験――アルツハイマー型認知症という〈病〉

マラブーは、『新たなる傷つきし者』を書いた動機として、祖母が晩年に「アルツハイマー病」（アルツハイマー型認知症）を患ったときの自分の無力さをあげていた。そして、同書で彼女は、祖母の病について何も知らず、祖母のために何もできなかったことを悔いていた。[1]

祖母のアルツハイマー病が彼女を驚かせたのは、祖母が「別の誰か」になってしまったことだった。マラブーは、祖母の変貌ぶりについて、祖母が「アルツハイマー病の作品（l'œuvre de Alzheimer）」になったと表現している。彼女の目の前にいたのは、それまで自分が見知っていた祖母ではなく、一つの「彫像（sculpture）」[2]だった。アルツハイマー病の祖母は、マラブーが誰なのか分からないだけではなかった。マラブーの目には、祖母もまた自分が誰なのかも分からない、そんな「見知らぬ人《エトランジェ》（＝異邦人）」[3]と映ったのだった。祖母は、「いっさいに無関心になり、超然として冷ややか」[4]になっていた。

彼女は、アルツハイマー病に固有の「人格喪失＝脱人格化（dépersonnalisation）」に陥っていた。アルツハイマー病は、マラブーの祖母の〈こころ〉だけでなく、彼女の〈人格性《パーソナリティ》〉も変えてしまった。アルツハイマー病は、患者の情動＝感情（emotion）を撹乱し、最終的に「人格喪失＝脱人格化」を引き起こす。もはやそこにいるのは、〈アルツハイマー病の患者《シュジェ》（主体）（sujet）〉ではあっても、「別の誰か」へと変貌《メタモルフォーゼ》している「別の誰か」である。それゆえ、アルツハイマー病の〈患者《シュジェ》（主体）の同一性《アイデンティティ》〉もまた変性を被っている。彼女は、アルツハイマー病について次のように語っている。

> アルツハイマー病は、他の病理と同じく、神経変性疾患（affection neurodégénérative）であるというだけでなく、それが主体《シュジェ》（患者）の同一性《アイデンティティ》に触れており、主体（患者）の情動的エコノミーを激変させるということにおいて、〈こころ〉の損傷（une atteinte de la psyché）でもある。[5]

マラブーにとって、アルツハイマー病は、脳の疾患として神経学や精神医学の対象であるだけではなく、情動＝感情（emotion）から人格性《パーソナリティ》や同一性《アイデンティティ》にも関わるゆえに、哲学や倫理学の対象でもある。しかし、哲学者マラブーにとってショックだったのは、アルツハイマー病の祖母に対して、哲学も精神分析も何の役にも立たなかったことだ。深遠な形而上学《メタフィジックス》も「魂の不死」をとなえるプラトン哲学も、不安や自殺への誘惑、無為や倦怠《アンニュイ》を語る「実存主義」も、祖母を救いはしなかった。いかなる哲学も精神分析も、「脳の苦痛」という「巨大な問題にアプローチしていない」[6]。彼女は、その思いを次のように著作に書きつけている。

――この苦痛〈脳の苦痛（la souffrance cérébral）〉へのアプローチに関して、それが認識論的なものであれ臨床的なものであれ形而上学的なものであれ、そのアプローチの提案については、精神分析も哲学も非力であることを認めざるをえなかった。植物のように生きているだけの状態という暗黙の診断で満足しなければならなかった。すべてのひと（tout la monde）があえて口にしないけれども次のように考えていた。「すべての不幸な仲間と同じように、貴方のお祖母さんは、すごくシンプルにいえば、〈植物人間légume〉になってしまったのだよ。」[7]

たとえ哲学が非力だったとしても、彼女が哲学を本質的に捨てなかったのは、哲学から何かを得られるはずだという信念だったかもしれない。それまでの哲学をご破算にしても、彼女が新しい哲学的な立場を構築しようとしたのも、彼女に言わせれば、「自分の愛する人がそれに見舞われてもなすすべがなく、自分の分析の道具がまったくの無力となる、そうした心の苦痛に近づくため」[8]だった。そのために、マラブーは、自分の哲学研究のテーマとして探求してきた「可塑性」概念を鍛え直し、脳の性質を把握するための必須概念として彫琢《ちょうたく》したのだった。というのも、すでに第一章で触れているように、脳は「可塑性」概念がもっともしっくりくる対象であるからだ。

しかもマラブーは、アルツハイマー病の患者の〈脳〉と〈こころ〉を別々に理解するのではなく、両者の関係を考察するために、「脳的こころ（=脳としてのこころ）（la psyché cérébrale）」という概念を作り上げた。彼女の目論見は、新たな概念によって同じ〈こころ〉という対象を扱いながらも、異質な学問として位置づけられてきた哲学と精神分析を結びつけ、両者の対話を実現させせることだった。

さらにマラブーは、精神分析と現代神経学をも結びつけ、その関係性について哲学的考察ができるようにした。そうすることで彼女は、アルツハイマー病患者の〈脳の苦痛〉を〈こころの苦痛〉として捉え直し、両者が同一であることを明らかにすることを目指したのだった。こうした試みから、マラブーは、祖母のアルツハイマー病について、次のような哲学的な仮説を立てている。

> 思考しえぬもの（l'impensable）とは、存在論的にも実存的にも隠れた場所から、かつての面影を持たぬ主体を出現させる変態（métamorphose）である。思考しえぬものは、連続性を欠き、多くの場合突如発生する変様（transformation）である。この変様をとおして、病んだ同一性は、かつての自分の特徴のかずかずを、それらが自分の特徴であったことすら認識できないまま無化し、「別の世界」の不可解な支持体に定住することになる。[9]（強調・マラブー）

マラブーが言うように、アルツハイマー病による〈脳の傷〉は、彼女の祖母の〈こころ〉を破壊し、新しく「別の誰か」を出現させた。それは、もはや先行する〈こころ〉とは全く似て非なる「形（式）《フォルム》」への変態《メタモルフォーゼ》として語られている。マラブーの祖母のそれまでの自己同一性《アイデンティティ》はもはや存在せず、彼女の眼前にいるのは、祖母とは「別の誰か」へと変様（transformer）してしまった「異邦人」だった。

マラブーは、こうした事態を理解するために、「可塑性」の第三の意味に着目する。つまり、「傷のためにそれまでの同一性の形式が消去され、別の存在形式がつくりだされる」ことを理解するためには、「可塑性」の第三の意味としての「破壊的な可塑性」が有効なのだ。

ちなみに一般的には、脳には、神経細胞の結合や変更などを行う「肯定的な可塑性」があると考えられている。しかし、マラブーが問いかけるのは、そうした表向きの「肯定的な可塑性」の裏で、「陰の分身として、破壊的な可塑性」を想定できるのではないかということだ。マラブーは、脳の「可塑性」に着目することで、同一性《アイデンティティ》を破壊したり変様させたりする〈脳の傷〉によって齎《もたら》される新たな「破壊的可塑性」という性質を哲学的に考察する必要があると考えた。

こうした彼女の挑戦は、哲学を脳科学や神経学にむけて開いていくことであり、翻って〈こころの哲学〉の中に、神経学や脳科学、精神分析学の知見を持ち込み、〈こころ〉の概念を新しく定義することに向けられている。それは、〈こころの哲学〉を、〈こころの脳神経科学化〉することだ。

第2節　「認知症」が問いかけるもの

若年性認知症という問題

マラブーを哲学的に悩ませ、孫としての彼女を精神的に苦しめた、祖母のアルツハイマー病は、いわゆる「認知症」と診断された人たちのほとんどを占めている。アルツハイマー型認知症と診断された人たちは、マラブーの本国フランスだけでなく、日本においても多数存在する。さらに、アルツハイマー型認知症に限らず、「認知症」という〈病〉が高齢者に多発することも周知の事実に属する。

もちろん、アルツハイマー型認知症であれ、他の型の認知症であれ、「認知症」という〈病〉は、高齢者ではない人にとっても無縁ではない。二〇〇九年に厚生労働省が行った「若年性認知症」に関する調査によれば、十八―六十四歳人口における人口十万人当たりの若年性認知症者は、四七・六人であり、男性が五七・八人、女性三六・七人と男性が多い。また、全国で若年性認知症として診断された人たちは、三・七八万人と推計されている。

若年性認知症患者の基礎疾患は、脳血管性認知症（三九・八％）、アルツハイマー病（二五・四％）、頭部外傷後遺症（七・七％）、前頭側頭葉変性症（三・七％）、アルコール性認知症（三・五％）、レビー小体型認知症（三・〇％）である。また推定発症年齢の平均は、五一・三±九・八歳（男性五一・一±九・八歳、女性五一・六±九・六歳）である。発症年齢からすれば、四十代から六十代前半の中高年といわれる時期に当たっている。それゆえ、若年性といってもそれほど若い世代が発症しているわけではない。ただ、いわゆる若者でも安心できないのは、統計上最も若い世代でも認知症になっている人がいるという事実だ。最も若い世代（十八－十九歳）の有病率は、人口十万人当たりで男性は一・六人、女性が〇・〇人であり、推定で全国でも二十人程度である。しかし二十代前半（二十－二十四歳）になると、人口十万人当たりの有病率が急激に上がり、男性は七・八人、女性も二・二人になり、認知症と診断された人は推定で全国で三七〇人になっている。もちろん、統計的に少ないからといって、重要ではないということではない。

認知症と診断された人たちにとっては、疾患者数が少ないということが辛いこともあるだろう。端的に言えば、若い人が認知症になったとしても、周囲の人の理解や自治体などの支援が得られにくい。若年性認知症の人を介護する家族への生活実態調査から明らかになったのは、彼ら・彼女らを取り巻く環境の過酷さである。

そもそも認知症という病に周囲が気づく症状として最も多いのが「物忘れ」で、五〇・〇％に上る。さらに「行動の変化（二八・〇％）」、「性格の変化（一二・〇％）」や「言語障害（一〇・〇％）」と続いている。おそらく近しい人たちが認知症に気づくのは、当事者が頻繁に物を忘れたり、約束を反故《ほご》にしたり、するべき仕事などを行わずに放置してしまうことからだろう。また性格が変わってしまったために、日頃から接してコミュニケーションを取ろうとするときなどに、「なにかおかしい」とか「いつもと違う」などの変化から周りに気づかれることもある。

さらに問題なのは、若年性認知症患者を〈ケア〉する側として、家族介護者が重要な位置を占めているにもかかわらず、介護者家族の約六割が抑うつ状態にあると判断されていることだ。また若年性認知症発症後、約七割の人たちが収入の減少を訴えている。多くの介護者が経済的困難に悩み、「若年性認知症に特化した福祉サービスや専門職の充実の必要性」を訴えている。

要するに、若年性認知症と診断されても、その人たちは、治療や〈ケア〉の体制が十分に整っていないだけでなく、収入が減少してしまう事態に陥っている。しかも介護者家族に抑うつ状態の人たちが多くいることは、重要な問題である。

認知症からみた日本社会

若年性認知症が人数的には少ないと判断され、支援体制がままならない実態がある。それでは、それに比して高齢者の認知症当事者が潤沢な資源を得ているかといえば、そうでもない。

まずは、高齢者の認知症数について知るべきだろう。二〇一五年一月に発表された厚生労働省の研究班による認知症に関する調査によれば、二〇一二年の時点で四六二万人の認知症患者がいる（若年性認知症も含む）。これは十年前の二〇〇二年の一四九万人に比べて、三倍の数に増えている。ただ、調査方法が厳密化され、新しいデータが得られたことによるから、認知症患者が急増したように見えるだけだ。

それでも、徳田雄人が『認知症フレンドリー社会』(二〇一八)で書いているように、二〇一八年の段階で推計五〇〇万人の認知症患者がいる。社会が高齢化すれば、それに伴い認知症患者の数も増えていく。徳田がいうように、「医療が発達し、感染症やがんといった病気へ対策がされてきた結果として、長く生きる人が増え、その結果として、人生の最後のほうに、認知症とともに生きるライフステージが出現した」。私たちは、「認知症の人が一定の割合、暮らしている社会、認知症の人が普通にいる社会」を生きている。そして、それは若い世代にも中高年世代でも、いずれ訪れるライフステージだ。こうした社会のあり方を、徳田は「長寿社会の必然の帰結」という。

なぜ「認知症」を恐れるのか?——アイデンティティの喪失

その一方で私たちは、できるならば認知症にだけはなりたくないと思う。私たちは、長生きしたいと思いながら、心のどこかで認知症だけは避けたいと思っている。徳田がいうように、認知症のリスクは、長生きすればするほど高まるのだから、長生きすることを望むならば、そのリスクに向き合うことが必要だろう。

徳田は、生活習慣を改めたり、日々の健康のために運動や食事に気を遣ったりすることは高齢になっても必要だという。それでも、私たちは、認知症にはなりたくないという。わがまま勝手な中高年(私も含む)は、何を恐れているのか。かつて「ボケ老人」とか「痴呆《ちほう》老人」とか「恍惚《こうこつ》の人」(有《あり》吉佐和子《よしさわこ》）とか言われていたことを思い出すのだろうか。

端的に言えば、かつても今も、認知症になることは、自分が自分であることが分からなくなることを意味している。一九七〇年代に頻《しき》りに語られた「ボケ老人」や「痴呆老人」という言葉が、認知症予備軍の中高年を極度に苦しめ、そうした先入観と偏見が、認知症の人たちを苦しめている。こうした負のイメージの典型が、〈自分が自分であること《アイデンティティ》〉を喪失し、廃人になって、他人にご厄介になり、果ては下の世話までしてもらわなければならないというイメージだろう。

私たちは、マラブーの祖母のように「人格喪失＝脱人格化」を引き起こし、「彫像」のように無表情になり、自分も他人も分からなくなりたくない。見舞いや訪ねてきた人たちにとって、「別人」になって、「異邦人」扱いされるくらいならば、「ぴんぴんころり」と死んだほうがマシだと思う人も少なくないかもしれない。

要するに、私たちが恐れているのは「自分が自分でなくなる」という同一性《アイデンティティ》の喪失だろう。認知症の人たちも、自分が自分とは違う「誰か」になることを恐れているかもしれない。酔っ払いは、自分の記憶がなくなって、自分が何をしたかを思い出せないとき、不安になる。同じように、認知症になったら、自分が何を語り、どのような行動をしたのかを覚えておらず、自分自身をコントロールできなくなることは恐ろしいと感じるのかもしれない。

逆に、家族の中に認知症の当事者がいたら、どのように介護や看護、〈ケア〉したらいいのか分からないと思う人たちもいる。そもそも認知症の人たちにどのように関わればいいのか手探りのところがあるだろう。職業として〈ケア〉を生業《なりわい》にしている人や、すでに認知症ケアを経験した人たちなら、関わり方も分かっているかもしれない。しかし、初めての場合は戸惑うに違いない。自分の身内や家族が認知症になったら、当事者に対して、まだかつての「人格」を持っていると信じて関わろうとする。マラブーは、当初、「祖母にまだ自分自身の感覚があるかのように、彼女に「普通（normales）」のことがらを話そうと懸命になっていた」という。マラブーでも、祖母が何も分からない存在になってしまったことが信じられなかったのかもしれない。

第3節 「社会的疾患」としての「認知症」

認知症の診断について

マラブーの祖母が罹ったアルツハイマー病は認知症の一つであり、脳の疾患である。「アルツハイマー型認知症」とは、脳が全般的に萎縮していくために、記憶や学習などの認知機能が慢性かつ進行性の低下を伴う〈病〉である。[10] 認知症は記憶や学習を司る脳の機能低下として説明される。

認知症を含む「精神障碍（mental disorder）」の疾病分類については、日本ではDSMと、世界保健機関（WHO）による「国際疾病分類（International Classification of Diseases）」（以下、ICDと略記）の二種類が使用される場合が多い。DSMについては、二〇一三年に大きな改定が行われ、その第五版を精神科医や臨床心理士、認定心理師などが用いている。またICDは、WHOが二〇一八年六月十八日に大改訂（ICD-11）を公表した。この大改訂では一九九〇年に改定されたICD-10からほぼ三十年の時間が経過し、新しい疾病も記載されている。

しかし、認知症については、今回の大改訂に関して大きな問題が発生していた。WHOによるICD-10の改訂が進んでいる段階で、二〇一七年にICD-10β草稿が公表された。その際に、公益社団法人「日本精神神経学会」は理事長・武田雅敏とICD－11委員会委員長・副理事長・神庭重信の名で、WHOならびに厚生労働省などに向けて意見書を提出した。その中で当学会は、ICD－11β草稿では、「認知症（神経認知障害）Dementias（Major Neurocognitive Disorders）が「精神と行動の疾患」の章（the chapter for the Mental or Behavioral Disorders）から完全に取り除かれ、神経疾患の章にのみ配置されていることに強い懸念」を持っていることを表明した。

その理由は意見書で次のように書かれている。

> 認知症は、もともと極めて社会的な疾患です。認知機能の障害は、外界からの刺激の処理に障害をもたらすことにより、認知症患者の行動に障害をもたらします。「認知」と「行動」は人の社会生活を成立させている重要な人の機能であり、認知症患者においては、このような機能が障害されていると理解することができます。このように考えると、認知症の理解と対応には、生物学的要因以上に心理学的、社会学的要因を考慮することが求められています。認知症の根治療法が開発されていない情況では、臨床的課題の大部分は、行動および精神の障害（Behavioral and Psychological Symptoms of Dementia: BPSD）への対応であり、認知症患者の社会生活の支援にあります。

日本精神神経学会の意見書が、ICD－11にどのように採用されたかは具体的には分からない。少なくとも実際に公表されたICD－11では、認知症は「精神、行動あるいは神経発達症群」の下位区

分である「神経認知障害群」のもとに置かれており、次のような説明が付されている。多少長いが引用しておこう（あくまで私訳であり、公的なものではない）。

認知症は、二つ以上の認知領域（記憶、実行機能（executive functions））、注意、言語、社会的認知や判断、精神運動速度、視知覚あるいは視空間能力（visuoperceptual or visiospatial abilites）の障害（impairment）をともなう、認知機能の以前のレベルからの低下を特徴とする後天性脳症候群（an acquired brain syndrome）である。認知障害は通常の老化（normal aging）に必ずしも起因するものではない。〔ただ〕個人による日常生活動作（activities of daily living）のパフォーマンスの独立性を大幅に妨げる。入手可能なエビデンス（証拠）に基づくならば、認知障害は、脳、トラウマ（心的外傷）、栄養失調、特定の物質あるいは薬物の慢性的な使用、または重金属あるいは他の毒素への暴露に影響を与える神経学的あるいは医学的な状態に起因すると考えられるか、そのように想定される。[11]

ＩＣＤ－11では、認知症の一般的な定義として、神経学的・医学的な状態が基礎にあり、それに基づいて認知障碍が生じていると記載されている。日本精神神経学会の意見書では、認知症が「社会的疾患」であることや、認知症の理解や対応には心理・社会学的な要因を考慮することが強調されている。

「社会的疾患」としての認知症――精神医学的問題

ＩＣＤ－11の認知症の「説明（description）」には、いわゆる「精神（mental）と行動（behavior）」に関する記述が欠落している。客観的な「エビデンス（証拠）」に基づく限り、認知症とは「認知機能の低下」として引き起こされる「日常生活動作（ＡＤＬ）」の障碍として位置づけられ、一つの「神経学的・医学的状態」であると説明するだけである。もちろん、治療という観点からすれば、神経学的にも医学的にも正しいし、それはそれで正しい診断マニュアルなのかもしれない。

しかし〈ケアの倫理〉という立場から言えば、原因がたとえ神経学的・医学的なものに帰することができるとしても、認知症が「社会的な疾患」であることには変わりはない。「精神病理学」者・「精神医学」者の松本卓也によれば、「認知症（dementia）」とは、ＤＳＭ－Ｖでは「神経認知障害群（neurocognitive disorders）」に配置され、「外因性の精神障害」あるいは「身体的基盤が明らかな精神病」として分類されている。そして認知症は、ＤＳＭ－Ｖでは「一度獲得された認知機能が脳の器質的病変によって持続的に変化したもの」と定義されている。

さらにＤＳＭ－Ｖに基づく「認知症」の分類について、松本は次のように表現している。[12]

認知症（ＤＳＭ－Ｖ）　二九四・一〇－二九四・一一（Ｆ〇二・八〇－Ｆ〇二・八一）

Ａ　一つ以上の認知領域（複数性注意、実行機能、学習および記憶、言語、知覚‐運動、社会的認知）において、以前の行為水準から有意な認知の低下があるという証拠が以下に基づいている。

1. 本人、本人をよく知る情報提供者、または臨床家による、有意な認知機能の低下があったという概念、および
2. 標準化された神経心理学的検査によって、それがなければ他の定量化された臨床的評価によって記録された、実質的な認知行為の障害

B 毎日の活動において認知欠損が自立を阻害する（すなわち、最低限、請求書を支払う、内服薬を管理するなどの、複雑な手段的日常生活動作に援助を必要とする）。

また松本は、他の精神障碍や、「せん妄（Delirium）」ではうまく説明できないことなどが確認された場合もDSM-Vでは「認知症」と診断されるという。そして認知欠損によって自立が阻害されていない場合は、「軽度認知障害（mild neurocognitive disorder）」と呼ばれる。認知症には、マラブーの祖母が罹った「アルツハイマー型認知症」以外にも、認知症の「下位分類」として下記のものがある。

(1) アルツハイマー病：血管性認知症 vascular dementia とともに多く見られる認知症である。厚生労働省の「国民生活基礎調査」（二〇一七）によれば、「認知症」と呼ばれる病の六七・六%が「アルツハイマー病」の認知症である。これは「脳の全般的な萎縮、神経原線維変化、アミロイドβ蛋白の沈着などの脳病理所見」が確認されている。主な症状として、「記憶や学習を中心とする認知機能の慢性かつ進行性の低下」である。

(2) 血管性認知症：日本では、アルツハイマー型認知症について多く、一九・五%を占める。松本によれば、「脳梗塞などの脳の血管の変化によって生じた脳実質の障害による認知症」である。したがって、発症は脳梗塞や脳出血などと同じ時期である場合が多く、症状としては、かつては「まだら痴呆」と呼ばれたように、認知機能の低下が起こる部分とそうでない部分に差が見られる。また同じことをする場合でも、同一の日でも差が見られることがある。脳血管障害が起こっているために、身体の麻痺や嚥下《えんげ》障害なども見られる場合がある。

(3) 前頭側頭型認知症 frontotemporal dementia：名前の通り、前頭葉と側頭葉の萎縮によって起こる認知症である。「ピック病 Pick's disease」とも呼ばれる。松本によれば、「記憶の障害よりも、脱抑制や人格変化が目立ち、典型的には、礼儀を欠いた行動や悪ふざけ、万引きや痴漢などの行動の障害」が見られることがある。

(4) レビー小体型認知症 dementia with Lawy bodies：小坂憲司らが発見した認知症として有名。松本によれば、進行性の認知機能の障害のほかに、次の四つの中核症状が見られる。

①認知機能の動揺（＝短いスパンでの日内変動）

②幻視（＝具体的で、人物や小動物が家に入ってくると訴えられることが多い）

③パーキンソニズム（＝寡動や筋固縮、振戦など）

④レム睡眠行動障害（REM sleep behavior disorder）：（＝レム睡眠の時期、つまり夢を見ている時間帯に体が動いてしまうこと。本人は夢の内容のとおりに行動している）。

松本によれば、パーキンソン病では、中脳への沈着が見られるレビー小体と呼ばれる異常な細胞質封入体が、レビー小体型認知症では大脳皮質やマイネルト基底核に沈着する。そのため、レビー小体型認知症では、パーキンソン病のような振る舞い（＝パーキンソニズム）が見られることになる。

第4節 「認知症」における〈こころ〉と脳

認知症は〈こころ〉の病か、〈脳〉の病か？——認知症という課題

松本に従う限り、DSM-Vでは、認知症とは「毎日の活動において認知欠損が自立を阻害する」〈病〉と考えられている。また「請求書を支払う」とか「内服薬を管理するなど」の活動ができなくなるなど、日常生活における支障を具体的に記述している。ここには、「認知症」が「社会的疾患」であるという点がかろうじて残されている。

しかも松本は、最近の傾向として、認知症の症状を、「記憶障害、見当識障害などの中核症状と、それ以外の症状である周辺症状に分け、後者を認知症の行動・心理症状 behavioral and psychological symptoms of dementia（BPSD）と呼ぶ理解」が広まっているという。しかし気をつけなければならないのは、認知症患者にみられる「妄想的言辞や興奮、徘徊、易怒性《いど》、不機嫌さ」もすべてBPSDという「症状」と捉えることで、「ひとりの責任ある主体として生きようとしている患者」の「回復の試み」を無視しかねない。したがって、松本は〈ケア〉する側が認知症の患者の体験している世界を理解し、適切な対応をとることができれば、不要な薬も減らせるし、転倒や誤嚥《ごえん》のリスクも減らすことができるという。松本の指摘を待つまでもなく、後に述べるように、こうした認知症に対する理解は、

看護や〈ケア〉の領域ですでに独自の発展を遂げている。

ただ精神医学者の中でも、ICD－11で「神経学的・医学的」な傾向が進めば、「精神疾患（mental disorder）」は神経学的・医学的治療の対象になると考える人もいる。ICD－11β草稿に対する「意見書」の共同執筆者である神庭重信は、『精神神経学雑誌』に「認知症の分類問題：そもそも精神疾患とはなにか」という「巻頭言」を書いている。[13]

革新的技術の創出が精神疾患の神経基盤について飛躍的な理解をもたらすだろう。／いずれの日にか作られるICD‐Xにおいて、統合失調症や双極性障害、強迫症、パニック症、PTSDなどを神経疾患の章に分類しようとする動きが出てこないとも限らない。あるいはその時を待たずして、病棟やチーム医療などの治療構造さえあれば、精神科医でなくても、統合失調症を治療できるという主張に出会うかもしれない。／その主張の是非を決めるのは、誰が最もよい治療を提供できるのかという判断だと思う。

確かに、神庭の言うように、「誰が最もよい治療を提供できるかという判断」は重要である。しかし最も大切なのは、神経学的治療であれ精神医学的治療であれ、患者にとってどのような治療方法が最適かということだろう。つまり、「認知症」だけでなく、統合失調症、双極性障害、強迫症、パニック症、PTSDなどの精神疾患が、今後の研究とテクノロジーの進歩によって、「精神疾患」として分類されるのではなく、「神経疾患」として分類されることが必要なのではない。患者にとって必要

なのは、社会の中で〈生き延びていく〉ために、〈病〉を抱えて生きるということが辛くないことなのだ。

逆にいえば、神経学的・医学的に、認知症の種類と症状が的確に分類できたとしても、〈ケア〉という観点からすれば、認知症が「社会的疾患」として「精神や行動の障碍」を引き起こしている限り、患者という〈病〉の主体（subject）は、〈他者〉との関係性の中で生き続けなければならない。その関係性を維持しながら〈生き続ける〉には、必ず〈苦しみ〉が伴う。患者の〈生＝人生（life）〉にとってみれば、専門医たちがマニュアルを見て診断名をつけて、分類するだけでは終わらない。

父親のアルツハイマー型認知症――認知症の当事者の家族として

私は、父親が「アルツハイマー型認知症」と診断されたと聞いたときショックだった。自分の中では、父親が認知症にかかるなどとは考えたこともなかった。父親は、私が高校時代まで過ごしていた北関東の小さな地方都市で内科の開業医として生きてきた。認知症については、私が帰省したときなどに、認知症患者が徘徊して警察官に保護された話や、迷子（?）になった高齢者を近所の人たちが見つけて家族を呼んだという話をするくらいだった。それは田舎の開業医にとって、ありきたりの出来事であり、取り立ててどうということもない他愛のない日常的な話の一つだった。

だからこそ、認知症を治療していた父親が、まさか認知症になるとは予想だにしなかった。しかし、それは私の勝手な思い込みに過ぎなかった。高齢になればなるほど、認知症のリスクは高まる。たとえそれが、父親のように医師であったとしても例外ではない。そのようなことは分かりきったことだったが、実際に、自分の父親が認知症になったと聞いたときには、私は驚いたし、まさかそんなことが起こるのかと半信半疑だった。

私はあまり帰省しないので、実家に帰るたびに、田舎の街並みの変化に驚かされる。実家の周辺がどんどん開発されて、環境が変わることが話題に上ることがよくあった。父は、実家の周りの変化を半ば残念がり、半ば楽しんでいるようだった。数年前くらいからは、街並みの変化や周りの環境の変化について同じ話を何度も繰り返して話すようになっていた。あまりに同じ話を繰り返しているから、そのことを注意しても、そもそも話したことすら忘れてしまうので、私の注意をよそに、同じ話を繰り返し話し続けていた。しかし、現在では、近所の話そのものも話さなくなってしまった。散歩に出ても、自分がどこにいるのか分からなくなるらしく、すぐに帰ってきてしまう。体力も弱っているので仕方がないけれど、散歩にもなっていないような短さだった。

息子の私の顔すら、だんだん分からなくなってきているのではないかと訝《いぶか》っている。しばらく会話するとなんとか息子であることを思い出したりするけれど、実際のところは分からない。会話もそのときどきの話にはついてくるが、極端にいえば、一分前のことすら覚えていないようなことがある。

それでも、なぜか会話としては成り立っている。日常的な会話では、そのように何となく話が通じるようだ。ただ、話し手が複数になり、話題が多岐に渡り始めると、会話についていけず、ぼーっとしてしまい退屈そうな顔をする。ただ話しかけさえすれば、認知症になる以前のように、微笑みながら返事をする。私が子どもだった頃、あれほど怖かった父親は、笑顔が絶えない好々爺《こうこうや》になっていた。それはそれで、息子にしてみれば寂しいことだ。

認知症の症状論――かつての記憶

松本によれば、「認知症にみられる記憶力の障害」は、「何かを忘れる」というよりも、「新しいことを覚えられない」ということだ。「記銘力障害」という症状は、「新しいことを覚えられない」のであって、「過去の記憶は病気がかなり進行するまで」保たれる。かつては父親も、そのつどの会話は忘れても、過去の記憶は鮮明とはいわないまでも、それなりに覚えていた。

しかし、最近になって、私が父親の記憶力をあらためて見直したのは、あるきっかけからだった。父親も、昔はそれなりにパソコンを使いこなしていた。仕事なのかプライベートなのかは分からないけれど、母親の話では机に向かってパソコンをいじっていた。ただ認知症になってからは、パソコンのパスワードを忘れたり、操作の手順を忘れたりしてすっかり使わなくなってしまっていた。そこで私は、兄がたまたまタブレットを買ってくれていたので、動画配信サイトから旧日本海軍の軍歌や海軍ゆかりの動画を見せてみようと考えた。

最初は、父親は画面を見た瞬間には「まったく知らないよ、覚えていないよ」と苦笑していた。しかし、「海ゆかば」という曲が始まると、口をついて歌詞も見ずに歌い始めた。最初のうちはしどろもどろだったのに、一フレーズが過ぎた頃から歌詞を思い出したのか、結局、曲が終わる頃には歌詞も見ずに歌を諳《そら》んじていたのだ。これには一緒にいた母親も驚いてしまった。

さらに驚いたことに、父親は歌とともに当時のことまで思い出していた。タブレットの画面に映し出された広島県の江田島《えたじま》にある海軍兵学校の校舎（現在は、海上自衛隊第一術科学校校舎）の写真を見ながら、兵学校の同窓会のときに旅行で訪れたことを語り始めたのだった。父親は海軍兵学校の最後の学生（七十七期）で、分隊こそ違ったが哲学者の故・木田元と同期だった。旧制中学を第四学年で卒業して、一九四五年四月に兵学校に入学したのだった。八月の終戦までの四ヶ月ほどしかなかったはずの短い学生生活にもかかわらず、父の脳裏には当時の様子が焼き付いていたのだろう。九十を過ぎ、アルツハイマー病になってもなお、十六歳のときに仲間や先輩たちと歌った軍歌や兵学校の歌を思い出すことができたのだった。そのことは、私にとってはとても嬉しいことだった。

父の日常は、週二回のデイケアに行くことと、気候と天気が良ければ、庭に出て草むしりをすること、天気が悪ければテレビを見ながら、うたた寝して過ぎていく他愛もない日常だ。ただ実家の母親の話では、毎日、自分の子供（私たち兄妹）の名前を繰り返し覚え直し、子供たちが何を職業にしているのかを確認している。母親曰く、子供が元気でいることが一番気がかりなのだそうだ。

いずれマラブーの祖母のように、父親も「彫像」のように無表情になるのだろうか。私を自分の息子として認識することなく、「人格喪失＝脱人格化」する日が来るのだろうか。すでに九十歳を過ぎ、年齢的にも先が短くなっている父親が、意識のあるうちに生を全うできるかどうか分からない。

第5節　認知症ケアの倫理

認知症の〈ケア〉(1)――「当事者研究」の成果

私はたまに見る父親の表情や態度から、認知症について決定的に考え直さなければならないことに気づいたのだった。というのも、父親はまだ私のことを「覚えている」ということだ。父親にはアルツハイマー型認知症という診断名がついて、それなりの時間が過ぎている。個人差があるとはいえ、マラブーの祖母のように、「植物のような状態」にはなっていない。いずれそのような日が訪れるとしても、父親はまだ私の顔を見て、懐かしそうな顔をする。子供の頃は、父親によく怒られていた。父親の笑った顔はそれほど記憶にない。しかし、認知症になった父親はよく笑う。厳格というか怒りっぽい短気な性格が、認知症を患ってから消失していくようにすら思える。

ノンフィクション作家の奥野修司は『ゆかいな認知症――介護を「快護」に変える人』(二〇一八)の中で、認知症当事者の聞き取りを続けた結果、二つのことに気づいたという。その一つが「社会とつながることの大切さ」であり、もう一つが「記憶が保持できないといった機能の低下に程度の差があっても、自尊心、怒り、虚栄心、喜び、嫉妬といった、人間に備わっている根源的な部分は全く変わらない」ということだ。

私は、この二点に得心がいった。特に、二点目については、私は父親にとって喜びや笑いは記憶の機能低下を補ってあまりあるように思える。子供心に父親は神経質な性格に見えたけれど、今では適当に忘れてくれるので、ツッコミを入れても笑って躱《かわ》される。周りは父親の返答に笑わずにはいられないときがある。母親に頼っているとはいえ、足腰には自信があるらしい。特に外出するときも、足取りはかなりゆっくりになったけれど、杖をついたり車椅子を必要としたりしない。一人でトイレにも行くし、風呂にも入る。母親が心配になって風呂場まで行こうとすると、一人でできると怒鳴られたそうだ。奥野がいうように、父親にもそれなりの「自尊心」があるのだろう。

その一方で、時間があると（時間だけはたっぷりあるけれど）、庭の草取りに出てしまい、夏場は熱中症にならないか心配なほどだ。今更ながら、父親の身体機能の頑健さには驚かされる。もちろん、いつの日か〈からだ〉の自由がきかなくなり、いわゆる「日常生活動作」ができなくなるかもしれない。

認知症の病期分類——FAST

合田薫子は、アルツハイマー病の進行過程を理解するため、アメリカ合衆国の老年医学者が作成した病期分類として、「FAST（Functional Assessment Staging）」が有用であるという。次ページに代表的なFASTの概要を示しておく。

FAST stage	臨床判断	FASTにおける特徴
1. 認知機能の障害なし	正常	主観的および客観的機能低下は認められない。
2. 非常に軽度の認知機能低下	年齢相応	物の置き忘れを訴える。喚語困難。
3. 軽度の認知機能低下	軽度のAD	熟練を要する仕事の場面では機能低下が同僚によって認められる。新しい場に旅行することは困難。
4. 中程度の認知機能低下	軽度AD	夕食に客を招く段取りをつけたり、家計を管理したり、買い物をしたりする程度の仕事でも支障を来す。
5. やや高度の認知機能低下	中程度のAD	介助なしでは適切な洋服を選んで着ることができない。入浴させるときにもなんとかなだめすかして説得することが必要なこともある。
6. 高度の認知機能低下	やや高度のAD	A）不適切な着衣 B）入浴に介助を要する。入浴を嫌がる C）トイレの水を流せなくなる D）尿失禁 E）便失禁
7. 非常に高度の認知機能低下	高度のAD	A）最大限約6語に限定された言語機能の低下 B）理解しうる語彙はただ1つの単語となる C）歩行能力の喪失 D）着座能力の喪失 E）笑う能力の喪失 F）昏迷および昏睡

表1　FAST概要
（Sclan SG et al. Int Psychogeriatr. 1992；4 Suppl 1：55-69.）

もちろん、こうした病期のステージ（段階）はあくまで概要であって、個々の認知症の患者の振る舞いは一様ではない。私の父親は、他の認知症患者とは異なる早さと異なる仕方で、病態が進展していく。それに合わせて私たち家族の〈ケア〉の作法も変わっていくし、変えていかなければならない。

認知症「当事者」の〈ことば〉

認知症の当事者を〈ケアすること〉とは、私たち周りが〈普通の人〉として付き合っていくことなのだ。私たちすべてが医師でもなければ、介護のプロでもない。DSM-VやICD-11の診断に依存し、症状が分類されたとしても、精神科の医師が認知症の当事者の〈ケア〉をするわけではない。家族を含む周りの人たちは、認知症の当事者たちとどのように関わっていけば良いかを悩む前に、当事者たちが〈普通の人〉であることを忘れるべきではない。マラブーは、次のように悔いている。

やさしさ・思いやりが唯一の応答なのだと私が気づいたときは、もう手遅れだった。祖母の不条理な行動や、あからさまな無関心ぶりは、入院させられたショックへの反応でもあることに気づいたときは、もう手遅れだった。このことにはっきり気づいていたなら、祖母を自宅に何度も帰らせ、数時間でも滞在させただろう。そうすれば、自分の馴れ親しんだ環境、自分を「取り囲むもの」を、祖母に思い出させることができたかもしれない。是が非でも祖母の「記憶を甦らせ」ようとするのではなく、何も期待せず、そっとしておいて、彼女を「自分自身の不在」に立ち会わせようとしたはずだ。[14]

マラブーが間違ってしまったのは、祖母を家族と引き離し、ひとりだけで入院させてしまったことだ。医師というキュア（治療）の専門職に委ねることは仕方がないとしても、彼らが〈ケア〉をしてくれるはずがないことに気づくべきだった。もちろん、私がこのように語れるのも、認知症の治療が格段に進歩した現代から、マラブーのテクストを読んでいるからだ。

なぜ私たちは、認知症に限らず、〈病〉を得た人たちと関わるとき、私たち〈普通の人〉は〈病者〉との〈あいだ〉に線を引こうとしてしまうのだろう。〈病〉を得たことで、何が変わったのだろうか。〈病む〉ということで、私たちの何が変わってしまったのか。それまで普段通りに関わってきたのに、〈病〉に罹った人たちに対する〈上から目線〉はどこから生じてくるのか。まして認知症の人たちに対する、私たちの無意識的な〈哀れみ〉や〈憐憫《れんびん》〉はどこからくるのか。

奥野は、『ゆかいな認知症』（二〇一八）の中で、丹野智文という三十九歳の若さでアルツハイマー型認知症になった人を取材している。丹野は、「介護が必要なのは、症状が進んでからだと思います。ところが、今までは認知症と診断されるとすぐに介護保険の話になるので、認知症＝介護が必要になる、と連想して、何もできないと決めつけていたのではないかと考えます[15]」と言う。

私たちの〝無意識的な差別・偏見〟をえぐるような丹野の発言に、私はハッとさせられた。私たちは、認知症になったこともないのに、認知症患者の記憶がなくなるとか人格が崩壊してしまうとかと言ってはいないか。丹野は「認知症に対する間違った知識や偏見が、当事者の自立を奪っている」と言う。そして次のように主張している。

できることを奪わないで下さい。時間はかかるかもしれませんが、待ってあげて下さい。一回できなくても、次はできると信じてあげて下さい。できたときは、当事者は自信を持ちます。自信を持って行動をすることはとても大切です。できないと思って周りがやってしまうと自信を失い、本当に何もかもできなくなってしまいます。失敗しても自信をもって行動する。周りの人は失敗しても怒らない。自由な行動を奪わないことが気持ちを安定させ、進行を遅らせるのだと思います。[16]

私たちは、丹野の言葉に驚くべきである。彼は、特別のことを言っているわけではない。認知症の当事者である丹野が語ることは、健常者である〈普通の人〉と同じことを要求しているに過ぎない。「できることを奪わない」「できたときは自信を持つ」「自由な行動を奪わないことが気持ちを安定させる」。私たちは、認知症の当事者に対して、その程度のこともできていない。もしそれが認知症患者に対してできていないとすれば、私たちは誰に対してもできていないのだ。認知症の当事者だけを攻撃しているのではない。私たちは、互いに健常者であっても、他者を傷つけ、他者の「できることを奪い」、失敗したことを責めて「自信を無くさせ」、結果的に「本当に何もかもできなくさせる」。認知症の当事者たちが私たちに伝えようとしているのは、私たち自身もまた、他者から自信を奪い、何かができないと無能や「役立たず」呼ばわりし、他者の自由を侵害しているということである。

丹野は、「認知症は私のほんの一部であり、ほとんどの機能は今までと変わりがありません」[17]と言う。もちろん、認知症の進行が止まることはないかもしれない。彼が言うのは、「認知症と診断されてもいきなり重度になるのではなく、その前に必ず初期の時期がある」[18]と言う当たり前のことなのだ。

認知症の〈ケア〉(2)――「ユマニチュード(Humanitude)」の試み

最近の認知症の〈ケア〉の中で、「ユマニチュード」についてよく聞くようになった。フランスに端を発する〈ケア〉として、日本国内でも徐々に広がりを見せている。「ユマニチュード」とは、体育学の教師だったイヴ・ジネストとロゼット・マレスコッティが、介護や看護の領域に関わることから始まった〈ケア〉の思想と技術である。

日本における「ユマニチュード」の唱導者の一人本田美和子によれば、「ユマニチュード」とはフランス語で「人間らしくある」という意味を持つ。本田は、ジネストとマレスコッティとの共著『ユマニチュード入門』(二〇一四)の序文の中で次のように言っている。多少長いが、必要な箇所だけ引用してみよう。

ユマニチュード(Humanitude)はイヴ・ジネストとロゼット・マレスコッティの二人によってつくり出された、知覚・感情・言語による包括的コミュニケーションにもとづいたケアの技法です。この技法は「人とは何か」「ケアをする人とは何か」を問う哲学と、それにもとづく一五〇を超える実践技術から成り立っています。認知症の方や高齢者のみならず、ケアを必要とするすべての人に使える、たいへん汎用性の高いものです。(中略)「ユマニチュード」という言葉は、フランス領マルティニーク島出身の詩人であり政治家であったエメ・セゼールが一九四〇年代に提唱した、植民地に住む黒人が自らの〝黒人らしさ〟を取り戻そうと開始した活動「ネグリチュード（Négritude）」にその起源をもちます。その後一九八〇年にスイス人作家のフレディ・クロプフェンシュタインが思索に関するエッセイと詩の中で、〝人間らしくある〟状況を、「ネグリチュード」を踏まえて「ユマニチュード」と命名しました。／さまざまな機能が低下して他者に依存しなければならない状況になったとしても、最期の日まで尊厳をもって暮らし、その生涯を通じて〝人間らしい〟存在であり続けることを支えるために、ケアを行う人々がケアの対象者に「あなたのことを、わたしは大切に思っています」というメッセージを常に発信する――つまりその人の〝人間らしさ〟を尊重し続ける状況こそがユマニチュードの状態であると、イヴ・ジネストとロゼット・マレスコッティは一九九五年に定義づけました。これが哲学としてのユマニチュードの誕生です。[19]

本田の〈ことば〉で重要なのは、「ユマニチュード」が、認知症の当事者たちの「尊厳」を尊重し、「〝人間らしい〟存在であり続けること」を支える〈ケア〉の実践だということだ。そこでまず「ユマニチュード」では、〈ケア〉を行う際に、その目的が次の三つのどれに当たるかを考えている。

①健康の回復を目指す（例えば、肺炎を治す）。

②現在ある機能を保つ（例えば、脳梗塞後の麻痺が進行しないようにする）。

③回復することも、現在ある機能の維持をすることも叶わないとき、できる限り穏やかで幸福な状態で最期を迎えられるように、死の瞬間までその人に寄り添う（例えば、末期のがんの患者の緩和ケアを行う）。

これらの目的に即した〈ケア〉で重要なのは、「相手のレベルに応じたケアを行っているか」と常に自問することにある。〈ケア〉の実践では、〈ケア〉する側の能力が問題になるだけでなく、〈ケア〉を受ける側の能力への配慮も重要になる。相手に適した〈ケア〉を施さなければ害になるからだ。例えば、本来ならば自分の足で歩くことができる人を、わざわざ車椅子に乗せて移動させるのは、〈ケア〉する側の身勝手な行動であって、〈ケア〉を受ける人の「歩く力」を奪うことになる。

認知症患者の「身体拘束」という実態——精神科病院で起きていること

〈ケア〉が徹頭徹尾、〈ケア〉する側の論理に従う限り、〈ケア〉される側は蔑《ないがしろ》にされる。このことを気づかせてくれるのが、「ユマニチュード」の関わりである。

分かりやすい例を取り上げてみよう。認知症の症状が出ると、介護する家族や関係者に負担がかかり、どうしても精神科病院に入院するケースが増えていく。しかし、精神科病院でも十分に〈ケア〉ができる体制が整っていない場合や、人手不足などからくる「院内事故」を防止し、患者の安全を優先させるために、入院患者を必要に応じてベッドに縛り付ける「身体拘束」をせざるを得ないケースがあり、それが年々増えている。

例えば、NHK『クローズアップ現代＋《プラス》』で「認知症で縛られる⁉ 急増・身体拘束」というテーマが報道された（二〇一八年一月十一日放送）。そこでは、精神科医療の現場で起きている「身体拘束」の実態を問題視していた。番組によれば、「身体拘束」の件数は、過去十年間で倍増しており、一日あたり一万件を超えている。その背景には、精神科病院に入院する認知症患者が増加していることがある。こうした実態を前にして、今後、認知症患者をどのように〈ケア〉していけばいいのか、精神科病院も頭を抱えている。

また一年半後の同じ番組「身近な病院でも! なぜ減らない〝身体拘束〟」(二〇一九年九月十 日放送)では、「ユマニチュード」の提唱者の一人で、医師の本田美和子が出席して、いかに「身体拘束」が「人間の尊厳」を損なう行為であるか指摘している。

この回では、NHKの男性アナウンサーが、実際に病院のベッドに拘束されるという体験をしていた。彼は、ものの十分で孤独を感じ始め、三十分後にはイライラが募り始めてきた。結果的に、彼は二時間でギブアップして、拘束を解いてもらっていた。実際に、認知症患者が二週間入院しただけで、要介護度が悪化するということも起きている。男性アナウンサーの感想として興味深かったのは、「看護師は優しく接してくれているけれど、自由を奪われているぶん、下に見られているような気がする」という感想を漏らしていたことだ。心身ともに健康な若いアナウンサーでも、「身体拘束」には二時間も耐えられないという事実は、私たちに何を告げているのだろうか?

高齢者であり精神的にダメージを持つ認知症患者に、何週間もの間、「身体拘束」を続けることがいかに非倫理的・非人道的であるのかを、私が指摘するまでもない。それでは、なぜ病院側は「人格の尊厳」も認めないような「身体拘束」をせざるを得ないのか。精神科病院では、深夜などで看護体制が手薄な状況下では、認知症患者が院内を徘徊したり、自分のベッドから転落したりするような

「院内事故」が生じやすい。そのため、患者の安全を確保し、「院内事故」を防ぐために、止むを得ず「身体拘束」をせざるを得ない。また場合によっては、〈ケア〉する側が認知症の高齢者によって暴力を振るわれるケースもある。番組では、「身体拘束をやめろというのなら、利用者からボコボコにされてから言ってほしい」という看護側の苦情も取り上げられていた。

本田は、自分自身が研修医の時代では、八十代といえば相当な高齢者であり、九十代の高齢者などほとんどいなかったという。長寿高齢化によって新しい課題としての認知症患者があり、その結果としての「身体拘束」があるという。そして、医師・医療者側からすれば、届けたい医療を安全に提供するためには、「身体拘束」も仕方がないという現実があるとも語っている。

それに対して、国も放置しているわけではない。番組によれば、厚生労働省は、身体拘束を減らすための施策として、診療報酬の見直しをしている。二〇一六年には、身体拘束を行った日には、認知症ケアの加算を減額したり、二〇一八年には、夜間や急性期などの看護体制に加算をする上で、「身体拘束」をしないように環境の整備を求めたりしている。もしも病院側が「身体拘束」をした場合には、診療報酬に加算されない。

しかし、国の方針や施策があっても、現状はそれがうまくいっているわけではない。〈ケア〉される側の立場にある認知症患者が、〈ケア〉する側の看護師に暴力を振るう実態もあることを、私たちは知るべきだろう。もちろん、だからといって、「身体拘束」が必要だと言いたいのではない。精神科医療における〈ケア〉の現場では、どこかで何かが歪んでいるということを指摘したいまでだ。

「身体拘束」をしない〈ケア〉のあり方——「ユマニチュード」の実践

本田は、「身体拘束」の実態に対して「ユマニチュード」の立場から提言をしている。番組内では、「ユマニチュード」の取り組みが、次のようにまとめられている。

> 人としての尊厳を大切にしながら接することでコミュニケーションを改善。せん妄の発症を抑え、認知症の人でも穏やかに過ごせるようになるといわれています。ケアの柱は「見る」「触れる」「話す」「立つ」の四つ。触れる時は優しく。つかむのではなく、動こうとする意志を生かして下から支えます。[20]

番組で紹介された「ケアの柱」の順番とは異なるが、本田・ジネスト・マレスコッティによれば、「ユマニチュード」には「見る」「話す」「触れる」「立つ」の四つの柱がある。「見る」とは、具体的なアプローチとして、「水平に目を合わせることで「平等」を、正面から見ることで「正直・信頼」を、顔を近づけることで「優しさ・親密さ」を、見つめる時間を長くとることで「友情・愛情」を示すメッセージ」[21]となる。そのため、「ユマニチュード」では、「相手を見ない」ということは、「あなたは存在しない」ことを意味する。[22] したがって、認知症患者に対して〈ケア〉を提供する人が、視線を合わさなかったり、距離をとって声をかけたりするだけでは、実際には患者にとって〈ケア〉する人は「存在しない」。それゆえ、「見る」ために目を合わせ、見つめることが重要になる。

また「話す」ことには、〈ケア〉を提供する人が自らの〈ケア〉の「実況中継」をすることによって、

〈ケア〉を受ける人のフィードバックを獲得する「オート（自己）フィードバック」という技法が取りいれられている。認知症患者は、〈ケア〉する側が話しかけても応答するとは限らないし、そもそも自分に話しかけていることすらも認知していないことが多い。その結果、〈ケア〉提供者が話しかけても、反応がない場合もある。〈ケア〉する側も、患者の反応がないと、どうしてもコミュニケーションを諦めてしまいがちになる。ただ反応がないからといって、認知症患者たちがコミュニケーションを欲していないとか、コミュニケーションしたくないと考えているわけでもない。重要なのは、彼ら・彼女らに対して、〈ケア〉側のメッセージが届くように、こちらから「話し」かければ良いだけのことだ。

　しかも「ユマニチュード」で重要なのは、「送り手がコミュニケーションを続けられるように」、〈ケア〉する側に「エネルギーを補給する方法」として「エネルギーを相手からもらえないのであれば、自分でつくりだして」みることを考える。つまり「ユマニチュード」では、「ケアには、どんな形であれ、その場で行っている行為が必ず存在します。その行為そのものを言葉にしてみたらどうか」[23]と考える。それが、「オート（自己）フィードバック」という技法である。向こうからエネルギーをもらえないのであれば、自分からエネルギーを作り出せばよい。〈ケア〉のメッセージは、何も相手との対話だけがすべてではない。

　「見る」や「話す」はなんとかできても、「触れる」ことは、日本人にはなかなか難しいことがあるかもしれない。家族や恋人ならば「触れる」ことには抵抗がないが、他人が直接的に自分の〈からだ〉

に「触れる」ことには抵抗もあるだろう。認知症患者の場合も、例外ではない。それでも、介護や看護の現場では、入浴介助や寝たきりの場合のおむつ交換に際して身体接触は避けられない。まして〈ケア〉を受ける人が高齢者や認知症患者のように体力的に強くない場合には、介護者や〈ケア〉提供者が〈からだ〉を「支える」ということが基本になる。要するに、〈触れ方〉が重要なのだ。「ユマニチュード」が目指すのは、「広く、優しく、ゆっくり」触ることだ。指を開き、手のひら全体で触れることで、相手に触れる面積を大きくする。指を閉じると、相手に対して拒否の態度をとることになってしまうからだ。

力の入れ方も重要である。「ユマニチュード」では、端的に、「五歳児以上の力を入れない」という。〈ケア〉の関わりでは、相手の〈からだ〉の部位のどこかを掴んで引き上げる必要はない。あくまで「支える」ために、〈からだ〉に触るだけだ。「ユマニチュード」の「触れる」では、「飛行機の離陸・着陸のように触れる」と表現する。しかも、触る場所によって、〈ケア〉を受ける側の受け取り方も変わる。このことに、私たちは注意すべきだ。

「ユマニチュード」にとって「立つ」ということは、寝たきりを作らないという方針に現れている。それゆえ、病院や高齢者施設で寝たきりの人は、「ユマニチュード」の立場から見たとき、「医原性」による。その人の「立つ」「歩く」などの能力を生かさず、病院の合理性と安全性の確保のために車椅子を利用させたりする。医療現場は、患者の能力を奪い、〈病〉を重くさせている可能性がある。

「ユマニチュード」では、〈ケア〉を受ける人が四十秒間立っていられるのであれば、その時間を有効に使えると言う。その立っているわずかな時間にも、背中、上肢、下肢などを清拭できる。一日のうちに全体として二十分程度、立位を保持する時間を確保できれば、寝たきりを防ぐことができる。

「ユマニチュード」とは、当たり前だけれど、認知症患者も人格を持った人として扱い、日常の中でできる限り、個人の意思を尊重し、敬意を払うことを忘れない〈ケア〉の哲学思想なのだ。

「ユマニチュード」の思想

マラブーの祖母は、いつ頃アルツハイマー病になったのかは分からない。それでも、マラブーが、医療機関だけでなく、〈ケア〉の実践を試みている福祉や介護・看護の領域に視野を広げていたら、同じフランス発祥の「ユマニチュード」を知ることができたかもしれない。本田によれば、彼らの試みは四十年前から試行錯誤を繰り返したというのだから。[24]

「ユマニチュード」のキー・コンセプトは、「知覚・感情・言語による包括的コミュニケーションにもとづいたケアの技法」だ。そしてこの技法は「『人とは何か』『ケアをする人とは何か』を問う哲学と、それにもとづく一五〇を超える実践技術から」成り立っている。[25]「ユマニチュード」が〈ケア〉にとって重要なのは、コミュニケーションのなかに情動・感情の側面も含み込んでいるということだ。また〈ケアの倫理〉から見たとき、注目に値するのは、「人間とは何か」という古くて新しい問いと、「ケアをする人とは何か」を問うことが忘れられていないということだ。

ジネストとマレスコッティは『「ユマニチュード」という革命——なぜ、このケアで認知症患者と心が通うのか』（二〇一六）の中で、「ユマニチュード」の意味として「人間らしさを取り戻す」ということに触れて、次のように言っている。

人らしさとは何でしょう。（中略）誰かから必要とされ、「あなたは人間です」「あなたのことが大事だ」と尊重されることによって、初めて人間らしさを獲得し、人間の社会に属することができるのです。／しかしながら、世の中にはつらい人生を歩まざるを得なくなっている人がたくさんいます。仕事を失ったり、愛されなかったり、暴力を振るわれた人たちは孤独の淵《ふち》に追いやられてしまいます。／そういう人だけが社会的な絆《きずな》を失ったわけではありません。ホームレスや障害者、高齢者、認知症の人もまた社会の隅に追いやられています。彼らは「他の人たちから認められていない」と感じています。この周囲から孤立した状態を、私は「ユマニチュードの絆が断たれた状態」であると考えます。[26]

ジネストの「ユマニチュード」の思想は、まさに〈ケアの倫理〉の要諦に触れている。社会の隅に追いやられ、社会から放擲された人たちに、私たちは何ができるか、何をしなければならないのか。ジネストは、「ケアを通じて相手に対して、「あなたはここにいます」「あなたは大切な存在です」「あなたの存在を誰も否定することはできません」と伝える」と言う。

彼によれば、私たちの〈眼差し〉や私たちの〈ことば〉、私たちの〈手〉によって、その人は自分が唯一の存在と感じ、自分が尊重されていると感じることができる。まず私たちがしなくてはならないのは、〈傍《かたわ》らにいる〉こと、そして〈眼差し〉を向け、〈ことば〉をかけ、〈からだ〉に触れることだ。〈ケア〉とは、私たちの日常に存在する関わりのことだからだ。

〈こころ〉と脳をつなぐ——マラブーの挑戦

マラブーは、祖母が病院できちんとした対応をしてもらえなかったことも告発している。

祖母がこの病気〔アルツハイマー病〕に冒されていた時期、病院からはどのような心理療法的な援助(aide psychothérapeutique)も提案されなかったことを、述べておかねばならない。老年医学による患者へのサービスがマルトリートメント〔不適切な対応 maltraiter〕をされていたというのではないが、そこでは精神現象を授けられた主体=患者(sujets doué de psychisme)とみなされておらず、彼らが動揺や混乱を示しても薬の投与以外の対応はなされていなかった。[27]

フランスに限らず、現代の日本の病院や施設でも、マラブーの祖母が受けたような対応をしている可能性は捨てきれない。ましてしばらく前の治療者であれば、「アルツハイマーの作品(l'œuvre d'Alzheimer)」として、意思の疎通ができる「精神現象を授けられた主体=患者」とは思われなかっただろう。マラブーの祖母のようなアルツハイマー病の患者たちが、非人間的なマルトリートメントを受けないためにも、私たちは「ユマニチュード」のような〈ケア〉の技法を身につける必要がある。

その一方で、「ユマニチュード」を支える強固な思想的基盤も構築する必要がある。それが私のいう〈ケアの形而上学《メタフィジックス》〉である。功利性や利便性を追求する社会の中であっても、社会の片隅に追いやられる障碍者や高齢者、「新たなる傷つきし者」たちの存在の安全と安心・安寧を確保し、〈あなたと私がここに存在する〉ということを、互いに確認し合うことが重要である。

マラブーは、祖母の境涯を契機として新しい哲学を構築する方向に向かった。彼女の「新しい唯物論」は、神経生物学がもたらす知見を積極的に取り入れる、哲学の新しい立場である。彼女によれば、それは今後、長い時間をかけて「人文学（humanities）」と生物学的諸科学とを結びつけていく。[28]

筆者の理解では、マラブーは、もはや哲学が単独で〈こころ〉にアプローチすることはできないと考えている。その意味で彼女は、哲学に固執しない。彼女は、哲学的アプローチに加えて、神経生物学や脳科学などの領域を探索できる〈神経生物学的アプローチ〉とを結びつける可能性を模索している。それが「新しい唯物論」の立場であり、脳と〈こころ〉との関係を神経生物学や脳科学の知見に基づいて考察する哲学に他ならない。

マラブーの哲学的アプローチの方向の是非について、今は問わない。彼女の挑戦は、まだ緒に就いたばかりだ。彼女の哲学的な挑戦がどの程度有効なのか、私にはまだ分からない。ただ私から見たとき、マラブーが精神分析を痛烈に批判する際に、脳科学を必要以上に評価しているように思われる。

マラブーのような、ある種の脳科学主義に対して、「神経中心主義（Neurozentrismus, neurocentrism）」として批判する哲学者もいる。若きドイツの現代哲学者マルクス・ガブリエルは、『「私」

は脳ではない――21世紀のための精神の哲学』（二〇一五）の中で、脳神経科学を重視する哲学を批判する。彼によれば、「神経中心主義」は、「私とは脳だ」と主張しており、「私」「意識」「自己」「意志」「自由」「精神」という概念を理解したいならば、哲学や宗教ではなく、脳を神経科学の手法で調べなければならないと主張する立場だ。それに対して、ガブリエルは、「私は脳ではない」というテーゼを掲げて、二十一世紀にふさわしい「精神の哲学（Philosophie des Geistes）」を構築することを目指している。

どちらの言い分が正しいかは分からない。少なくとも、私は、〈ケアの倫理〉の立場から、マラブーの祖母や、「新たなる傷つきし者」がある種の〈社会・政治的トラウマの作品〉になったとしても、彼ら・彼女らから〈生き延びる〉権利と〈力〉を奪うことは誰にもできないと考えている。それゆえ私たちは、マラブーの祖母の名誉のために、〈ケアの形而上学《メタフィジックス》〉に基づいて〈ケアの倫理〉を徹底していかなければならない。

1　Catherine Malabou, Les nouveau blessés, De Freud à la neurologie, penser les traumatismes contemporains, Bayard, 2007, p.10.（カトリーヌ・マラブー『新たなる傷つきし者――フロイトから神経学へ、現代の心的外傷を考える』平野徹訳、河出書房新社、八頁）。ただし、引用に際して訳文は変更してある。本章は、下記の拙論を下敷きにしているため、併せて参照していただきたい。森村修「「社会政治的トラウマ」の倫理――生政治学と生命倫理学を問い直す」牧野英二他編『哲学の変換と知の越境――伝統的思考法を問い直すための手引き』所収、法政大学出版局、二〇一九年。

2　Malabou, *ibid*. p.10.（邦訳、八頁）。

3　Malabou, *ibid*. p.10.（邦訳、八頁）。

4　Malabou, *ibid*. p.10.（邦訳、八頁）。

5 Malabou, *ibid.* p.12.（邦訳、十頁）。
6 Malabou, *op.cit.*, p.13.（邦訳、十一頁）。
7 Malabou, *ibid.* p.14.（邦訳、十一頁）。
8 Malabou, *ibid.* p.14.（邦訳、十二頁）。
9 Malabou, *ibid.* p.14.（邦訳、同）引用に際して訳文は変更してある。
10 松本卓也『症例でわかる精神病理学』誠信書房、二〇一八年、一九二頁参照。
11 ＩＣＤ - 11については「世界保健機関（ＷＨＯ）」のホームページを参照のこと。「認知症」については下記ＵＲＬを参照せよ。https://icd.who.int/browse11/l-m/en#/http%3a%2f%2fid.who.int%2ficd%2fentity%2f546689346
12 松本は、ＩＣＤについては、ＩＣＤ - 10の記載を用いている。また二〇一九年にＩＣＤ - 11が公表されており、ＩＣＤ - 10とは異なる分類になっている。
13 神庭重信「巻頭言　認知症の分類問題：そもそも精神疾患とはなにか」『精神神経学雑誌』第一一九巻第六号、二〇一七年、三八一頁。二〇一九年十二月十八日閲覧（http://www.med.kyushu-u.ac.jp/psychiatry/_userdata/kantougenninchisyou.pdf）。
14 Malabou, *op.cit.*, p.13.（邦訳、十一頁）。
15 奥野修司『ゆかいな認知症――介護を「快護」に変える人』講談社現代新書二五〇二、二〇一八年、二十九頁。
16 奥野、同書、三十頁。
17 奥野、同書、三十一 - 三十二頁。
18 奥野、同書、三十二頁。
19 本田美和子／イヴ・ジネスト／ロゼット・マレスコッティ『ユマニチュード入門』医学書院、二〇一四年、四 - 五頁。
20 https://www.nhk.or.jp/gendai/articles/4327/index.html（「クローズアップ現代＋」）（二〇二〇年二月十日閲覧）。
21 本田美和子／イヴ・ジネスト／ロゼット・マレスコッティ『ユマニチュード入門』医学書院、二〇一四年、四十二頁。
22 本田他、同書、四十三頁。
23 本田他、同書、五十七頁。
24 本田美和子「フランス発「奇跡の認知症ケア技術」『文藝春秋』所収、二〇一八年七月号参照。
25 本田美和子／イヴ・ジネスト／ロゼット・マレスコッティ『ユマニチュード入門』医学書院、二〇一四年、四頁。
26 イヴ・ジネスト、ロゼット・マレスコッティ『「ユマニチュード」という革命――なぜ、このケアで認知症高齢者と心が通うのか』誠文堂新光社、二〇一六年、五 - 六頁。
27 Malabou, *op.cit.*, p.13.（邦訳、十 - 十一頁）。
28 Catherine Malabou, "Go Wonder: Subjectivity and Affects in Neurobiological Times," in Self and Emotional Life: Philosophy,

Psychoanalysis, and Neuroscience, Colombia University Press. 2013, p.72.

第3章

〈社会的孤立者〉へのケア

——「孤独死」社会における倫理

第1節　「孤独死」の現在

S先生のこと――〈孤独〉のうちに死ぬこと

文芸評論家で英文学者のS先生が、二〇一二年八月に五十六歳の若さで亡くなった。同僚だったバレエ研究家で翻訳家の鈴木晶先生の話では、英文学者としても翻訳家としても活躍が期待されていたという。私は、S先生とは、親しいといえるほどの間柄ではなかった。それでも私は、S先生が若くして才能を見出され、文芸評論家として文壇にデビューしていたことも知っており、彼の文芸評論もすでに読んでいた。というのも、私が大学院生か非常勤講師をしていた時代に、恩師である批評家の柄谷行人《からたにこうじん》先生が、個人的な会話の中で、彼のことを口にしたことがあったからだ。私は、柄谷先生の影響を受けていたこともあって、S先生のことは何かにつけ気にしていた。だから、私が今の職場に着任して間もない頃、S先生から「君が森村君か。柄谷先生のお弟子さんだよね」と話しかけてくれたときは、私はとても嬉しかった。

今から二十年以上も前に、S先生と私は同じ教養科目担当教員として、本務校の教養部に在籍していた。その後、教養部の改組があり所属が変わってしまったために会う機会がめっきりなくなってしまった。たまにキャンパスで見かけても、彼は私に気づかずに、うつむきながら足早に歩いて行ってしまうだけで、私としても声をかける暇もなかった。そんな日々が過ぎていくうちに、彼は帰らぬ人となってしまった。

彼の訃報を聞いたのも、本当に偶然だった。あるとき、やはり同僚でミステリー作家の前川裕《ゆたか》先生が、廊下ですれ違いざまに小声でS先生が亡くなったのを知っているかと聞いてきた。私は何のことかわからず、そんなことはまったく知らないと答えると、「そうなんだ、やっぱりね」というと沈んだ顔をされた。前川先生は、S先生の死について、かいつまんで話してくれた。前川先生も「本当のところはよく知らないけれど」ということを繰り返し話されながら、S先生の死があまりにも陰惨だったことを教えてくれた。話によれば、彼は、自宅マンションの一室で、一人で亡くなられていたのだった。「孤独死」だった。

前川先生の話と、その後別の人たちから聞いた話を合わせると、概ね次のようなことだった。S先生は、長く暑い夏休みがあけて、九月中旬になっても授業に来なかった。不審に思った大学の誰か（ゼミ生という話もあった）がマンションを訪ねたところ、自室で亡くなっていた。しかも真夏の暑いさなかのこともあって、ご遺体の損傷が酷《ひど》かったという。もちろん、私が知り得たことは間接的なものであり、実際の状況とは異なっているかもしれない。

それでも、S先生が「孤独死」をしていたという情報だけは共通していた。鈴木晶先生のブログによれば、S先生は珍しい難病に冒されていて、亡くなる数年前から体調も芳しくなかった。また私が聞いた話では、学生たちには自分の病気は感染する類のものではないから、感染《うつ》る恐れはないと伝えていたそうだ。彼を慕う学生たちも、そんなことは気にならないとS先生に伝えていたらしい。彼の優しい性格も幸いして、親しい学生たちからは信頼されていたという。

彼が亡くなったという情報は、私と師匠を同じくする文芸評論家の川村湊先生にも伝わっていた。川村先生は、S先生のご遺体が発見された事情について、私よりも詳細に知っていた。私たちは二人で酒の杯を重ねながら、「彼があまりにもかわいそうで、酷すぎる」と語り合った。川村先生は、S先生の亡くなり方があまりに無念だといって、涙を流しておられた。私が本当に悲しかったのは、S先生の死が誰にも看取られることもなく、亡くなった後も一ヶ月近く放置されてしまっていたことだった。彼は、孤独のまま、死出の旅路についたのだった。私は、生前の彼とそれほど関わりがなかったことが悔しくてならない。

なぜもっと早く、誰かが気づかなかったのか？　どうして一人で逝ってしまったのだろうか？　寂しくなかったのだろうか？　どれほど辛かっただろう？　意識のないまま亡くなられたのだろうか？　何か言い残そうとしたことはなかったのだろうか？

「ひとり暮らし」の実態

やはり同じ教養部に属していた同僚の先生も、S先生のように連絡が取れなくて、私が親しかった先生が彼のお宅を訪ねて初めて、「孤独死」されていたことが発覚した。その方も真面目で実直な人だった。自分の研究のことをことさら吹聴するわけではなく、かといって実績がなかったわけではない。私自身も、彼が亡くなって初めて、「ひとり暮らし」をされていたことを知った。大学教員というのも、存外、「ひとり暮らし」が多いのかもしれない。大学では毎日のようにお会いしていても、定年退職されたり他大学に移籍されたりして初めて気づくのは、私たちは互いにプライベートについては多くを知らないということだ。

それでは、どのくらいの人が「ひとり暮らし」をしているのだろうか。厚生労働省が発表している「国民生活基礎調査」(二〇一八年度版)によれば、全国の世帯総数五〇九九万一〇〇〇世帯のうち、いわゆる「単独世帯」といわれる世帯は一四一二万五〇〇〇世帯である。それは、全世帯の二七・七%である。また、「夫婦のみの世帯」は一二二七万世帯で全体の二四・一%であり、「高齢者世帯」は実に一四〇六万三〇〇〇世帯、全体の二七・六%にのぼる。「単独世帯」としてカウントされている人が一四〇〇万人もいるということに今更ながら驚く。これだけ多くの人が「ひとり暮らし」をしているのだ。もちろん、「ひとり暮らし」がそのまま独居老人というわけではない。若い人で「ひとり暮らし」はかなりの数がいるはずだ。それに、今はそれほどではないかもしれないけれど、若いうちに一度はひとり暮らしに憧れたり、早く親元を離れたいと思ったりする人もいるだろう。私もかつてそうだったし、今でもできれば「ひとり暮らし」のほうが気楽でいいと思うことがある。ただ、大学受験に失敗し、予備校に通うために、東京で「ひとり暮らし」をはじめたときには、さすがに「ひとり暮らし」の悲哀を感じたことがあった。大家さんの家の二階に間借りしたときの〈孤独〉は心細いものだった。

ましてて重い病気にかかっていたり、思うように〈からだ〉が動かない障碍者にとって、侘しさや寂しさはひとしおだろう。「独居老人」といわれる高齢者にとっては、〈孤独感〉を感じる人もいるかもしれない。もちろん、「ひとり暮らし」の気ままさと〈孤独〉からくる寂しさを天秤にかけることはできない。それでも、「ひとり暮らし」が年齢とともにきつくなることはあるだろう。

「高齢社会」のこれから

日本が「高齢社会」に突入していることを如実に表しているのは、六十五歳以上の人口の多さだ。六十五歳以上の人がいる世帯は二四九二万七〇〇〇世帯もあり、日本の全世帯の四八・九%を占めている。日本の全世帯の半数が、高齢者を抱えているということが、現在の日本の現実なのだ。私たちは、生きている限り歳を取り続ける。そして、社会が安定し医療が進歩することによって、高齢者の人口は増え続ける。いわゆる「団塊の世代」が続々と高齢者の仲間入りをしている現在、私たちは、社会における「高齢者」のあり方を考えなければならなくなっている。

しかも六十五歳以上の世帯で、「独居老人」による「単独世帯」が二七・四%の六八三万世帯にのぼっている。端的にいって、六八三万人が六十五歳以上で「ひとり暮らし」をしているのである。これは驚くべき数字である。確かに、中には元気に働きながら、リタイア後の生活を謳歌している人もいるだろう。しかしその一方で、〈からだ〉がままならず、思うように動けず、他者とあまり交流しないまま、狭いアパートの一室で、生活保護を頼りに暮らしている人もいるだろう。

家の近所にあるコンビニエンス・ストアに買い物に行くと、度々、弁当とペットボトルのお茶を買う男性高齢者に出会うことがある。想像の域を出ないが、男性高齢者たちは料理をするわけでもなく、近くのコンビニで昼食を買うことが日課になっているのかもしれない。最近では、そのくらい頻繁に、男性高齢者を見かけるようになった。翻ってわが身に照らせば、私もまた、同じような境遇にならないとも限らない。コンビニの男性高齢者は、未来の自分かもしれないと思うと、自分の行く末を鈍感な私でも考えざるを得ない。

気をつけなければならないのは、高齢者たちが病気に罹ったり、思わぬ事故に巻き込まれたりすることだ。そのとき、誰が生活を支えることになるのだろう。食事の支度や後片付け、さらには日々の家事など誰が行うのだろう。地域の民生委員などが、支援の申請の仕方などを説明したり、最低限の世話を焼いたりしてくれるかもしれない。しかし、地域の高齢者たちが、同じ地域に住む民生委員が誰であり、どこに住んでいるかを知っているのだろうか？　私の住む地域の中で、様々な立場の高齢者が、誰とも連絡が取れないまま、孤独のうちに自宅で身動きが取れなくなっているかもしれない。社会とのアクセスを可能とする手段を、すべての高齢者が知識として持っているとは限らないのだから。その意味で、孤立無援の高齢者が存在する可能性は否定できない。

「無葬社会」の現実——特殊清掃の現場

ジャーナリストで僧侶でもある鵜飼秀徳《うかいひでのり》は、『無葬社会——彷徨《さまよ》う遺体・変わる仏教』（二〇一六）の中で、高齢者が独居を余儀なくされている状態を「孤独死予備軍」と呼び、その数が二〇三〇年には二七〇〇万人にものぼると推計している。そして鵜飼によれば、「孤独死ビジネス」とも呼びうるビジネスに需要が集まっている。「孤独死」の現場は凄惨を極めるため、「特殊清掃」と呼ばれる特別な資格を持った清掃業者が「孤独死」の現場をクリーニングすることになる。「孤独死」の現場は目を覆いたくなるほど陰惨な場合があるという。見るも無残な部屋の状況とともに、すでに「遺体」ともいえない痕跡から立ち上る腐敗臭など、強烈な現場を片付け、何事もなかったかのようにクリーニングする仕事こそ、「特殊清掃」という仕事である。

私にとって鵜飼の著作が印象深いのは、特殊清掃会社の経営者の言葉があったからだ。経営者は、鵜飼に向かって、「孤独死の現場は目を覆いたくなるが、それが現代社会の現実。なぜ、この人が孤独死しなければいけなかったのか。なぜ家族はこの人を孤独死させてしまったのか。社会全体で考える時が訪れています」と語っている。

私たちは、一人で生まれてきたわけではないし、一人で死ねるわけではない。私たちは勝手に死ぬことはできるが、私たちが死んだ後に私たちの亡骸《なきがら》が残ってしまう。自宅であれ病院であれ、孤独死したアパートの一室であれ、事故死した現場であれ、私たちの誰かが死んだ後の遺体は、誰かが片付けたり処理したりしなければならない。後始末は、死んだ本人にはできないのだ。

だからこそ、誰かが片付けるしかない。私たちは、自分たちが死んだ後にも、誰かのご厄介にならないわけにはいかない。私たちの社会では、一人で死ぬこともできない。私たちは、自分一人で生きていると思っている。特に、私もかつてそうだったように、現在の若者たちの中にも、あたかも自分一人で大きくなって、自分一人で生きてきたし、このまま生きていけると思い込んでいる人が多いように思う。しかし、自分が死んでいくとき、その遺体は自分では始末をつけられるわけではない。まして人知れず亡くなってしまう「孤独死」の場合、自分が死ぬ自覚を持っていたとしても、自分の遺体の処置まで手が回らず、突然死してしまうこともある。「ひとり暮らし」の人が増えていけばいくほど、「特殊清掃」業の人たちの手を煩わす可能性も増えていく。

もちろん、「孤独死ビジネス」が右肩上がりの成長を遂げていくことは間違いない。というのも、「孤独死」が高齢者だけとは限らないからだ。独居老人の「哀しい現実」としての「孤独死」があるとしても、特殊清掃業者が出動するのは、必ずしも「独居老人」の部屋だけとは限らない。

「引きこもり」の若い人たちもまた、人知れず亡くなっていく可能性がある。『超孤独死社会――特殊清掃の現場をたどる』（二〇一九）の著者・菅野久美子《かんのくみこ》は、自らが訪れた現場の報告を詳細に語っているが、その中で彼女が注目するのは、様々な死に方をする人たちの現実である。それと同時に、彼女は「特殊清掃」に携わる業界の人たちの日常を丹念に追い、私たちの日常が死と隣り合わせにあることを語ってくれている。

死体と遺体

菅野は、別の著書『孤独死大国――予備軍一〇〇〇万人のリアル』（二〇一七）に、「孤独死」した男性の住居を扱った不動産屋の女性の証言を載せている。彼女が扱った物件は、関東県内に妹がいながら、二十年以上も音信不通だった千葉県に住む六十代の男性のものだった。彼がペット数匹と孤独死した現場で、不動産屋の女性は次のようなことを語っている。

> ご近所との付き合いもなかったみたいなの。管理人さんもこのマンションで初めて管理人になったらしく、あまり住人には干渉しなかったみたい。私がポストに入っていた郵便物を分別するために見てたら、動物病院からのハガキが一枚と、男性が所有していた車のディーラーと、〇〇〔自動車販売会社〕からのハガキの合計三枚しかないの。／それと市の水道局からの督促状が三枚。つまり半年分。これは一体なんなんだと悲しくなったね。とにかく私が手掛けてきた物件で、一番臭いがひどかったしね。なんで半年も気付かれなかったのか。みんな他人に興味がないんだと思っちゃった。でも、そんな世の中っておかしいよね。[1]

私たちは常日頃から、隣家の人たちとそれほど親密に付き合ったりしていない。特に都会では、その傾向が著しい。同じマンションや共同住宅に住んでいても、挨拶もそこそこに過ごしている人たちが多いだろう。私は東京都内の戸建に住んでおり、近所には、昔ながらの人たちが住んでいて、「回覧板」や「隣組」などがあって、それなりに機能している。世話好きの高齢男性がごみ集積場のネットを直したり、心無い人が適当に捨てる瓶や缶をきちんと分別したりしている。だからといって、私は自治会の集会に行ったりはしない。自宅前をたまに掃除していると、近所の高齢者たちが声をかけてくる。私も掃除の片手間にお相手をすることがある。自宅の植え込みの植物が花を咲かせると、ひとときその花の話をしたり、暑い日に水を撒いていたりすると、高齢者が時候の挨拶をして通り過ぎていく。そのような日常が何気なく過ぎていく。それでも、近所の世話焼きの別の高齢男性の姿が見えないなと思っていたら、ご自宅の表札が変わっていたりする。私の知らない間に亡くなったのだろうか？ こうした些細な事柄の変化は、日常に隠された〈孤独〉や〈孤立〉を際立たせる。

第2節 「ひとりで死ぬこと」の意味

――「スピリチュアリティ」の〈ケア〉

死んだ後、私たちの〈からだ〉はどうなるのか？

二〇一九年十一月二十八日に発表された厚生労働省「人口動態統計」によれば、二〇一八年に亡くなった人は、一三六万二四七〇人で過去最多である。前年の二〇一七年の一三四万五六七人に比べて、二万人以上も増えている。推計では、死亡数は、二十年後の二〇三九年には一六七万人に達するという。鵜飼によれば、「団塊の世代」や、その親世代が死期を迎えつつある現在では、鹿児島県の人口〈約一七〇万人〉と同等の人が亡くなっていく。

それと同時に、遺体処理の現場では、様々な困難が待ち構えている。都会の火葬場では炉がいっぱいになり、待機状態が一週間から十日になっている。身内が病院や自宅で亡くなっても、すぐに火葬できない状況が到来している。それに伴って、一時的に遺体を保管するビジネスが隆盛を極めつつある。例えば、「遺体ホテル」（神奈川県川崎《かわさき》市）のように、亡くなった後に、葬式や火葬をするまで遺体を安置しておく民間の施設がある。こうした施設は、都市部の居住空間と密接な関係がある。というのも、都会の高層マンションでは、エレベーターに遺体を運び込めないところが多く、遺体をマンションの自宅に保管できないからである。また端的に、火葬場の不足によって、「待機遺体」が増加しているということもある。

それとともに、葬儀・葬式の形式の変化も影響している。鵜飼は「葬式の簡素化」として、都市部における「直葬《ちょくそう》」が急増しているという。つまり、葬式をしないで、直接火葬してしまうのである。鵜飼が取材した葬儀・仏事に関する情報サービス会社「鎌倉新書」の二〇一四年のリポートによれば、「直葬」は関東圏における全ての葬儀に占める割合の中で、二二％にのぼる。しかし、「墓地埋葬法」によって、死後二十四時間以内の火葬は禁止されているので、病院などから直接火葬場に直行することは少ない。それゆえ、火葬までの間、どこかに遺体を保管しておく必要がある。こうした実態から、鵜飼は多死社会に向けて「遺体ホテル」は増えていくだろうと予測する。「さまよえる遺体」の受け皿として機能しているからだ。鵜飼は次のように言う。

都市化により、特に「死」を禁忌する風潮が蔓延している。死を受け入れる場をどこかに造る必要があることは、多くの人が理解できる。でも、できることならば死を直視せずに暮らしたい――。そんな矛盾が社会に渦巻いている。[2]

誰かが亡くなれば、かならず〈死体〉が残る。その人がいかなる哲学や宗教を持とうとも、死後について何も考えていなくても、私たちの〈からだ〉は物質的身体として、〈からだ〉の持ち主の死後にも、〈死体〉として存在し続ける。〈死体〉はそのままでは決して「無」に帰することはない。仏教

であれキリスト教であれ、持ち主が生前に〈輪廻〉の思想を持っていようと〈魂の不死〉を信じていようとも、〈魂〉が抜けてしまった物理的な〈からだ〉は、現実世界に「亡骸」として存続し続ける。私たち〈普通の人〉の「亡骸」は、古代エジプト文明に作られたミイラのように手厚く葬られることもなければ、即身成仏《そくしんじょうぶつ》した高僧のように、うやうやしく祀《まつ》ってもらうこともない、ただの厄介者に過ぎない。〈からだ〉を火葬にして遺灰にしたとしても、その灰は残り続ける。私たちの身体的存在は、どこまでも「物質的なもの」を残さざるを得ない。

NHK取材班の『さまよう遺骨――日本の「弔《とむら》い」が消えていく』（二〇一九）にあるように、物質的な遺骨や遺灰は現世でさまよい続けることもある。NHKの取材によれば、全国四十七都道府県の警察を対象にした調査から、遺骨の置き去りの実態が明らかにされた。二〇一二年からの五年間で遺骨が警察に届けられたのは、四一一件にのぼる。発見場所は、寺院や斎場もあれば、リサイクルショップの店先、駐車場や図書館など、取材班も驚くような場所もある。

遺骨置き去りに関して、鵜飼はショッキングな事件を報告している。二〇一五年四月二十三日の昼下がり、東京都練馬《ねりま》区のスーパーの屋外トイレで、人の頭蓋骨が見つかった。骨は焼かれた状態で、洋式便器の中に転がっていた。当日はスーパーも営業しており、トイレも頻繁に利用されていた。犯人は発見される直前に骨を遺棄して逃走したらしい。警察は死体遺棄事件として調べを進めている。興味深いことに、この二十日前にも、長野県松本《まつもと》市の商業施設のトイレで、焼かれた骨が遺棄されていた。[3] 遺骨をトイレに遺棄する事件が相次いで起きるのは単なる偶然だろうが、犯人と思《おぼ》しき人たちには、遺骨はただのゴミのようにしか見えなかったのかもしれない。

日本の法律では、刑法一九〇条に「死体、遺骨、遺髪又は棺に納めてある物を損壊し、遺棄し、又は領得した者は、三年以下の懲役に処する」と定められている。それゆえ、遺骨の置き去りは法に触れる可能性がある。『さまよう遺骨』で報告されている、遺骨を置き去りにした事件のうち特徴的な三件の理由をあげておこう。一件目の当事者は、遺骨を埋葬する費用がなかったから、二件目は、「生前、苦労をかけられてうらんでいた」から、三件目は、病死した妻の遺骨を自宅に保管していたが、別の女性と同居することになったため処分に困ったから、というものだ。三件の遺骨置き去り事件の当事者の理由は、経済的なもの、感情=情動的なもの、生活環境の変化によるものと言える。それぞれがなんともお粗末なほど身勝手なものだ。共に生きてきた親族や身内は、亡くなって遺骨になった途端に、残された=遺された人にとって様々な意味で〈重くなっていく〉。遺された親族は、遺骨の物質的な重さよりも、遺骨に込められている様々な〈思いの重さ〉を抱えきれなくなっているのかもしれない。彼ら・彼女らにも、もっと深い事情があったのかもしれない。しかしそれほど信心深いわけでもない私から見ても、なぜ遺骨を置き去りにすることができたのか見当もつかない。

しかし私たちは、実際に、遺骨を遺棄した人を責められるだろうか？　葬儀をあげたり、寺院で戒名をつけてもらったりするのにも費用がかかる。長く生きていれば、家族の中で、個人的な感情が複雑に絡み合ってくることもある。故人の思い出に浸りながら生きていく人もいれば、亡くなった家族の一員を蛇蝎《だかつ》のごとく嫌う人にとっては、死んでよかったとすら思う人もいるだろう。

私たちも、亡くなってしばらくの間は、亡くなった人との思い出に浸ることもある。それでも、日々の生活を生きていくうちに、気持ちが徐々に切り替わり、思い出さないこともある。そして、故人の思い出に浸るのとは別の人生を歩んで行きたくなる。故人に対する気持ちも感情も、生前と死後では変わってしまう。そのことは誰にも責められない。いつまで故人に縛られなければならないのかと思う人もいるはずだ。

だからといって、遺骨を放置したり置き去りにしたりしてもよいわけではない。私たちの気持ちがどのように変化しようと、私たちの生き方がどのように変わろうとも、個人の遺骨や遺灰は、簡単には処分することができない。遺骨や遺灰は、どうしようもないほどの「物質性」を伴って、私たちに迫ってくる。それは亡くなった人の、この世における最後の〈証《あかし》〉と言って良い。しかし今の時代では、遺骨や遺灰は、「存在の耐えられない軽さ」（ミラン・クンデラ）とともに、処分不可能なただの「ゴミ」に成り果てつつある。亡くなった人の〈からだ〉は「亡骸」として行き場を無くし、彷徨《さまよ》いつつある。それでは、〈からだ〉から抜け出した〈魂（spirit）〉もまた、彷徨っているのだろうか？

「おひとりさま」を誰が見送るのか？

社会学者の上野千鶴子は、『おひとりさまの最期』（二〇一五／二〇一九）の中で、ある女性医師が語ったエピソードを取り上げている。翻訳の仕事で身を立ててきた「おひとりさまの高齢女性」は、弟子や介護ヘルパーに、寝たきりの在宅生活を支えられて生きてきた。あるとき、介護者たちの帰り際に、

「ぽつりとつぶやいた」言葉が「さみしいわぁ…」だった。気丈な性格の持ち主だった彼女の周りの人たちは驚いたが、後ろ髪を引かれる思いをしながらも、次の予定があるので辞去した。するとその翌日に、彼女は亡くなってしまった。女性医師は、上野に「死んでゆくひとはそのこと〔自分が死ぬこと〕を知っている」のではないかと問い、「さみしい思い」をしているのではないかと語っている。医師に問いかけられたとき、上野は「ドキリ」としたと言う。

上野は、「死の臨床」が対処しなければならない「苦痛」として、「身体的苦痛」「精神的苦痛」「社会的苦痛」のほかに、「スピリチュアル・ペイン」があると述べている。

すでに私は、前著『ケアの倫理』(二〇〇〇)で、〈魂のいたみ〉としての「スピリチュアル・ペイン」について論じている。「スピリチュアル・ペイン」とは、「〈死を予定された生〉を生きなければならないときの〈いたみ〉」である。人が末期のがんなどで死を予定されたとき、自分がなぜ死ななければならないのか、他の人ではなくてなぜ自分なのか、どうしてこんな死に方なのかなど、答えのない問いを問い続ける。そのときの〈魂のいたみ〉が「スピリチュアル・ペイン」と呼ばれている。そして、本人にも周りの人にも誰にも答えようのない問いを、私はあえて「形而上学的《メタフィジカル》な問い」と呼ぶ。このような問いは、その人が亡くなるまで際限なく問われ続ける。

しかし、答えが得られないままだからこそ、死を控えた人を苦しめる。私は『ケアの倫理』の中で、「形而上学的な問い」からくる「スピリチュアル・ペイン」を「人間として、それも尊厳(dignity)を持った人間として生きていくこと」ができないときの〈絶望〉からくる〈いたみ〉として捉えていた。

もちろん、「スピリチュアル・ペイン」は、精神医学的な治療や臨床心理学的なケアによって、またカウンセリングなどの相談によって軽減させることはできるかもしれない。しかし問題なのは、答えの出ない問いを問い続け、そのことによって苦しむ〈いたみ〉は、経験的で物理・身体的《フィジカル》なアプローチだけで解消したりしない。それらの問いを「形而上学的《メタフィジカル》＝超・物理的問い」と呼ぶ所以である。

上野は、「日本死の臨床研究会」の二〇一二年の年次大会に参加したとき、「死んだらどこに行くのでしょうね——患者さんの問いにどう答えますか」というテーマ部会で、医師や看護師が真剣に議論していたことに驚いている。上野は、「誰も答えようのない問いに、なぜ医療の専門職が答えなければならないのか、なぜそんな責任まで引き受けるのか、が理解できなかったから」[4]だと言う。

そして上野は、もしも患者からそのような問いを問われたときには、「そうですねえ、わたしにはわかりませんから、チャプレン〔chaplain, 教会・寺院に属さずに施設や組織で働く聖職者〕をお呼びしましょうか?」と答えたら良いのではないかと述べている。上野によれば、医療は医療の専門職に、〈死後の世界〉のことは霊の専門職に任せるという分業がキリスト教圏では当たり前になっているが、日本にはこのような分業がない。だから、医療者が過剰な責任を背負わなければならないことになる。

おそらく日本の医療の専門家たちは、〈死の臨床〉において自分たちが万能でなければならないと考えているのだろう。しかし、もしも医療の専門職が〈死後の世界〉にまで口出ししなければならないと考えているとすれば、それは、過剰な責任を引き受けているというよりも、傲慢で不遜な態度であると言わざるをえない。医師を代表とする医療従事者の（権）力が圧倒的に強い〈死の臨床〉の場面で、〈死後の世界〉や〈霊魂〉の専門職が入り込む隙間はない。しかし私は、〈死の臨床〉の現場で、宗教哲学や宗教倫理学などの専門家が介入することは可能だと考えている。

また「死んだらどこにいくのか」という「誰も答えようのない問い」に答えられる適職が、〈霊の専門職〉としての「チャプレン」だとも思わない。医療の専門職が答えられない問いに答えなくとも構わないし、患者とともに考えることができるのも、「チャプレン」だけではないからだ。

「死後の生（Life after Death）」を思考する「形而上学《メタフィジックス》」という学問がある。この点について、私はすでに二十年前に、『ケアの倫理』で、次のように書いていた。

> ただ、医学者や心理学者たちが経験的技術にばかり気を取られ、心理的な治療の問題としてだけ、人間存在そのものにとって本質的な問題を理解し、経験的技術的に解決できると思い込んでいるとしたら、私は次のように言いたい。〈心理学や精神医学などの経験科学だけでは、人間の生存・実存（existence）に関わるスピリチュアルな〈ケア〉（形而上学的な関わり）はできはしない〉、と。なぜなら、いわゆる〈スピリチュアルケア〉とは、経験を超えたレベルのケアを含んでいるからである。／私は、〈スピリチュアルケア〉とは、「形而上学（metaphysics＝メタ物理学・メタ自然学）」の領域においてはじめて可能であると思う。[5]

未だに医療者や心理学者たちは、「形而上学的問い」や〈スピリチュアル・ペイン〉や〈スピリチュアルケア〉について、哲学者や倫理学者から学ぼうとしていない。そして哲学者たちも、〈ケアの哲学〉を語っても、「死後の生」を形而上学的に考察しようとしていない。

〈スピリチュアルケア〉の現在――チャプレン・小西達也の試み

それでは、チャプレンは「スピリチュアル・ペイン」に対して、どのようにしてこれらの「形而上学的問い」に対応しているのだろうか? また上野が言うように、「死んだらどこに行くのか」という問いは、チャプレンによって解決あるいは解消されるのだろうか?

チャプレンの小西達也は、アメリカのチャプレンの世界では、「スペリチュアル・ペイン」という〈ことば〉はないと言う。彼によれば、日本の医療の世界では「スピリチュアル・ペインを取り除くことがスピリチュアルケアである」という見方が広がっている。小西によれば、〈スピリチュアルケア〉を専門にする村田久行は、「スピリチュアル・ペイン」を「自己の存在と意味の消滅から生じる苦痛」として定義している。その意味で、「スピリチュアル・ペイン」は〈存在することの無意味さ〉に根ざしている〈いたみ〉とも言い換えられる。

私もまた、『ケアの倫理』の中で、村田の定義に即して「スピリチュアル・ペイン」を理解していたし、現在でも〈スピリチュアルケア〉の仕事としては、「スピリチュアル・ペイン」を取り除くことだと考えている。しかし、二十年経った現在では、当時とは少し異なる見解も持っている。小西が言うように、「スピリチュアル・ペイン」を考えなくても、〈スピリチュアルケア〉ができることに一理あると考えるからだ。

小西によれば、チャプレンの世界でスタンダードとなっている論文「White Paper Professional Chaplaincy」における〈スピリチュアルケア〉の記述は以下のようである。

> 危機に直面した時、人はしばしば意思のスピリチュアリティに戻る。すべての人が自分の抱える実存的ニーズと関心を有している。病に襲われた時、誰もが自分の生を意義深いものにしようと希望を保持しようと苦闘し、その中で、超越、驚きや喜び、自然や自己、他者とのつながりとの深い経験をしている。そうした努力をサポートするのが、スピリチュアルケアである。[6]

小西は、こうした記述をさらに嚙み砕いて、〈スピリチュアルケア〉を、「終末期に限らず、離婚、失業や老病死など、いわば「人生の危機（Spiritual Crisis）」に直面している人を対象として、傾聴やカウンセリングの形を通じて、その人の内面生活をサポートしていく行為である」と言う。小西によれば、私たちは様々な機会に「人生の危機《スピリチュアル・クライシス》」に直面する。生きがいを失ったり、存在価値を見失ったり、これから先をどうしたらよいか、自分はどうしたいのか途方にくれることがある。仕事が生きがいだった人が病気にかかり、仕事ができなくなったりすることも、そうした試練や危機の一つだ。

そうした「人生の危機《スピリチュアル・クライシス》」を、私たちはなんとかして乗り越えていかなければならない。そして、小西はこうした状況下では、それまで自分を支えてきた基盤となる「ビリーフ（belief）＝信じること・信念」が現実に対応できなくなっていると捉える。〈スピリチュアルケア〉とは、このような状態にある人をサポートすることだ。小西によれば、ビリーフには様々なものがある。例えば、価値に関するビリーフ（信念）としては「こうあるべき」「こうあらねばならない」という表現ができる。日本的価値観では、「和を乱してはならない」「人様に頼ってはならない」というビリーフもある。

また、第二次世界大戦中に日本の勝利を確信していた人たちは、敗戦の報を聞いて、生きる支えを失ってしまった。彼らはそのとき、「人生の危機《スピリチュアル・クライシス》」を経験したのである。また、経済的な支えを失った人も、「人生の危機《スピリチュアル・クライシス》」を経験していると言えよう。

「人生の危機《スピリチュアル・クライシス》」を乗り越えること

しかし、本当に重要なのは、「人生の危機《スピリチュアル・クライシス》」をどのように乗り越えるかである。そこで小西は、二つの乗り越え方を提示する。第一に、新しい状況下でも通用する「ビリーフを再構築すること」、第二に、ビリーフに依存するのではなく、「神性」「Holy Spirit（聖霊）」などのスピリット、「仏性」や「真の自己」などに目覚めることによって「ビリーフから自由な在り方を実現する」ことである。

小西によれば、「ビリーフの再構築」とは次のような場合を考えればよい。例えば、仕事を生きがいにしていた人が失職することで生きがいを喪失しても、家族と充実した時間を手に入れることができ、そのことによって新しい生きがいを手に入れたとしよう。その場合には、ビリーフの再構築が達成されたと考えられる。

ただし、ビリーフの再構築にあたっては、本人がビリーフを深いところで納得する必要がある。ケア提供者が安易に「こういう生きがいを持った方がいい」というような提案をしても、その提案をケア対象者が納得しなければ、ビリーフの再構築はない。つまり、本人が自分自身でビリーフを再構築するしか方法がないのである。その意味で、ケア提供者は「どのようなビリーフであるべきか」という設定をしないのが基本であると小西は言う。

さらに小西は、第二の「ビリーフからの自由」についてはもっと困難であると言う。仏教には「世の中に何らかの絶対的な、普遍的なものがあるという考え方にこそ、私たちの精神的・スピリチュアルな苦悩の根源があるとする考え方」がある。それゆえ、不確定な状況に対応するために新しいビリーフを再構築するよりも、ビリーフに執着しない方が良いということもありうる。つまり結果的に、「ビリーフから自由になることによって、「人生の危機《スピリチュアル・クライシス》」に対処していく」ということだ。仏教的にいえば、「我執からの自由」[7]ということだろう。小西によれば、「ビリーフから自由」になることは、神性・仏性・スピリットなどの「はたらき」に目覚めることに見出すことができる。

「ナチュラルケア」の意味――〈いのち〉との共生・共棲

小西は、チャプレンという聖職者の経験から、「ビリーフからの自由」を説く。彼の言いたいことに、私はある程度は賛同する。ただ私は〈ケアの倫理〉の立場で、できる限り世俗的（secular）立場と姿勢を貫きたいと考えている。俗世間でしか生きられない私は、「人生の危機《スピリチュアル・クライシス》」的状況のもとでも、神仏に頼らない方向で生きていきたい。

私は、徹頭徹尾「ビリーフから自由」になりながらも、神性・Holy Spirit（聖霊）に頼らず、たとえ苦しみを抱えたとしても「形而上学的問い」を問い続けていきたいと考えている。先に述べたように、「PTG（Posttraumatic Growth）」（＝心的外傷後成長）を考えてもよい。「人生の危機《スピリチュアル・クライシス》」とは、PTGのきっかけとなる出来事だと考えられる。私たちは、「人生の危機《スピリチュアル・クライシス》」に際して、〈こころ〉に傷を負うこともある。まして〈スピリチュアル・ペイン〉が生ずる外傷的出来事に直面したとき、私たちの〈こころ〉は傷つき、「死に至る病」（ゼーレン・キルケゴール）としての〈絶望〉に苛《さいな》まれる。それでも、私たちは〈生き延び〉ていかなければならない。重要なのは、「形而上学的問い」に適切な答えがあるか否かということではない。私たちは、「生きとし生けるもの」の一員として、この世で〈生＝いのち〉を全うしていかなければならないと考えているだけだ。

私は、『ケアの倫理』で「どんな形であれ、近くに援助してくれる人や動物があり、そのものたちとの共感関係を結ぶことができれば、それだけでも「生きていく意味」を獲得できるのではないだろうか」と書いた。しかし、その表現ではまだ足りなかった。「スピリチュアル・ペイン」の〈いたみ〉を少しでも軽くできるとすれば、〈いのち（life）〉あるものが〈そこにいること（Dasein, being-there）〉〈傍らに存在すること〉が重要なのだ。

誰か・他の〈いのち〉と〈ともにそこにいること〉こそが、〈魂のいたみ〉を軽減させる。私たちが命の交流があるものと〈ともに生きること（＝共生・共棲 symbiosis）〉が必要なのだ。例えば、ホームレスの人たちが段ボールの粗末な家で、犬や猫と暮らしたりすることによって、いかなる苦境をも〈生き抜いていける〉ように。高齢者が犬や猫が生きている間は、自分は絶対に死ねないという意欲を持って〈生き続ける〉ように。

私たちは他の〈いのち〉と生きていくことで、〈孤立〉からくる〈絶望〉から救われることがある。人間も「動物（animal）」である以上、〈魂〉が宿っている。互いに根源的に救い合う〈魂（anima）を持つもの〉として支え合うことができるはずだ。

小西は、「ビリーフからの自由」が至る方向に神性や仏性を見出した。それに対して、私は、もし「ビリーフからの自由」を〈執着からの離脱〉として捉えることができるならば、その先にある〈仏性〉は、「山川草木悉有仏性《さんせんそうもくしつうぶっしょう》」とか「一切衆生悉皆成仏《いっさいしゅじょうしっかいじょうぶつ》」という考え方につながると考えている。

哲学者であり神道学者でもある鎌田東二は、〈スピリチュアルケア〉に対するものとして、「ナチュラルケア（natural care）」を語っている。[8] 鎌田によれば、日本における「スピリチュアルケア（spiritual care）」が他の地域文化と異なるのは、「「ナチュラルケア natural care」（healing through nature, natural approach to care）とでもいうべき自然の力動の感受と深く結びついているという点である」[9]。それは人が癒すとか、人間関係の関わりの中で支えられ癒されるというだけでなく、「自然が癒す」すなわち「自然と人間との関わりこそが癒しと支えの根幹となる」[10]という事態があることを意味する。

鎌田は、「『古事記』の「むすひ」の神々の自然生成力への畏怖・畏敬の心ばえが、「草木国土悉皆成仏」という命題に集約される天台本覚《ほんがく》思想などを生みだしていくという、本源的に脱人間主義的かつ汎自然的な感覚と思想の問題となる」[11]と言う。もちろん、こうした思想が、私がなるべく距離をおきたいと考える宗教に限りなく近いことも理解した上で、私は〈スピリチュアルケア〉の本質を、「ナチュラルケア」に見出したい。その一方で、もちろん、〈ケア〉の営みを、他の生命体に託すことは「生きもの」を飼う人間として無責任かもしれない。飼い主が亡くなってしまえば、残されたペットや動物たちはどうやって生きていけばいいのかと問われるだろう。さらに〈孤独死〉した飼い主の死体が、ペットの餌になるような陰惨なことも起きていることを考えれば、私の考えなど無責任極まりないかもしれない。

それでも、飼い主がペットよりも早く亡くなることも、本人の本望でなくても、私たちは、自分の〈傍に居合わせる〈いのち〉〉と向き合うことで、何がしかの〈癒し〉を得られるし、何らかの〈ケア〉が提供されたと考えたい。他の動植物の〈いのち〉や誰かと〈生=人生（life）〉を共にすることが、私たちが「生き抜く（survive）」ためには必要なのだ。

それでも、究極的には〈いのち〉を共にしなくても、私たちは〈生き抜いていける〉かもしれないとすら思う。存在者として共生・共棲していなくても、私たちは生きていくことができる。〈絶望〉さえしていなければ。

第3節　「何も共有していない者たちの共同体」の倫理

「何も共有していない者たちの共同体」

鵜飼秀徳は、『無葬社会――彷徨う遺体・変わる仏教』の中で、二十一世紀現在の日本社会を「多死社会」と名づけ、高齢者の「哀しい最期」として「孤独死」をあげている。鵜飼によれば、生産年齢人口が老後も都会に留まり続けるために、「高齢者の絶対数」は都会で増加していく傾向にある。ちなみに国立社会保障・人口問題研究所の推計から、二〇四〇年の東京都の六十五歳以上の高齢者数は、四一二万人に達するという。そして、そのような高齢者が行きつく「哀しい現実」として、彼は、①孤独死、②認知症、③犯罪（加害・被害両方）があると述べている。[12]

彼は、東京都新宿区の「孤独死の定義」を例に挙げて、（1）死後十五日以上が経過してから発見されたケースを「孤独死」、（2）死後十五日未満で発見されたケースを「孤立死」と呼んで分けている。この分類によれば、S先生の死は、十五日以上が経過して発見されたために、「孤独死」と定義される。

それでは、なぜ高齢者に限らず、S先生のように五十代という若さで、「ひとり暮らし」のまま「孤独死」してしまうのだろうか。私たちの社会は、身近でない人たちをみすみす見殺しにする社会になったのだろうか。彼は、社会的に認められた職業につき、周りには彼を慕う学生もいたはずだ。それゆえ、彼の境涯は、けっして「孤独」だったわけではないように思う。鈴木晶先生のブログによれば、離婚したとはいえ、S先生は子供もおり、互いに行き来があった。それでも、彼は「孤独死」してしまった。私の拙い情報から見ても、彼自身は社会的に「孤立」していたわけではない。それでも、彼はひとりで逝ってしまったのだった。

彼の死を思うにつけ、私はその亡くなり方を無念に思う。だからこそ、私たちは、彼のような「孤独死」を避けるための努力が必要なのではないか。そのために、これまでのコミュニティ（共同体）の形成の仕方ではなく、まったく異なる観点からコミュニティを構築する必要がある。アメリカの哲学者アルフォンソ・リンギスは『何も共有していない者たちの共同体』（原著一九九四／邦訳二〇〇六）の中で次のように語っている。

私は、病院であれ貧民街であれ、孤独に死にゆく瀕死の人（the dying to die alone）を見捨てるような社会は、みずからその土台を根こそぎにしているのだと考えるようになった。／私たちと何も共有するもののない——人種的つながりも、言語も、宗教も、経済的な利害関係もない——人びとの死が、私たちと関係している。この確信が、今日、多くの人びとのなかに、ますます明らかなかたちで広がりつつあるのではないだろうか？　私たちはおぼろげながら感じているのだ。私たちの世代は、つきつめれば、カンボジアやソマリアの人びと、そして私たち自身の都市の路上で生活する、社会から追放された人びとを

――見捨てることによって、今まさに審判をうけているのだ、と。[13]

リンギスの言葉を現代の日本の状況に合わせて言い換えれば、〈私たち自身の都市のマンションや一戸建ての自宅のひとつの部屋で生活する、社会から引きこもった人びとを見捨てることによって〉、私たちの社会は、そして私たち自身は、まさに審判を受けようとしている。カンボジアやソマリアの難民や移民を問題にするまでもなく、私たちの隣家で、マンションやアパートの隣の部屋で、誰かが孤独のうちに亡くなっていくのが、私たちが生きる日本社会の現実なのだ。

「孤独死」していく人たちと生き延びている私たちの〈あいだ〉には、「何も共有するものがない」。隣に住んでいるということだけでは、私たちの〈あいだ〉に「共有するもの」があるということを保証しない。それでも、たまに会えば挨拶する程度の関わりしかない隣人が亡くなるという事実があったとき、私は、おそらく動揺するだろう。隣人とはもう二度と挨拶を交わすことがないという現実に直面したとき、私は隣人と初めて何かを共有する。〈その人の死〉が、私と亡くなった〈その人〉とを、瞬時にして結びつける。また、私たちが知り合いの誰かを病院に見舞うとき、知り合いの「隣のベッドに横たわる人」がたまたま亡くなっていることによって、私たちは、「亡くなった、隣のベッドにこの前までいたその人」の「死」を思う。

〈誰かの死〉が、「何も共有していない＝何も共通のものを持たない者（those who have nothing in common）」としての〈誰か〉と私（たち）を結びつけ、私たちの〈あいだ〉に「共同体＝共通性

（community）」を形づくる。私は、〈私以外の誰か〉と私たちの〈あいだ〉に立ち上がる〈無関係な関係〉への気遣いを〈死者としての他者へのケア〉と呼びたい。〈死者へのケア〉とは、様々な形で亡くなっていく〈死者としての誰か〉と〈生者としての誰か〉という「何も共有していない者」たちの〈あいだ〉で、「とりあえず今現在に生きている生者」が、「死者としての他者」を〈思い遣る〉ことである。

生死を挟んだ〈思い遣りとしてのケア〉は、死者をも含む〈他者〉に対する〈思い遣り＝思いを届けること〉だ。〈他者〉の死を、その終わってしまった〈生＝人生（life）を思い遣ること〉。それこそが、〈死者としての他者〉と〈現在を生きる生者〉との〈あいだ〉にある〈ケア関係〉である。そしてその関係は、どちらか一方の〈誰かの死〉を介して結ばれる。

哲学者の堀田義太郎は、リンギスの解説の中で、「アルフォンソ・リンギスは、誰もが共有できる理由や目的に基づくコミュニケーションによって形成される「合理的共同体」とは異なる、「もう一つの共同体（the other community）」の所在を明らかにしようとしている」[14]と語っている。堀田が語るように、「合理的共同体」は崩壊の危機にある。それゆえ私たちは、『合理的共同体』の彼方あるいはその手前にあって、合理的なコミュニケーションが作り出す合意や同意には回収されず、むしろそれらを絶えず「攪乱」する」、「もう一つ別の共同体＝他の共同体」を生きていくしかない。そこでは、他者が互いに対して関心を持たないし、何も共通性＝共同性も持つことがない。

例えば、通勤時間帯にぎゅうぎゅうに押し詰められた電車の車内では、互いに「何も共有すること」がない。確かに、彼ら・彼女らの〈あいだ〉には、他者を〈思い遣る〉気持ちが欠落しており、〈ケア関係〉など結びようもない。電車の中という「共同性＝共通性」以外は、彼ら・彼女らの〈あいだ〉には何も共通なものがない。他者とは、自分のテリトリーを侵害する「暴力者」であっても、決して仲間ではない。互いに対して虚しい抵抗を続けながらも、自分の個別性と単独性を維持しながら、「共有するものが何もない共同体」を形成している。

しかし突然、電車が緊急停車し、車内放送で人身事故がことの原因だと告げられる。すると、スマートフォンを駆使していた人たちの中で、舌打ちする人も出てくるかもしれない。「また遅れたよ、まいったな、迷惑な話だ」と。しかし見知らぬ誰かが電車に飛び込んで、その人生を終えたとき、通勤列車の車内では「飛び込んだ人」と「何も共有していない者」が「飛び込んだ人」の「死」を介して結びつく。「わざわざ電車に飛び込んで死ぬなよ、やれやれ迷惑な話だよ。またみんなに連絡しなきゃ」と、電車の車内の人たちの何人かは、〈こころ〉の中でつぶやくかもしれない。「車内の人」と「電車に飛び込んだ人」とは、双方とも互いに「何も共有していない」。しかし、飛び込んだ人の「死」によって、両者は強制的に結びつけられる。互いの〈あいだ〉に「共有するもの＝共通のもの」が存在しないにも関わらず、「死」が互いを一瞬にして結びつける。

劇作家の野田秀樹は、何かのインタヴューで、人身事故で誰かが亡くなったとしても、電車に閉じ込められた人たちは、自分の日常のことしか考えない。そのため、事故で亡くなった人に対する〈悼み〉を口にすることがないと語っていた。

野田が言うように、私たちのうちの誰かは、事故のせいで自分の人生が邪魔されたと言わんばかりに、冷たい気持ちを持つことがある。現在の私たちを結びつける「死」は、あくまで、〈亡くなった人としての死者〉と、〈列車内に閉じ込められた生者〉とを逆説的に結びつける。

しかし、リンギスが語る病院内で亡くなっていく人たちを〈思い遣る〉ように、私たちは、見ず知らずの死者に対して、どのようなかたちで〈ケア関係〉を持ちうるのだろうか。哲学者の市川浩は『〈中間者〉の哲学――メタフィジックを超えて』（一九九〇）の中で、次のように語っている。

他者はほんとうに関係をもたぬものだろうか。死者は生者を訪れ、生者を畏れさせ、悩ませ、狂わせ、また生者に希望をもたらし、歓びをあたえ、生者の眼を開くのではないだろうか。関係をもたぬとすれば、死者たち（神の子とされるイエスは別としても）――プラトンは、万葉の無名の作者は、釈迦牟尼《しやかむに》は、どうしていまだに生者以上に生を支配する力をふるうことができるのか。強制によってではない。われわれを招き、われわれのうちに棲まうことによってである。死者の無力とは強制する力をもたないというにすぎない。魅する力・畏れさせる力、つまりわれわれの自発性を自発性のまま呪縛する力は、強制にも勝る力なのである。／いかなる権力者も強制することはできても、愛させることはできない。自発性に呼びかけ、自発性のまま自発性を魅惑することはできない。画家が樹を見るとき、自分が見ている樹によって見られているのを感じはじめ、〈見え見るもの〉としての自己と、同じく〈見え見るもの〉としての樹の交錯に魅せられるように、われわれは死者を愛し、畏れることによって〈見えない見るもの〉としての死者

――と入り交い、共存する。死者は、生者と死者という抽象的な関係しかもたなくなったとき、第二の死を死ぬのである。[15]

市川の死者観は、私に深く浸透する。私たちが生きる限り、つねに死を間近に控えている。そして、〈先に逝ったものたち〉＝〈死者としての他者〉は、私たちの内に棲んで〈ともに生きている〉。日本の代表的哲学者のひとり・田辺元《はじめ》が言うように、私たち〈生者〉が〈死者〉とともにある（生きる・棲まう）とき、私たちは「実存共同」している。〈死者〉と〈ともに生きる〉ことは、〈死者〉を常に身近に感じるだけでなく、私たち〈生者〉の〈実存（existence）〉が〈死者〉の〈実存〉とともに〈存在する〉ことを意味する。いつも自分の内に〈死者〉を抱えて生きることに、「実存共同」という〈協同態〉が成り立つ。

第4節 〈他者としての死者〉を抱えて〈生き延びる〉こと

〈生者〉と〈死者〉の〈あいだ〉に倫理的関係は可能か？

私が問いたいのは、私たち〈生きている者〉が、〈生きている視点〉に立って、今は亡き〈死者〉を思考することはできるかということだ。そして〈ケアの倫理〉の観点から言えば、私たち〈生者〉は、〈死者〉との〈あいだ〉にどのような倫理的関係を結ぶことができるかということにほかならない。もちろん私が問題にしているのは、単に私たち〈生者〉の記憶の中で亡くなった〈他者〉を思い浮かべるということではない。私たちは、〈他者が他者であること〉という〈他者の他性〉を持った〈死者〉と、眼の前に生きて存在している〈生者としての他者〉と同じ仕方で倫理的関係を結ぶことができるかということである。

確かに、普通の私たちが〈他者〉として想定しているのは、ともに生きる〈他人としての他者〉であり、人間としての〈他者〉である。ただそれは〈生者としての他者〉であり、〈いのち〉を喪失し、私たちの記憶や記録の中でしか語られない〈死者としての他者〉ではない。しかし、ここで私が問いたいのは、〈他者としての死者〉と倫理的関係を構築することはできるかということである。もちろん私も、自分が問うている問いが、一見すると突拍子もない問いであることは自覚している。それでも、私は幽霊や亡霊と倫理的関係を結ぼうと言っているわけではない。

私はこの問いが〈ケアの倫理〉を徹底させるためにも必要な問いだと考えている。実際に、この問いは、六十年以上も前に、哲学者・田辺元が「死の哲学」の中で問おうとしていた問いなのである。それゆえ、私は、田辺の「死の哲学」を〈ケアの倫理〉の中で復活させ、哲学的な「死者」論のひとつのあり方を考察したい。そのために私は、田辺の「死の哲学」を、精神分析学の創始者フロイトの「喪の作業（Trauerarbeit / work of mourning / travail du deuil）」と関係づけることによって、〈死者の存在論〉の可能性を探ることを考えている。さらに「喪の作業」を哲学的に読み替えたフランスの現代哲学者ジャック・デリダが、現象学的哲学の創始者エドムント・フッサールの「純粋自我（das reine Ich）（＝純粋な私）」概念の根幹に、〈死者としての他者〉に対する「責任＝応答可能性（responsabilité）」の可能性を指摘したことを確認する。

そうすることによって、私は、フッサールの「純粋自我（＝純粋な私）」のうちに、私たちのように〈生きている者〉がとるべき、〈死者〉に対する倫理として〈喪の倫理〉があり得ることを明らかにしたい。デリダが暴こうとするのは、〈生者としての私＝自我〉には、必然的に〈他者としての死者〉が含み込まれており、両者の〈あいだ〉に〈責任＝応答可能性〉という倫理が成り立つということだ。私としては、〈生者としての私〉と〈他者としての死者〉の〈あいだ〉には根源的なかたちで〈ケアの倫理〉が存在しうると考えている。

〈死者〉の哲学——田辺元「生の存在学か死の弁証法か」

田辺は、〈死者〉を哲学的に思考した希有な哲学者である。仏教学者・末木文美士《すえきふみひこ》は、晩年の田辺哲学には「〈死者〉の哲学という革命的な発想」[16]が含まれていると言う。筆者の理解では、田辺の「死の哲学」の思考は、一九五一年に妻・ちよが死んだことを転機としている。それ以後、彼の哲学は「死の哲学」へと傾斜していく。それがはっきりとした形を取ったのは、遺稿「生の存在学か死の弁証法か」である。そこで田辺は、自らの立場を〈死の弁証法〉と呼び、二十世紀最大の哲学者マルチン・ハイデガーの立場を「生の存在学」と規定して哲学的に批判したのだった。彼は遺稿の中で〈生者と死者との交わりの世界〉を描き出し、〈死者の存在＝非在論〉を展開した。その際に田辺は、ちよの〈死〉を乗り越えるためというよりも、〈死者としてのちよ〉と〈ともに生きる〉ために、〈死〉の哲学的根拠を「死の哲学」に求めたのだった。

田辺にとって、〈死者〉としての〈ちよ〉をいかに自らの内に「復活」させるか、それが焦眉の課題だった。気をつけなければならないのは、ここでいう「復活」とは、記憶の中の〈ちよ〉を想起するという意味ではない。田辺は〈他者の他性〉を保持したまま、田辺を愛する〈ちよ〉を、田辺のうちに「復活」させることを意味している。それが、田辺の最後の哲学的思索の中心になった。

哲学者・長谷正當《はせしょうとう》も言うように、「人の死とは何か」を問うためには、「人と人との関わりの根幹にある死」としての「汝の死」が横たわっている。[17]私たちが〈死〉に直面し、その衝撃に打ちのめされるのは、「二人称の死」としての「汝（＝あなた・君）の死」である。

それでも、〈死〉は「三人称」の関係においてだけ存在するわけではない。日常生活の中には、「三人称の死」が無数にある。それゆえ田辺は、「死の哲学」を構想するために、「二人称の死」としての〈ちよの死〉を一般化・普遍化する方途をとった。そこでは、〈死者〉と〈生者〉との〈あいだ〉にある〈交わり〉をもっと広い普遍的な水準で考察することが目指されていた。しかし実際に、田辺が「死の哲学」を考察しようとするとき、彼は立ち止まらざるを得なかった。

というのも、〈生者〉と〈死者〉との〈あいだ〉には絶対的に越えることのできない〈断絶〉が存在するからだ。〈断絶〉という問題を解決しなければ、田辺の「死の哲学」の構想そのものが頓挫《とんざ》することが強いられている。〈死者としてのちよ〉を愛する〈生者としての元《はじめ》〉と、〈生者としての元〉を愛する〈死者としてのちよ〉とは、〈生〉と〈死〉という次元を異にする位相に属している。両者が同一の次元で関係し〈交わり〉を持つためには、〈生〉と〈死〉という異なる次元を飛び越える〈＝乗り越えるための〉飛躍が必要になる。

「死復活」と「実存協同」——田辺の「死の哲学」(1)

そこで田辺が案出した概念が、「死復活」や「実存協同」という概念だった。田辺は、これらの概念を駆使することによって、〈生者〉と〈死者〉との関係性を、宗教としてではなく、哲学として考察しようとしたのだった。田辺は、次のように言っている。

自己のかくあらんことを生前に希っていた死者の、生者にとってその死後にまで不断に新にせられる愛が、死者に対する生者の愛を媒介にして絶えずはたらき、愛の交互的なる實存協同として、死復活を行ぜしめるのである。[18]

田辺が語る「愛」とは、〈生者〉が〈死者〉を懐かしく懐古したり追憶したりすることによって、かつての「愛」を取り戻すことではない。〈生者〉が、自らの記憶の中で〈死者〉となってしまったかつての愛する人と過ごした〈蜜月〉を想起することによって確認されるものでもない。田辺の「愛」とは、〈死者〉になってもなお、〈死者〉が〈生者〉を「愛する」ことを通じて、〈死者〉と〈生者〉の双方の〈あいだ〉で「交互的なる実存協同」が成り立っている事態をいう。それゆえ田辺によれば、〈生者〉と〈死者〉との「実存協同」とは、〈死者〉が〈生者〉の〈こころ〉の内ではなく、まさに〈生者のからだ〉の内に、〈実存〉として「死復活」を遂げることによって可能となる。

そして田辺の「実存協同」とは、現在を生きて〈実存〉する〈生者〉の内に、〈生者〉とともに〈死者〉がまざまざと〈実存するもの〉として存在することだ。田辺は、〈死者〉がまさに〈生者〉のように〈実存する〉かたちで〈蘇る〉ことを「死復活」と呼んだ。しかし、私が田辺の「実存協同」の思考をいくら合理的に解釈できたとしても、〈生者〉と〈死者〉の両者が、〈実存〉の次元で通常の経験を通して関係することは不可能である。その意味で「実存協同」とは、私たちが通常の世界の中で、生きている日常生活の時間性では不可能な〈交わり〉と言うしかない。しかし、田辺は、〈生〉と〈死〉

の〈あいだ〉に〈死の弁証法〉の運動を認めることによって、〈生〉と〈死〉と両者が、絶対的に相互否定的な関係にありながらも、互いに同時に成り立つ〈時間性〉を構築できると考えた。

〈死の弁証法〉と〈永遠〉——田辺元の「死の哲学」(2)

田辺が唱える〈死の弁証法〉とは、「死の決断を生の媒介において間接的に、実践として、復活的に自覚する弁証法」[19]を意味している。私たちは、〈死者〉がもはや〈生きてはいない〉(=生の否定)ということを決断しなければならない。それが可能なのは、私がまさに〈生きている〉からにほかならない。そして私たちが〈生きている〉以上、〈死〉は私たちにとって間接的にしか捉えられない。あるいは、〈生きている〉がゆえに、〈死〉に到達することができない。

しかし、私たちが〈生きている〉ということは、私たちは〈死〉をつねに背負っているということでもある。私たちは〈生きている〉からこそ、〈死〉を逃れることができない。逆に言えば、〈死〉が可能なのも、私たちが〈生きている〉からこそである。その意味で、〈生きる〉ということは、〈死〉の可能性の条件でもある。〈生きていない〉ならば、もはや〈死〉も不可能だ。田辺によれば、私たちが〈生きている〉という実践を通してこそ、初めて〈死〉を自覚することができる。

私たち〈生者〉は、〈生〉と〈死〉とが相互に否定し合う関係にありながら、〈死〉が〈生〉を可能にし、〈生〉が〈死〉を可能にする状態の中を生きている。田辺によれば、〈生〉と〈死〉の相互矛盾関係を捉えることによって、〈生〉を媒介にして〈死〉を間接的に自覚することができる。

〈死の弁証法〉の思考においては、〈生〉と〈死〉という互いに絶対的な否定的対立者が、〈常に同時に〉分裂の危機を孕みながら、矛盾する統一を形づくっている。田辺自身の経験に即して言えば、〈生者としての元〉と〈死者としてのちよ〉とが互いに〈実存〉として協同するためには、不可能を可能にし、矛盾を統一する〈永遠〉という時間性が必要になる。それゆえ田辺によれば、〈生〉と〈死〉の矛盾を抱え込む〈死の弁証法〉は動的運動であるほかない。田辺によって、時間の契機として、〈生〉と〈死〉の同時性は、「現在の刹那（=瞬間）」として「永遠の象徴」を意味しており、「瞬間」の中に〈永遠〉を畳み込んでいると言われるのである。[20]

私たちが〈生きている時間〉を、過去から未来に向かって一様に流れていくものだと考えるとすれば、〈永遠〉とはそれとは根本的に異なるあり方をしているはずだ。というのも、〈永遠〉には、始まりもなければ終わりもないからだ。もちろん時間の開始点を定めることも、その終点を確認することもできない。その意味では、時間もまた始まりもなければ終わりもないと言えないこともない。

しかし、〈永遠〉が時間と決定的に違うのは、〈永遠〉が時間の長短に限定されないということだろう。例えば、私たちは「時間が止まったような経験」ということを口にする。たとえほんの一瞬の出来事であったとしても、私たちの体験としては長い時間が経過したように感じられることがある。逆に、我を忘れて何かに夢中になるとき、私たちは長い時間が一瞬のように感じることもある。これらの具体的な経験は、あまりに通俗的な例であるけれど、私たちの体験が真実を告げていないとは言い切れない。「浦島太郎」のようなおとぎ話にもあるように、竜宮城での経験がほんの数日であっても、現実世界では相当な時間が過ぎているということもある。「現在の刹那」が時間の中に到来するとき、私たちは通常の時間とは違う〈時間性〉としての〈永遠〉を体験していると言えるだろう。

〈永遠〉は、通常の日常的時間のあり方と対立する。しかし、本当に〈永遠〉が時間と根本的に異質で相容れないのであれば、〈永遠〉は時間の中に到来することはない。過去が時間の中で過ぎ去ってしまうのであれば、過去は、現在の中で消滅してしまっているはずだ。そして、過去の中に〈実存〉している〈死者〉もまた、過去という時間が消滅してしまうのだから、現在の中で〈実存〉している〈生者〉のもとに訪れることができない。それゆえ、過去の記憶も忘却されていくだけで、〈過去の中で生きる死者〉も〈実存〉することもありえないことになる。

だから田辺は、〈死者〉を過去の時間の流れの中で消滅させないために、過去は「過ぎ去る」のではないと考えなければならなかった。田辺は、「現在の刹那」の中に、「過ぎ去る」ことのない〈永遠としての瞬間〉がつねに反復的に存在する必要があると考えた。

そうでなければ、〈死者〉は〈生者〉の中に「死復活」を遂げることができなくなってしまうからだ。〈死者〉は、「過ぎ去る」過去の〈実存〉ではなく、〈永遠〉に立ち留まる「現在の刹那」のうちに「死復活」を遂げるしかない。

具体的に言えば、〈生者としての元〉と〈死者としてのちよ〉が〈愛〉による「実存協同」を成り立たせるためには、〈生者〉が生きる〈生＝人生〉の中で、過去が忘却されてはならない。〈過去の生者としての死者〉と〈現在の生者〉とは実在性（reality）が異なる。それでも両者の間に「実在者の協同態」が形成されるためには、〈生者〉を媒介として〈死者〉が「復活」的に自覚され続けるしかない。[21] 田辺によれば、〈死者〉も〈生者〉も、ともに「実在者」(＝〈実存〉)として、「実存協同」という「協同態」に属する。そして、「実存協同」が成り立つためには、〈死者〉は、〈生者〉にとって〈永遠〉に反復的に「現在の刹那」の内で常に「復活」し続けることが必要なのだ。

もちろん〈死者〉が「復活」するといっても、〈生者〉の記憶の中で〈生者〉にとって都合よく改変され、書き換えられた形で「復活」するのではない。それでは、〈生者の記憶の中の他者〉は、〈他性〉を喪失した〈生者〉自身の記憶でしかない。それならば、〈他者の他性〉を失わず、〈死者〉を語る位相はどのように確保されるべきなのか。

〈死〉という〈暴力〉を乗り越えるために——〈死者〉からの働きかけ

〈他者の他性〉とは、〈自同性＝同一性《アイデンティティ》〉を持たない圧倒的な〈外〉から到来するある種の〈暴力性〉である。フェミニスト思想家シモーヌ・ド・ボーヴォワールは『おだやかな死』(一九六四)の中で、母親の死に直面したことを記していた。そこで彼女は、〈自然死は存在しない。人間のみに起こるいかなることも自然ではない。その現存が初めて世界を問題にするのだから〉という趣旨のことを書いていた。彼女によれば、〈人はすべて死すべきもの。しかし、一人一人の人間にとって、その死は事故である。たとえ、彼がそれを知り、それに同意を与えていても、それは不当な暴力である〉とも言っていた。〈生者〉にとって〈死〉は、たとえその到来が予測できたとしても「事故」でしかなく、〈不当な暴力〉なのだ。田辺にとっての妻の〈死〉も、妻・ちよ自身にとって自らの〈死〉も〈不当な暴力〉であったはずだ。〈ともに生きていた〉二人にとって、〈死〉は抗いようのない圧倒的な〈力〉で不意に到来する〈暴力〉である。

〈暴力〉を乗り越えるためには、〈死者としてのちよ〉を「死復活」させ、〈生者としての元〉とともに「実存協同」を実現させるしかない。それは、〈生者〉だけで達成されるものではない。そこには、〈死んでいく者（the dying）〉の側からの働きかけもあったはずだ。ちよは、いずれ〈死〉が訪れることを知っており、それに同意していたとしても、そして〈死〉が避けられないものであったとしても夫と「実存協同」をしたかったはずだ。しかし、彼女は死んでしまった。妻の死後も〈生き延び〉なければならなかった田辺は、妻の〈死〉という〈暴力〉によって、根本的に打ちのめされたはずだ。妻の〈死〉という「人生の危機《スピリチュアル・クライシス》」に直面した田辺は、終生「トラウマ」を抱えて生きていただろう。田辺は、〈魂のいたみ〉を抱えたまま、哲学的思索を徹底させることによって、ちよの〈死〉を引き受けながら、〈死者〉となった妻と「実存協同」の〈交わり〉を続けていくことを決断した。

私の考えでは、田辺が〈死者としてのちよ〉の〈存在＝非在〉を哲学的に考察するためには、フロイトの「喪の作業」を検討することが有効である。しかも田辺の「死の哲学」は、フロイトとはまったく逆の、敢えて「メランコリー（鬱病）」の途を歩んでいることは興味深い。しかもここで重要なのは、田辺の目指した方向が、デリダがフロイトを批判する方向と軌を一にしていることだ。

第5節　アポリアの経験
――フロイト「喪の作業」批判

フロイトから見れば、「喪の作業」とは愛する者を失ったことで生ずる正常な心の反応である。それゆえ、「喪の作業」がどれほど苦痛に満ちていても、外界に何の関心も持たなくても、いずれは「現実検討（Realitätsprüfung）によって、愛する対象がもはや存在しないことが分かり、すべてのリビドーはその対象との結びつきから離れることを余儀なくされる」[22]。それゆえ、「喪の作業」は、日常生活の中で普通に起こる現象であり、私たちは「時期がすぎれば喪は克服されるもの」[23]と信じている。逆に、「喪の作業」に失敗すれば、自らの内に愛する他者を「同一化」しきれず、「メランコリー（鬱病）」に陥りかねない。

しかしデリダは、「喪の作業」が「アポリア」（＝出口なし）としてしかあり得ないと言う。記憶と内面化としての「《正常＝規範的な》《喪の作業》le《travail du deuil》《normal》」[24]とは、〈死者〉を内面化することによって自らに〈同一化〉することだ。もしも内面化が成功すると、〈死者〉は〈生者〉としての私たちの〈からだ〉の一部として存在することになる。〈死者〉は、私たちに〈同化〉し、もはや〈他者の他性〉を喪失する。それは〈生者〉の一部になることだ。それに対して、〈死者〉を内面化することに失敗することは、私たち〈生者〉は、〈死者〉に敬意を払い、私たちの〈からだの外部〉で、〈他者の死〉の中に〈他者〉だけを残して、〈生者〉としての〈死者〉を拒絶することだ。もはや〈死者〉は〈生きてはいない〉という形で、〈生者〉とともに〈生きる〉ことになる。それゆえ、〈生者〉は、〈死者〉を内に抱えながらも、現実には〈死者〉が存在しない世界を〈生き延び〉ていくことになる。

その意味で、〈生者〉による内面化の失敗は、実は〈死者〉にとっては成功なのだ。というのも、〈死者〉が〈生者〉によって内面化されないということは、〈死者〉が〈生者〉に〈同一化〉されず、〈生者〉の内で〈生き続けること〉ができるからだ。〈生者〉にとって〈死者〉とは、自分のうちに取り込めない〈外部者〉であって、〈死者〉が〈生者〉の世界で〈生き続ける〉わけにはいかない。それゆえ、〈生者〉は自身のうちに内面化することで、〈死者〉を葬らなければならない。

〈喪〉とは、そのような内面化のプロセスを含めた〈死者〉の弔いの儀式でもある。しかし、もしも〈死者〉が〈生者〉の中に内面化されず、〈生者〉による〈同一化〉がなされなければ、〈外部性〉を持った〈異質な他者〉として、つねに〈生者〉の〈傍らに居続ける〉ことになる。それでは、フロイトの「喪の作業」は完遂されえない。しかも、その場合に気をつけなければならないのは、〈生者〉が内面化されない〈死者〉を抱えて〈生きる〉ことは、〈生者〉にとっては〈スピリチュアル・ペイン〉を抱えて生きることと同義だということである。〈死者〉をきちんと弔うためには、〈生者〉は「人生の危機《スピリチュアル・クライシス》」を乗り越えて〈生き延び〉なければならない。この意味で、デリダにとって、「喪の作業」とは「アポリア」としてしかあり得ない。

なぜなら、「喪の作業」が完遂されるということは、〈生者〉が〈死者〉を自分に内面化＝同一化させ、自らの一部にすることだが、それはもはや〈他者としての死者〉を〈自己〉と同一視することでしかあり得ない。その場合、もはや〈死者〉は〈他者〉ではなくなり、〈自己〉になってしまう。フロイトはこのように内面化＝同一化の完了をもって、「喪の作業」の終了を考えた。

しかしデリダは、「喪の作業」とは〈死者〉を取り込まず、自己の〈外部〉に留めておかなければならないと考えた。田辺の言葉で言えば、〈死者〉と〈生者〉は相互否定的に排除し合いながら、両者が共に〈実存〉する「実存協同」を生き続けなければならない。これはもはや「アポリア」（＝出口なし）としか言いようがない〈スピリチュアル・ペイン〉を伴う。デリダによれば、こうした「アポリアの経験」を生きることが、私たちが記憶の中で「死せる生者＝生ける死者（vivant mort）」としての〈他者〉を忘却しないための倫理なのだ。彼は、フロイトを批判することで、敢えて〈スピリチュアル・ペイン〉を伴う「メランコリー（鬱病）」の可能性を引き受けることを選択する。

デリダだけでなく、精神分析学においては、内面化を経て〈同一化された他者〉は、もはや〈他者の他性〉を失い、〈生者〉の「自己固有化／我有化 appropriation」のプロセスに巻き込まれていく。それは「記憶の内化、理想化」であると同時に、「死者を殺す（tuer le mort）」[25] ことである。つまり、フロイトが唱える「正常＝規範的《ノーマル》な喪の作業」とは、〈死者を二度殺す〉ことにほかならない。デリダによれば、〈死せる他者＝死者〉を〈生者〉自らに同一化し、〈他者の声〉に答えることをせず、〈生者〉の記憶の中に沈め、さらには「忘却する」ことは、〈死者〉に対する「責任＝応答可能性」を果たさないことだ。デリダは「私が、他者に忠実であるために、他者の単独＝特異な他性《アルテリテ》を尊重するために、私の内に他者を担わなければならない（それは倫理そのものだ）[26]」と語っている。それゆえデリダは、フロイトに抗《あらが》いながら、「メランコリー（鬱病）」の途を進むことを辞さない。それは田辺が選択した途でもある。田辺は、〈死者としてのちよ〉を「死復活」させ、「実存協同」しながら〈死者としてのちよ〉を担い続ける。それこそ、〈生者としての元〉が積極的に引き受けざるを得なかった倫理だと言えよう。デリダは次のように言っている。

> 他者を自己の内部に自己として保存すること、それはすでに他者を忘れることだということを忘れることができる。忘却が、そこに始まるのだ。だから、メランコリーが必要なのだ。[27]

私たちは、〈死者〉の尊厳と名誉を守るために、〈死者〉を忘却せず、〈生者〉の内に〈死者〉を抱え込まなければならない。そして、〈生者〉はつねに〈死者の声〉に耳を傾け、〈死者〉とともに〈生き続けること＝生き延びること〉ことによって応答していくことが必要なのだ。そこに、〈生者〉にとって、〈死者〉に対する「責任＝応答可能性（responsabilité）」が存在する。

私は〈ケアの倫理〉の立場から、「スピリチュアル・ペイン」が全て〈スピリチュアルケア〉によって〈ケア〉されるべきであるとは考えていない。〈生者〉が〈死者〉を抱えて生きる〈魂のいたみ〉が「実存協同」に不可避の〈いたみ〉であるならば、〈ケア〉されるべきだとは思えない。残された〈生

〈愛する死者〉が自らのうちに〈愛する死者〉を抱えてともに〈生きる〉ことを選ぶとき、〈生者〉もまた必ずしも〈孤独〉なわけでも、〈孤立〉しているわけでもない。〈死者〉とともに「実存協同」しながら〈生き延びる〉ことが、〈生き残った生者〉の「責任＝応答可能性」を果たすことになるからだ。私は愛する猫を亡くしたが、だからといって必ずしも自分の中で「二度死んではいない」。私にとって、〈愛すべき死者としての猫〉は、つねに私の〈傍《かたわ》らに実存している〉。

第6節　喪の倫理
――〈死者〉を担って「生き延びること」

デリダは、晩年に〈死者〉に対する「責任＝応答可能性」を集中的に問題にしていた。生前最後の出版となった『雄羊――途切れない対話：二つの無限のあいだの、詩』（二〇〇三）では、亡き哲学者ガダマーとの「内的対話」について、「世界は消え失せている、私はおまえを担わなければならない（Die Welt ist fort, ich muss dich tragen.）」という詩人パウル・ツェランの詩の一節を執拗に解釈しながら、〈死者〉との対話と〈死者〉に対する「責任＝応答可能性」の問題を語っている。

デリダによれば、いかなる対話であれ、互いに生きている限り〈死〉を前提にせざるを得ず、どちらか一方の〈死〉は避けられない。そして、残された〈生者〉は〈喪〉に服さなければならない。しかも互いにとってどちらが先に逝ったとしても、「死は、まさしく世界の終わり」であり、「ただ一つの同じ世界の絶対的な終わり、それぞれがただ一つの同じ世界として開始するものの絶対的な終わりを印づける」[28]のである。そして、「生き延びる者は、ただ独りで残される」。

「生き延びる者」は、世界の外の世界、世界を奪われた世界の中を生き延びて、単独の内に「責任＝応答可能性」を負う存在として生きていかなければならない。「他者をも彼の世界をも担う定め、消滅した他者と消滅した世界そのものとを担う定めを負う者」として、ただひとりで責任を負わなければならない。[29] ここでおそらく、デリダは〈喪の倫理〉とでもいうべき倫理を語っている。そしてデリダは、フロイトを批判し、メランコリー（鬱病）を引き受け、ひとりで世界と〈死せる他者〉を担わなければならないと言う。さらに彼は、〈死者〉を抱えて生きることを実践するために、哲学的な探究に向けて舵を切っていく。哲学の中で最も独我論的傾向の強い「フッサール現象学」へと矛先を向けていく。

デリダにとって問題なのは、フッサール現象学に内在する〈他者への視線の欠如〉である。そしてそれは、「純粋自我（＝純粋な私）」概念に極まっている。デリダによれば、フッサール現象学は、その「現象学的還元」という方法によって、「自我＝私」以外の世界を「無化」することで、世界の存在性を剥奪し、〈意味〉へと「還元」してしまう。その結果、現象学は、最終的に獲得された「純粋意識」ないしは「純粋自我＝純粋な私」に究極的な根拠を求めるのである。それに対して、デリダは容赦なく、「現象学的還元」後に残る「純粋自我＝純粋な私」の「責任＝応答可能性」を問いただす。

> 純粋自我《エゴ》のこの絶対的孤独の中で、世界が引き退いたとき、「世界が消え失せている（Die Welt ist fort.）」とき、自我《エゴ》の中で構成される他我《アルター・エゴ》は、純粋に現象学的な根源的直観においては、もはや接近不可能なのである。（中略）他我《アルター・エゴ》は、ただ類比によって、付帯現前化（＝共現前）によって、間接的に、自己《モア》の内部で構成されるのであって、そのとき自己は、もはや超越的な世界がないところで、その他我《アルター・エゴ》を担わ

なければならないのである。そのとき私は、世界が見えなくなるところで、他我《アルター・エゴ》を担い、おまえを担わなければならない。それこそが、私の責任なのだ。しかしもし担うということが、自分固有の自我論的意識の直観の中で、自己自身の内に封じ込めるということを意味しているとすれば、私はもはや他者をも、おまえをも担うことができない。自己固有化することなしに担う必要があるのだ。[30]

デリダによれば、フッサールが「現象学的還元」を施すことによって、私たちが生きている「自然的世界」を還元し、ある意味で「世界」を無化したまさにそのとき、「現象学的残余」として〈生き〉残り続ける「純粋自我」という「私」は、「他我（＝他者）」を担わなければならない。つまりそこには、「純粋自我」の内で〈生き続けて（＝生き延びて）〉しまう〈他者〉が存在しているのであり、その〈他者〉に対する「責任＝応答可能性」があるはずだ。デリダから見たとき、フッサールは、「世界」を無化した後でも、〈自我〉が〈死せる他者＝死者〉としての〈まったき他者＝あらゆる他者 tout autre〉を担わなければならないという〈義務〉の倫理があるのに、彼自身はそのことに気づいていない。

還元後に見出されるはずの「純粋自我」が、「他我」との関係をあらかじめ保持せざるを得ないとするならば、「純粋自我」が究極的な根拠であるという前提が崩壊してしまう。なぜなら、「純粋自我」があらかじめ〈他我〉と〃密かに〃関係を結んでいるとすれば、もはや究極的な根拠ではなくなってしまうからだ。ましてや問題になっているのが、〈他者としての死者〉との関係であるならば、フッサールの言う「純粋自我＝純粋な私」は少しも純粋ではないことになる。

フッサールはデカルトの「我思うゆえに我あり」という根本的なテーゼを、哲学のうちに再生しようと考えた。彼は、デカルトのテーゼを一歩進めて、「我が思う」ことが「我」の存在を保証するだけでなく、「思う我」をも支える「純粋な〔自〕我」に世界を帰せしめようとした。そうすることによって、フッサールは、世界の究極の根拠としての「純粋自我」を取り出し、「純粋自我」こそ世界そのものを存在させることを証明しようとしたのだった。しかし、そうしたフッサールの目論見は、デリダによって瓦解させられる。デリダは、次のように言う。

「私はしなければならない」――「私はおまえを担わなければならない」――が、「私は存在する」、sum《スム》〔ワレ在リ〕、そしてcogito《コギト》〔ワレ惟《おも》ウ〕に永久に勝るような至るところで、他者に対して私に責任《アンガジュ》を負わせる深淵の直接＝無媒介性。存在する前に、私は担うのであり、私である前に、私は他者を担うのだ。私はおまえを担い、そうしなければならず、私はおまえにその義務を負っている。[31]

フッサールは、『デカルト的省察』（一九三〇）の中で、世界を再び取りもどすために、世界を放棄することを目指して「現象学的還元」を遂行すると語っていた。そのために世界を無化する方向へと向かい、「純粋自我＝純粋な私」の固有領域へとあらゆるものを還元することで、〈他者〉や〈世界〉を構成する「純粋自我＝純粋な私」に到達したのだった。しかし、もしも究極的な確実性の根拠としての「純粋自我＝純粋な私」が〈他者〔＝死者〕〉と関係しているとしたら、現象学が自壊してしまう。
否、私は、事態は逆であると考えている。〈死者〉を語ることによって、フッサールの他者論は別の位相を獲得することができる。というのも、フッサールの思想は、デリダの指摘によって全く異なった方向へと導かれていくからだ。「現象学的還元」が遂行されることによって、現実に存在（実存）する〈他者〉も〈世界〉も、単なる〈意味〉に還元されてしまう。フッサールが言うように、還元後の〈世界なき世界〉では、世界の実在性が無化され、すべてが〈意味の世界〉に変貌させられる。しかし、〈意味の世界〉では、もはや存在するか否かという問いを発すること自体が〈無意味〉となるだろう。すべてが〈意味〉なのであって、それ以上のものではないからだ。

そうであるならば、〈生者〉と〈死者〉の存在の区別は曖昧になるだろう。〈生者〉は〈生きて存在している〉が、〈死者〉はもはや〈生きて存在する〉ことがありえないと言っても、それこそ〈意味〉がない。どちらも所詮、〈意味の世界〉に存在するしかないからだ。だから、〈意味の世界〉でこそ、〈死者〉が、〈生き続ける＝生き残る〉可能性がある。デリダは次のようにいっている。

私は生ける死者を、手つかずのまま、無傷のまま私の中に＝私の中を除いたところに（sauf（fors）en moi）取り入れる振りをする。だがそれは、必然的に曖昧な形で、死者を、私の中に無傷で（sauf en moi）、「正常の」と言われる喪ならそうするように、取り込みの過程に従って、生ける部分として愛することを拒否するためである。この喪についてもちろん、それが他者を私の中に他者（死せる生者＝生ける

死者（vivant mort））として保持しているのか否かと問うことができるだろう。他者の他者としてのこの保持の問い、あるいは我有化一般の問いは常に決定を下すであろう。しかしこの問いは本質的な曖昧さによって、取り込みと体内化の間に通過させる境界を掻き乱すのではないか？[32]。

〈生ける死者〉を自己の内に無傷なまま取り入れる振りをしながら、自分の中には〈死者〉が〈存在〉してしまう。というよりも、取り入れることに失敗することで、〈死者〉は〈死せる生者＝生ける死者〉として、「幻像（fantasme）」として〈生き続ける〉[33]。こうした事態こそ、田辺が「死復活」によって亡きちよを瞬間の刹那に呼び戻した事態の、デリダによる精神分析的記述である。〈生者〉が〈死者〉と交わる「瞬間」とは、「生き生きとした現在」の刹那であり、その中で〈死者〉は「幻像」として〈存在＝非在〉する。田辺が言う「実存協同」とは、デリダの表現を借りるならばつねにすでに「現象学的還元」後の「私の外なる私の内で＝私の内なる私の外で（en moi hors de moi）[34]」で生じていると言えるだろう。田辺にとって亡きちよは、田辺の〈純粋自我＝純粋な私〉の中で、内面化されない〈他者〉として忘却の淵に沈む危険に耐えながら、「刹那＝瞬間」という〈永遠〉の中で「幻像」として〈生き続ける〉。

「現象学的還元」後に「生き続ける者＝生き延びる者」として残された田辺の〈純粋自我＝純粋な私〉は、〈死せるちよ〉の声に応え続けていく「責任＝応答可能性」を負う。それは、デリダが亡きガダマーとの「内的会話」を〈永遠〉に続けていかなければならないのと同じように、〈永遠〉に続くだろう。しかし田辺は、それを喜んで引き受け、亡き妻との「内的会話」を続けていったはずだ。「実存協同」する中で「責任＝応答可能性」を負うことが、田辺にとって亡きちよに対する〈愛〉だったからだ。田辺は、妻が亡くなったのち十年以上も、北軽井沢の山の中にある小さな家で、身辺の世話をする通いのお手伝いさんが来る以外は、ほとんど毎日ひとりで過ごしていた。時折、訪ねてくる弟子たちを除けば、訪問客もほとんどなかったという。それでも、彼は〈孤独〉ではなかっただろう。哲学的思索をすることが日課であり、息抜きをすることもしない真面目一徹・頑固者の田辺は、周りから煙たがられていたけれど、彼自身はおそらく充実していたに違いない。「実存協同」する妻が生前と変わらず、彼とともに〈そこにいた（being-there）〉のだから。

田辺がそうしたように、フッサールが到達しようとした「現象学的還元」後の「純粋自我＝純粋な私」は、内面化されえない〈死者〉をあらかじめ自らの内に孕みつつ、ただひとりで存在しなければならない。というのも、「純粋自我＝純粋な私」は最初から〈他者〉に至ることはないからだ。デリダも言うように、〈他者〉は「異なるもの（Fremd）として、共現前するものとして」、「原本的に与えられることがなく、いつか与えられうることもないものとして[35]」、私たちの自我〔＝私〕に「幻像」として取り憑いている。

確かに、田辺は、亡き妻と直接的に対話することはない。そして、田辺が、「幻像」としての亡き妻と生きているということを常識的に捉えるならば、妻が死んで気が触れたとでも誤解され、妄想や幻覚を見ていると思われたかもしれない。

それでも、田辺の「純粋自我＝純粋な私」は、ちよの〈他我＝他の私〉を「自己固有化／我有化」することなく担わなければならなかったはずだ。またそれは、「メランコリー（鬱病）」を積極的に引き受けることによって、妻・ちよという〈死者〉を忘却することなく、〈永遠〉に彼女に対する「責任＝応答可能性」を取り続けなければならないことを意味する。

フッサールが晩年語っていた哲学の「自己責任」とは、〈自己〉の内なる〈死せる他者〉の声に応答する「責任＝応答可能性」にこそあると言うべきである。田辺が晩年に至っても未完成だった「死の哲学」とは、〈生者〉が〈死者〉に対して取るべき倫理として解釈できるだろう。そして、その「自己責任」こそ、「生き延びる者＝生き残る者」としてのデリダが、〈死者〉としての哲学者ガダマーとの対話を続ける際に守らねばならなかった〈喪の倫理〉である。それは、〈死者〉の声に対する「責任＝応答可能性」だったのだ。

1　菅野久美子『孤独死大国――予備軍一〇〇〇万人時代のリアル』双葉社、二〇一七年、十三頁。
2　鵜飼秀徳『無葬社会――彷徨う遺体　変わる仏教』日経BP社、二〇一六年、三十六頁。
3　鵜飼、同書、四十七頁。
4　上野千鶴子『おひとりさまの最期』朝日文庫、二〇一九年（初版二〇一五年）、二九八頁。
5　森村修『ケアの倫理』大修館書店、二〇〇〇年、一四〇頁。
6　小西達也「「ビリーフ再構築」を基点としたスピリチュアルケア論の展開」『Emergence 創発』「医療・看護とスピリチュアリティ、そして日本的〝思いやり〟倫理Ⅰ」所収、東京基督教大学・共立基督教研究所、二〇一七年、九頁。
7　小西、同論、十四頁。
8　鎌田東二「スピリチュアルケアと日本の風土」鎌田東二企画・編『講座スピリチュアル学 第一巻』「スピリチュアルケア」所収、ビイング・ネット・プレス、二〇一四年、二五六・二八五頁。

9 鎌田、同書、二六〇頁。

10 鎌田、同書、二六〇頁。

11 鎌田、同書、二六〇頁。

12 鵜飼秀徳『無葬社会——彷徨う遺体　変わる仏教』日経BP社、二〇一六年、五十九頁参照。

13 Alphonso Lingis, *The Community of Those who have Nothing in Common*, Indiana University Press, 1994, p. x.（アルフォンソ・リンギス『何も共有していない者たちの共同体』野谷啓二訳、洛北出版、二〇〇六年、十二頁）。

14 堀田義太郎「アルフォンソ・リンギスと〈共同性〉への問い」アルフォンソ・リンギス『何も共有していない者たちの共同体』所収、二〇〇六年、二四二頁。

15 市川浩『〈中間者〉の哲学——メタ・フィジックを超えて』岩波書店、一九九〇年、三‐四頁。

16 末木文美士『他者／死者／私——哲学と宗教のレッスン』岩波書店、二〇〇七年、六十六頁。

17 長谷正當「死の哲学と実存協同の思想」『京都哲学叢書第三巻』解説、燈影舎、二〇〇〇年、四三三頁。

18 田辺元「生の存在学か死の弁証法か」『田邊元全集十三』所収、筑摩書房、一九六四年、五七五頁。

19 田辺元、同書、五二八頁。

20 田辺元、同書、五三四頁参照。

21 田辺元、同書、五二八頁。

22 フロイト『フロイト著作集第六』人文書院、一九七〇年、一三八頁。

23 フロイト、同書、一三七頁。

24 J. Derrida, *Mémoires pour Paul de Man*, Galilée, 1988, p.54.

25 J. Laplanche et J.-B. Pontalis, *Vocabulaire de la psychanalyse*, PUF, 1967, p.504.

26 J. Derrida, *Béliers*, Galilée, 2003（林好雄訳『雄羊——途切れない対話：二つの無限のあいだの、詩』（ちくま学芸文庫、二〇〇六年、八十頁）。デリダの『雄羊』をめぐる考察については、以下の拙論も参照のこと。森村修「喪とメランコリー——デリダの〈精神分析〉の哲学」法政大学国際文化学部編『異文化』16、二〇一五年。

27 J. Derrida, 同書、八十一頁。

28 J. Derrida, 同書、二十一頁。

29 J. Derrida, 同書、二十一頁参照。

30 J. Derrida, 同書、八十二‐八十三頁。

31 J. Derrida, 同書、八十四頁。

32 Nicolas Abraham et Maria Torok, *Le verbier de l'homme aux Loups, Précédé de « FORS » par Jacques Derrida*, Éditions Aubier

Flammarion, 1976, p.17.（デリダ「Fors」（N・アブラハム&M・トローク『狼男の言語標本――埋葬語法の精神分析／付・デリダ序文《Fors》』所収、法政大学出版局、二〇〇六年、一八三頁）。

33 Cf. J. Derrida, *ibid.* p.17.（邦訳、一八三頁参照）。

34 J.Derrida,『雄牛』二十四、八十三頁参照。

35 E. Husserl, *Gesammelte Schriften, Band 8, Cartesianische Meditationen,* Hrg.von E. Strrökerm, Felix Meiner Verlag, 1992, S. 153.

第4章 〈からだ〉と〈ことば〉のケア倫理

第1節 〈からだ〉という問題圏

——〈からだ〉は所有物か？

〈からだ〉という問題——〈からだ〉は誰のものか？

私たちは、日常生活を送っているとき、自分の〈からだ〉を特に意識することはない。それでも、風邪をひいたりすると途端に、私たちの〈からだ〉は存在感を増してくる。熱が出ると、頭がぼーっとしてくる。鼻水がひっきりなしに出たり、咳が止まらなくなったりする。全身がなんとなくだるくて重い。立ったり座ったり、些細な動作すら億劫になる。これほどまで自分の〈からだ〉は重いのかと思うほどだ。〈からだ〉のどこか一部が痛いときでも、〈からだ〉全体で〈痛み〉を訴えてくる。怪《け》我《が》の大小ではない。とにかく〈からだ〉のその部位が気になって仕方がない。まして激痛ともなると、もはや他のことに集中できない。腹痛のような内臓的な〈痛み〉も耐え難い。〈からだ〉の真ん中あたりがキューと締め付けられたり、キリキリと差し込んだり、〈痛み〉は多様である。〈痛み〉がはしると、思わず〈身〉をかがめてしまう。〈からだ〉の〈痛み〉は、〈ことば〉以上に〈からだ〉で表現される。それと同時に、私たちは、〈からだ〉への関心を無視できず、〈痛み〉が治まるまで、〈こころ〉を占領してしまう。

〈からだ〉が最も厄介なのは、私たちが〈死ぬ〉ときである。もちろん私は、これまでに死んだ経験がないので、自分の〈からだ〉がどのように崩れていくのか知らない。私は、自分の〈からだ〉が、自分の死後に、どのように変化していくのかを見ることも体験することもできない。何よりも不思議なのは、〈私のからだ〉は、私が死んだ後でも〈私のからだ〉なのか分からないということだ。しかもこの問いを一部の人を除いて、誰も真面目に考えていないことは、尚更、不思議なことだ。〈私〉が、〈死〉とともに消滅したとしても、〈私のからだ〉は、〈私の死後〉も残り続ける。それでは、死んだのは誰なのか？　他でもない〈私〉だとしても、〈私の死後〉に残り続ける〈私のからだ〉は、〈私〉のものなのか？　〈所有者〉もいないのに？

〈私の死体〉の所有権は、死んだ〈私〉に帰属するのか、それとも所有権者である〈私〉が死んだ後の〈死体〉は、もはや所有者が存在しない、あるいは所有権が放棄された〈物体＝死体（body）〉になるのだろうか？　自分が死んだ後に、自分の〈からだ〉が誰のものか分からなくなるなどということを、どうして想像しないのだろう？

哲学者の一ノ瀬正樹は、『死の所有――死刑・殺人・動物利用に向きあう哲学』（二〇一一）の中で、「死者のパラドックス」を取り上げている。そして「誰が死んでいるのか」という問いを考察している。一ノ瀬によれば、「死んでいること」は生きていないことだから、人が「死んでいる」状態になったなら、生きている人がいないことになる。だから、存在しているのは「死体」であり、「亡骸」という物体に過ぎない。だから、「誰が死んだのか？」というように、「誰」と問うのはおかしい。「誰」と問うことができるためには、それが「人格《パーソン》（person）」でなければならないからだ。それゆえ、一ノ瀬によれば、「亡骸」が「人格」を持ちうるのかが問われなければならない。

もちろん、死体は「人格」ではない。そうであるならば、「死んでいる人はもはや「誰」でもない」。それは「死者」という言葉にも反映されている。しかし、これで問題が終わるわけではない。一ノ瀬は、「死ぬ者」はありえても、「死んでいる者」など存在しないと言う。ということは、「死者」という言い方もまた、矛盾を含むといわざるを得ない。それゆえ彼は、「誰が死んでいるのか」という問いや「死者」という言い方が孕む奇妙な事態を「死者のパラドックス」と呼ぶ。

以上のことから、私もまた、一ノ瀬の「死者のパラドックス」という問題を共有していると言えよう。つまり、〈私〉が死んだら、〈私〉の「亡骸」は〈私のもの〉ではないし、そもそも〈私〉自身も死んでしまうのだから、「亡骸」は〈私のもの〉ではありえない。それでは、〈私〉が死んだとき、死んだのは「誰」なのだろうか？　そしてその「亡骸」が〈私のもの〉でないとしたら、それは〈誰のもの〉なのだろうか？

フランスの小説家であり批評家でもあるモーリス・ブランショは、哲学者マルティン・ハイデガーの影響を受けながらも、彼独自の「死の哲学」を語っている。[1] ブランショは『文学空間』（一九五五）の中で、「死の不可能性」を論じていた。ブランショによれば、「私」は「私の死」を死ぬことができない。なぜなら、「私」が死ぬとき、その瞬間に、「私の死」を経験することになるが、そのときすでに「私」は死んでいるので存在しない。だから、私たちは実際には、「死」を経験することはできない。つまり、当たり前のことだが、ブランショの言うように、私たちは自分の〈死〉を経験することができない。それでは「誰が死ぬのか?」。ブランショは次のように言う。

死は現在の深淵であって、私が何の関連も持ち得ない現在なき時間である。死は私がそれに向かって飛躍することのできないものだ。なぜなら、この死の中で私は死なず、死ぬ能力を失っている。この死の中では、ひとが死ぬのだ on meurt。死ぬことを止めず、死を成しおえることもないのだ。[2]

私には、ブランショが問おうとしている事態を理解することはできる。それでも、彼が言うように、たとえ「私」が死んだときに「私」が死ぬことができなくても、一般的な「ひと(on)が死ぬ」と言えるかは疑問である。ただ、死んでしまった「私」が「私の死」を経験できるわけでもないことも分かっている。

しかし、「私」が死んだ後に、〈からだ〉が「亡骸」として残っているはずだ。ブランショは「私」が死んだ後に残る「亡骸」について触れていない。さらに疑問なのは、「ひと(on)が死ぬ」としても、一般化された「ひと」であれ不特定の人としての「ひと」であれ、「ひと」という「亡骸」など存在しえない。一般的な「ひと」は死体だけではなく、生体すら持つことができない。ブランショのいう「ひと」とは、「名目的(nominal)」に存在しているとしかいえない。

それゆえ、〈私〉が死んだ後に残る死体が、たとえ〈私の死体〉ではないとしても、「ひと」という一般化された「ひと」の死体というわけでもない。一ノ瀬が言うように、「誰が死ぬのか」という問いが奇妙だというのならば、私にとってもっと奇妙なのは、〈誰の死体なのか〉ということだ。

私たちが生前の〈からだ〉や死後の〈からだ〉について、様々に思いを巡らせても、死体は厳然と〈そこに存在し〉続ける。物質的に朽ち果てて、遺体としてすら形を留めず腐敗していたとしても、また、たとえミイラのように骨と皮になったとしても、その人を支えていた「骨格」は存在し続ける。私たち人間（人間存在（human being））の〈物質性〉は、「人格」を喪失しながら、「骨格」として存在し続ける。もちろん、火葬によって遺体が焼却されてしまったら、もはや「骨格」という形では残り得ない。しかし、それは遺骨や遺灰として、その人の存在性を明らかにする。

例えば、亡くなった人の遺灰や遺骨に格段の〈意味〉を持たせる場合がある。海外の戦場で戦死した人たちの「遺骨」収集事業などを見ればわかるように、戦死した人が生きた「証」として、遺族はせめてもの「形見」にしたいと考える。それでは、残り続け「亡骸」となった骸骨という意味ではなく、〈人格の代わりとしての骨格〉（たとえ灰になったとしても）は、〈誰かの遺骨〉として私たちの存在を保証しうるだろうか？

ＮＨＫ取材班『さまよう遺骨――日本の「弔い」が消えていく』によれば、二〇一六年の㈱オレンジページの調べで、国内在住の二十歳以上の女性九六〇人を対象にしたアンケートで、「お墓について考えていること、悩み心配ごとがある」と答えた人は、全体の八〇・八％にのぼる。そして、取材した記者のひとりに対して、ひとり暮らしをしている高齢の男性は「自分が死んだら、遺骨はどこかに捨ててほしい。墓をもつなんて、子どもに迷惑なことをしたくない」[3]と話したという。

腐敗する〈からだ〉

私は、今までに腐乱した「死体（body）」を見たことがない。だから、死臭がどれほど酷いのかも知らない。たとえ「孤独死」の現場では「遺体」が形を留めなかったとしても、「骨格」としては存在していたはずだ。たとえ肉体が朽ちようとも、骨は部屋に残り続けていたはずだ。

私たちの〈からだ〉は、亡くなった後にすぐに「骨」になるわけではない。物質的身体としての〈からだ〉は、腐敗して脂肪も筋肉も溶けていくか、乾燥して干からびていく。『孤独死大国』の菅野久美子によれば、「地域や季節によって異なるが、一般的には遺体の腐敗が始まるのは死後二十四時間で、四十八時間を過ぎると腐敗によって変色が始まり、異臭がしてくるという。遺体に変化が表れてくるのが死後二日目」[4]である。腐敗の際に生ずる臭気は独特な臭いだという。酷い臭いならば、「孤独死」した「遺体」が発見される前には、その臭いは漂っていたはずだ。「孤独死」した人の近隣の住人たちは、そのような異臭に気づかなかったのだろうか。臭いが気になっていても、ことさら深い付き合いがなければ気にしないかもしれない。もしかしたら、亡くなった後に隣人たちが、臭いの「発生源」を確かめに家を訪ねたけれど、不在だと思ってそれ以上は追求しなかったのだろうか。

〈からだ〉から放たれる強烈な異臭に気づかれることのないまま、「孤独死」した人は亡くなったのだろうか。もしもそうであったならば、本当に哀れだと思う。私には、腐臭ですら〈この世〉に存在した「証」に思える。だから、腐臭すら気づかれなかった人がいたならば、〈死者〉たちの〈死〉はあまりに寂しいものだったのではないだろうか。

死体と〈魂〉——祖父の場合

私が本物の「死体」に触れたのは、父方の祖父が亡くなったときだった。通夜のとき、隣室で横たわる祖父の遺体を、両親と共に見たのが最初だった。私はそのとき十五歳の中学生だった。亡くなった祖父は、線香の匂いの立ち込める部屋に横たわっていた。特に感慨のようなものはなかったように思う。漠然と、毎年のようにお年玉をくれる祖父は、来年はお年玉をくれることはないのだと思っただけだった。悲しみという感情は、あまり湧いてきたという記憶がない。

生きている祖父に会うことはもはやないと思いながら、目の前には祖父の〈遺体〉がしっかりと存在していた。おそらく、哲学的な意味で、「心身」問題が自分の中に芽生えたのは、そのときだったのかもしれない。目の前に横たわる〈遺体〉は祖父の〈からだ〉でありながら、もはや祖父ではなく、その「亡骸《なきがら》」でしかない。それならば、祖父は、どこに行ってしまったのだろう。それなら祖父の〈魂〉は〈遺体〉を遺して〈あの世〉に行ったのか？

しかし通夜の席で、祖父の〈遺体〉を見たとき、そこには〈魂〉のようなものは何も感じなかった。「いがい（遺骸）」や「なきがら（亡き骸）」という言葉があるように、漢字の意味として「骸」は「殻」と同じく「空《から》」と同根である。つまり「亡（き）骸」とは「魂が抜けてしまった空の肉体」を意味する。祖父は、まさに「魂の抜けた骸（殻）」＝「空」になって私の前に横たわっていた。それでは、私たちの〈からだ〉は、物理的な肉体に過ぎないのだろうか？　祖父の〈からだ〉は、「魂の抜けた殻」でしかなかったのだろうか。

〈ケアの倫理〉を語るうえで、〈からだ〉と〈魂〉との関係に触れることは不可欠である。というのも、〈ケア〉の関わりは、〈からだ〉を介して他者の〈からだ〉に触れることであり、触れることを通じて繋がる〈魂〉の交流をも含めて成り立つからだ。〈ケア〉が、他者への〈気遣い〉や〈世話〉を〈意味〉するのであるならば、私たちは〈からだ〉と〈魂〉との関係を無視して〈ケア〉を語ることはできない。しかし、だからといって〈ケア〉の営みすべてに、〈魂〉の関わりを要求することもできない。なぜなら、〈ケア〉という仕事／労働（care work）がすべて〈魂〉の交流と関わるのだとすれば、私たちは、命がけで〈ケアする〉しかなくなってしまう。そんなことは不可能だからだ。

第2節　東洋的心身論の試み

——湯浅泰雄の〈身体〉論

湯浅泰雄の〈身体論〉——東洋的心身論

私が「心身二元論」に近いところで思考するようになったのも、前節で触れたように祖父の〈死〉に直面した経験からだった。〈からだ〉が「抜け殻」＝「亡骸」になり、肉体が朽ち果て〈からだ〉としての形がなくなっても、〈魂〉はどこかに存在すると思う。その思いは、祖父が亡くなった十五歳の当時も、現在も変わらない。

しかし私は、〈からだ〉から抜け出した〈魂〉が「神の国」「仏の国」、広く〈あの世〉に存在していると考えているわけではない。私は仏教であれキリスト教であれ、何らかの既成宗教の描く「極楽」や「天国」・「地獄」が実在するとも考えていない。ただ私は、我が家の亡くなった猫やS先生が、〈現世〉とは異なる〈どこか〉＝〈異界〉に〈魂〉として生きていると思っている。それゆえ私にとって、〈死〉を境にして〈生前〉と〈死後〉を分けることは、あくまで〈魂〉が〈この世〉と〈あの世〉のどちらで〈生きている〉かということを示す指標に過ぎない。私は、人が〈生きる〉ことと〈死ぬ〉こととのあいだに、それほどの違いがあるわけではないと考えている。

私は、〈からだ〉として生きる〈物理的・身体的《フィジカル》な生〉と〈魂〉として生きる

〈超《メタ》ー物理学的《フィジカル》・形而上学的な生〉が相互に干渉し合いながら、パラレル（並行的・並列的）に存在していると考えている。そう考える背景には、私が、キリスト教に影響された西洋哲学に対して、根本的な違和感を感じているからだ。哲学者・市川浩が言うように、キリスト教神学を密輸入する西洋哲学にどうしても共感を持てない。[5] おそらく、それもまた私の体験に根拠があるのかもしれない。実のところ、デカルトに始まる「心身二元論」もまた、私の思い描く〈からだ〉と〈こころ〉の関係を言い表していない。

西洋哲学における「心身」問題

そもそも西洋哲学や西洋倫理学の議論の中で、身体はいつも厄介な問題だった。特に、歴史的に、知性や理性に大きな価値を据える西洋哲学は、魂・霊魂・精神に着目してきた。その一方で、感覚や感情、さらには欲情や欲望など、身体に関わる心の働きは、知性や理性の働きをまどわせ迷わせるものとして軽視されてきた。その伝統は、現代の「心の哲学（philosophy of mind）」に至るまで引き継がれている。「魂の不死」の学説から、デカルトの「心身二元論」を通り抜けて、現在の「AI（＝Artificial Intelligence 人工知能）」をめぐる議論に至るまで、〈こころ〉の問題は、哲学や倫理学の課題として終わりが見えない。それでも、二十世紀も終わる頃になって、「心の哲学」という分野では、「情動（emotion）」に関心が集まり始めた。というか、本当はもっと以前から「心の哲学」でも「身体」や「情動」の問題は議論されてきたのだが、どういうわけだか「心の哲学」の主潮流という位置付けではなかったように思われる。

伝統的な西洋哲学の文脈で魂・霊魂・精神を重視することは、翻って言えば、身体を劣ったもの、理性や知性の働きにとって邪魔なもの、さらには有害なものとして抑え込むことだ。文化人類学者のマーゴ・デメッロのように、「身体研究（Body Studies）」という新しいジャンルを切り開こうとする女性も、次のように評している。

> 哲学の歴史では、そのような〔身体が社会的に構築されているという〕考え方で身体が論じられることはほとんどなかったことが分かる。むしろ身体は生物学的対象（a biological object）とされ、心ないし魂（mind or soul）といったものとは切り離されてきた。心や魂は別々の実体（a separate entity）であり、異なる法則に従うとされてきた。こうした考えは心身二元論（mind/body dualism）として知られており、身体の典型的な見方であった。身体は心とは別の、劣ったものとして捉えられてきたのである。それに歴史的に男性は合理的な存在としてみなされてきたことから、男性よりも女性の方が身体と結びつけられてきた。つまり、男性は心、女性は身体に位置づけられてきたのである。一九七〇年代に登場したフェミニズム理論により、この考えは変更を迫られたが、最近まで身体は生物学以外の分野では対象とされてこなかったのである。[6]

ある時代まで哲学が追求するものは、「形而上学的《メタフィジカル》」な心や魂の問題だった。それに対して、物理的・

生物学的な身体を扱うのは「形而下学《フィジックス》（＝物理学（physics））」としての経験科学の仕事に過ぎない。それゆえ、心や魂の働きとしての知性や理性に、哲学的考察の大半を注ぎ込むことができた。比較哲学者・湯浅泰雄は『身体論――東洋的心身論と現代』（一九九〇）で次のように言っている。

> 大ざっぱな言い方をすれば、西洋思想の正統的伝統にあっては、「形而下的なるもの」の最も基本的な存在様式は、物質的宇宙としての自然に求められてきたといってよいであろう。アリストテレスの形而上学 meta-physika はこの伝統の歴史的出発点を示している。これに対して東洋思想の伝統にあっては、――これも大ざっぱな言い方になるであろうが――「形而下的なるもの」の基本的存在様式は人間の本性に求められてきたということができよう。[7]

湯浅は続けて、東洋思想をインドに発する仏教やヒンズー教、中国に発する儒教と道教とに分けて、「人間の本性」の追求の仕方を二分する。湯浅によれば、儒教思想は「人間の本性」を道徳や政治という社会的場面で追求する。湯浅は、それを「人倫」という言葉で説明する。「人倫」とは、『孟子』「滕文公《とうぶんこう》章句上」で詳しく語られているように、五つの「人間の倫理」に他ならない。

> 人《ひと》の道《みち》有《あ》るや、飽食煖衣《ほうしょくだんい》、逸居《いつきょ》して教《をし》へらるる無《な》ければ、即《すなは》ち禽獣《きんじう》に近《ちか》し。聖人之《せいじんこれ》を憂《うれ》ふる有《あ》り、契《せつ》をして司徒《しと》たらしめ、教《をし》ふるに人倫《じんりん》を以《もつ》てす。父子親《ふししん》有《あ》り、君臣義《くんしんぎ》有《あ》り、夫婦別《ふうふべつ》有《あ》り、長幼序《ちやうえうじよ》有《あ》り、朋友信《ほういうしん》有《あ》り。

【通釈】だが、元来、人間の自然な傾向としては、飽きるまで食べ、あたたかな衣服を十分に着、なまけて日を送ることだけはするが、少しも教育されるということがなかったならば、わがままでやりっぱなしで怠けてしまい、禽獣の生活に近くなってしまうものである。だから、堯舜のような聖人は、このようになるのを心配し、契をば教育を司る司徒という役につけ、民に人としての道を教えるようにさせた。こうして、人間の五倫の道がよく行なわれるようになり、父子の間には親《しん》があり、君臣の間には義があり、夫婦の間には別があり、長幼の間には序があり、朋友の間には信があるようになった。[8]

孟子は、父子間に「親愛」、君臣間に「義」、夫婦間に「分別」、長幼間に「次序」、朋友間に「信頼」というように、親密（＝intimate）で濃密な人間関係について、道徳的な関心から五つの「人倫」を設けた。そして、これら五つの「人倫」を「五倫」と呼んで重視した。湯浅によれば、儒教思想では、「人間の本性」を道徳や政治などの社会的場面において追求することが重要であり、「人倫」に重きが置かれていた。

それに対して、同じ東洋思想でも、仏教・ヒンズー教・道教の流れにおいては、社会的場面に先立って、自己自身の「心身のあり方」に即して、「人間の本性」を追求しようとしていた。特に私にとって興味深いのは、仏教などに見られるように、「人間の本性」を追求する際に、〈からだ〉を用いた「修行」を視野に入れていることだ。「修行」は、単に身体を鍛錬するということに尽きるものではない。湯浅によれば、「修行」とは、「自己の心身のあり方がどのように変化してゆくかということ」を実験的に実践することである。そして、「修行」において、私たちが注意しなければならないのは、「自己の心身のあり方」が変化していく様子を反省的に探求しながら、体験に基づいて「人間の本性」を追求しようとしていたことである。

私が、湯浅が説く東洋思想に興味を唆《そそ》られるのは、「人間の本性」の探求に際して、「社会的場面」としての「人倫」を重視し、〈人と人との間〉にある関係性を無視しないことだ。また東洋思想においては、「心身のあり方」に関して、〈具体的に存在するもの〉として〈自己〉が措定されていることである。さらに重要なのは、東洋思想では、〈具体的に存在するもの〉という「形而下的《フィジカル》なもの」が、思想の出発点に置かれていることだ。そのために、湯浅は、東洋思想のような思想を「形而上学」と呼ぶにしても、西洋哲学のように自然や宇宙を哲学的思索の対象とする「メタ・フィジカ〔メタ・自然〕」ではないと言う。

それゆえ湯浅は、東洋思想に見られる哲学的思考を「メタ・プシキカ〔メタ・心論〕」または「メタ・プシコ＝フィジオロジカ」、すなわち「メタ・心身論」と呼ぶ。そして彼は、「現代的な言い方をすれば、ここ〔東洋思想〕では、心身論が形而上学への基礎学であり通路なのである」[9]という。それゆえ、湯浅によれば、「東洋的形而上学の伝統的な思考様式においては、形而上的次元と形而下的次元は明確に断絶したもの」ではなく、「両者は連続的に相互浸透し合った二つの領域」[10]である。それゆえ「修行」とは、「自己の魂が形而下的次元から形而上的次元へと次第に進んでゆく過程」なのである。

湯浅の指摘を受けて、私は〈こころ〉と〈からだ〉とは互いに干渉し合い、相互に浸透し合うことによって一体となって、私たち人間存在（human being）を形作っていると考えている。端的に、「心身一如《いちにょ》」と言ってもよい。市川浩は、こうした相互浸透・相互干渉し合う心身の関係性を「トランス・フィジック」という言葉で表現した。私は、湯浅のいう「メタ・プシキカ」または「メタ・プシコ＝フィジオロジカ」や「メタ・心身論」とは、市川のいう「トランス・フィジック」と近しいと考えている。市川の哲学には、湯浅の思想よりも、「フィジカル（物理的・身体的）」要素が強く影響しているけれども。

第3節　〈身〉と〈言〉
――市川浩の「〈身〉の哲学」(1)

身体存在と「パースペクティヴ」――市川浩の「〈身〉の哲学」(1)

市川浩は『〈中間者〉の哲学』(一九九〇)の中で、〈身《み》〉について詳細に語っている。なぜ市川は、〈からだ〉を表現するために、あえて〈身《み》〉という言葉に固執するのか。市川は「身体」という言葉を避ける理由として、「身体」という言葉は、「精神」との二元性を予想させ、人間が「身体存在」であることを忘れさせる可能性があるため、不適切であると述べている。「身体存在」としての人間は、「身体」の対極にある「精神」とは異なり、「パースペクティヴ(perspective)」を持たざるを得ない。単純なことだが、重要なのは、私たちは身体的な存在であるため、視覚として、ある角度からしか物事を見ることができないということだ。

一般的に「パースペクティヴ」が「遠近法」と訳されているように、私たちは自分がいる場所から〈遠近法〉に基づいて物事を見ている。通常の視覚経験からも分かるように、自分から近いものは大きく、遠いものは小さく見える。さらに比喩的に言えば、私たちは心理的に近いもの(=近しい)や自分に〈身近なもの〉を、自分にとって〈疎遠なもの〉よりも、大切なもの・重要なものとして捉えている。私たちは、自分の身体を中心にして物事を把握し、そこから〈遠近法〉的に物事を配置する「パースペクティヴ」に縛られている。その一方で私たちは、視覚を拘束する「身体」に「精神」を対立させることで、〈からだ〉に拘束された「パースペクティヴ」から「精神」を解き放つことが可能となるように考えることもできる。

それゆえ、私たちは、「身体」から自由な「精神」の立場に移行することで、あたかも物事を客観的かつ中立的に把握できるかのように思ってしまう。それゆえ市川は、「精神」という言葉が「精神」という実体を存在させ、それが「身体」の拘束性から解き放たれているという錯覚を引き起こすという。すなわち、「パースペクティヴから解放された精神が存在するかのような錯覚を起こさせる」ものこそ、「身体」と「精神」の二項対立図式である。

市川は、こうした二項対立図式に対して、私たち人間が「パースペクティヴ」を持つことの必然性と、「パースペクティヴ」の変換可能性を指摘する。[11] 彼は、それを「中心化」と「脱中心化」とも言い換えている。市川によれば、私たちは「身体的存在」であるが故に、「パースペクティヴ」を持たざるを得ない。しかし、「パースペクティヴ」を持つことが、「パースペクティヴ」そのものを固定化することを意味しない。私たちが「身体的存在」として現生し、そこから様々な物事を自己中心的に配置させる一方で、様々な出来事との関係性を得ることによって、私たちの「バースペクティヴ」を改変することができるからだ。例えば、私たちは他人の〈身〉になることで、「他人にたいして「親身」になる」ことができる。そこから、私たちは、自分とは違う他人の世界観を〈身につける〉こともできるようになる。

さらに市川は、「他人の不幸や悲しみが、他人事でなく、自分自身のように感じられるという感応的同一化の現象」として、「身につまされる」という表現を取り上げている。もちろん私たちが「身体的存在」である限り、実際に、物理的な意味で他人の立場に立つことはできない。他人もまた身体存在である以上、私の〈身になって〉考えることにも限界がある。しかし、〈身近〉に互いの〈身〉を触れ合わせることで、私たちは互いに「身体的存在」の相互交流や相互浸透が可能になるように思われる。

〈身〉の用法——市川浩の「〈身〉の哲学」(2)

市川は、「み（身）」という考え方を提案する。市川は、「精神」と「身体」という言葉に代えて、「事態を的確にあらわすことば」を見出しにくいという。それでも「み（身）」という言葉に着目するのは、「気」と並んで、「そのフレクシビリティと意味のひろがりの点できわめて可能性に富むことば」だからだ。

市川が驚嘆するように、「み」という言葉のネットワークは広範である。彼によれば、「身」は大和言葉「み」に漢字があてられたもので、〈み〉の古形は〈む〉である。例えば、「むかわり」（ム（身）カハリ（代）＝身代り、人質）、「むざね」（ム（身）サネ（実）＝まさしくそのもの、実体）、「むくろ」（ム（身）クロ（幹）＝胴体、魂の去った形骸としての肉体、死骸）などである。ただこれらの古語は、「むくろ」を除いて、現代ではほとんど使われなくなった言葉たちではある。しかし〈む〉が〈み〉に転じたとき、その言葉のネットワークの広がりは、市川でなくても驚嘆に値する。

『万葉集』の万葉仮名の用法では、甲類、乙類の二系列があり、それらは音韻上の区別からきている。「身」は乙類に属し、〈み〉をあらわす乙類の万葉仮名には、「身」のほかに、「未」「味」「尾」「微」「実」「蓑」がある。ここではあくまで「身」にこだわる市川の分析を見ていこう。

第一に、〈身〉が表すのは「実」である。「実がなる」のように、果実がなることを意味している。それは、「実」が、カワ（皮）やサネ（核）に対して、ミ（果肉）を対比的に表すからである。また、魚の「身」がミ（肉）を意味するのと同じ感覚で受け取られている。

第二に、〈身〉は、生命のあるなしにかかわらず、「肉」を意味する。「実」が、果実のような食物を意味しているのに対して、「身と皮」や「骨つきの身」のように、骨や皮に対して用いられる。こうした表現はたくさんあり、私たちは、日常的にも用いている。例えば、「切り身」や「白身の魚」、「酢で魚の身を〆《しめ》る」など、「肉」を表す表現に〈身〉が使われる。

第三に、〈身〉は、「生身」の人間の「生きたからだ」を意味する。女性が「身ごもり」「身重」になるときの表現にも使われている。さらに、「身になる食物」や「栄養を身につける」など、生理的（physiological）身体を意味している。さらに〈身〉をめぐる言葉のネットワークは広がっていく。「身にあった服」を「身につける」や、「身を粉にして働く」のような表現もあれば、「身がもたない」というような表現もある。

市川も言うように、〈身〉という言葉が、「文化的・社会的環境にくみこまれたからだ」を意味していることは明らかである。それと同時に、市川は、「身につける」という表現が、「教養（あるいは知識、あるいは技術、あるいは習慣）が身につく」という表現になったりすることに関心を寄せる。「身につける」という表現は、衣服やアクセサリーのようなものを〈からだ〉に付けるという意味もあれば、教養や技術などを「内面化し、自分のものとすること」でもある。こうした市川の指摘で重要なのは、〈身〉をめぐる表現が、「精神的自己を含んだ自己の全体」を意味することだ。

〈身〉が単なる〈からだ〉にまつわる語彙のみを用いるのではなく、精神的な状態をも含んでいることは注目に値する。「身を切られる思い」とか「身がすくむ」、「身の縮む思い」のような表現があることによって、〈身〉が単なる身体の概念ではなく、文化的に形成されてきた〈ことば〉であることも理解されよう。

第四に、〈身〉は具体的なあり方を示しており、〈からだ〉のあり方や姿勢、はたらく様などを表してもいる。例えば、「身振り」や「身のこなし」「身支度《みじたく》」「身ぎれい」「身繕《みづくろ》い」などである。経済的に困窮している場合は、「身をやつす」などのように用いられる。

以上のように、市川は〈身〉という言葉がどのように用いられ、私たちの人間関係や気分や感情を表現しうるかを検証していく。そして彼は、様々な〈身〉の用法に触れて、そのネットワークを拡大していく。〈ケアの倫理〉を構築する私にとって重要なのは、具体的な身体的ケアにおける関係性のネットワークと、〈魂〉や〈こころ〉による〈気遣い〉のネットワークに、どこまで〈身〉という概念や表現が関わっているかということだ。

第4節 〈身〉と〈こころ〉

——市川浩の「〈身〉の哲学」(2)

〈身〉と〈こころ〉

市川は、〈身〉と〈こころ〉との関係についても論じている。ただ、ここで注意しなければならないのは、市川が、〈こころ〉は〈み〉と根本的に対立したものではないと述べていることだ。〈こころ〉とは、「活動する生き身のはたらきが凝《こ》り集った中心であり、つねに此所《ここ》である身の原点の在り所《か》」である。それゆえ、〈こころ〉は、「〈み〉の高度に統合されたはたらきが、しだいに独立したものとして意識されてゆく過程で成立した概念」[12]と考えることができる。

また〈こころ〉と近い関係にある「たましい」という言葉と〈身〉との関係について、市川がどのように考えているかを見ておこう。市川は、『岩波古語辞典』を引用して、「「魂《たま》」は「玉《たま》」と同根であり、「玉」は「人間を見守りたすける働きを持つ精霊の憑代《よりしろ》となる、まるい石などの物体」」が原義であるという。また「魂《たま》」について、彼は、「未開社会の宗教意識の一。最も古くは物の精霊を意味し、人間の生活を見守りたすける働きを持つ。いわゆる遊離霊の一種で、人間の体内からぬけ出て自由に動きまわり、他人のタマと逢うこともできる。人間の死後も活動して人をまもる。人はこれを疵《きず》つけないようにつとめ、これを体内に結びとどめようとする。タマの活力が衰えないようにタマフリをして活力をよびさます」と書き留めている。
そこから市川は、「「魂《たま》」の去った肉体は「殻《から》」である（「空蝉《うつせみ》のからは木ごとにとどむれどたまのゆくへをみぬぞかなしき」）」という考えが出てくるという。〈魂〉が抜けた「空」＝「殻」となった肉体は、そのまま朽ち果てていくに任せるしかない。そこには、「生命」が宿ることはない。

市川が引用する『日本国語大辞典』では、「魂《たま》」は「人間、さらにはひろく動物、植物などに宿り、心のはたらきをつかさどり、生命を与えている原理そのものと考えられているもの」である。〈身〉が「生命ある身体である」のに対して、〈魂〉は、「人間の生活を見守り助ける働き」をもつ「精霊」であり、「〈身〉を生かしている原理」である。例えば、「身弱く魂動きて（魂が去って）忽《たちまち》に死ぬ」といわれるように、〈身〉と〈魂〉との関係は二元論的に語られている。

〈身〉と〈気〉

市川は〈身〉と〈気〉との関係については、他の言葉以上に詳細に語っている。このことからも分かるように、市川にとって「気」概念は、彼の思想上重要な位置を占めている。私にとっても、〈身〉が〈気〉概念と密接に関わっていることはとても興味深い。市川によれば、〈身〉が「ものの本体として、いわゆる物質的なものから、心までを包含している」のに対して、〈気〉は「天地をみたすものとして、いわゆる物質的なものから、心までをおおっている」。「気」という言葉の広がりは、「気」の代わりに、「心」で置き換えることができるが、その結果として「意味のひろがりと深さが失われる」ことに見ることができる。市川に倣《なら》って例をあげてみよう。

「気がまえ」－「心がまえ」、「気がいたむ」－「心がいたむ」、「気が大きい」－「心が大きい」、「気が重い」－「心が重い」、「気が沈む」－「心が沈む」、「気が知れない」－「心が知れない」、「気が進まない」－「心が進まない」、「気がすむ」－「心がすむ」、「気がせく」－「心がせく」、「気がそれる」－「心がそれる」、「気がとがめる」－「心がとがめる」、「気がのる」－「心がのる」、「気がはずむ」－「心がはずむ」、「気がふさぐ」－「心がふさぐ」、「気がまぎれる」－「心がまぎれる」、などである。

〈気〉の概念は、「心」の概念よりも漠然としている。しかし、その特定のしにくさがあるからこそ、私たちの〈気持ち〉を伝えやすいとも言える。〈ケアの倫理〉の観点から言えば、「心の病」という表現や「病は気から」という諺を考えてみよう。「心の病」と言われると、私たちは精神疾患や神経症とまでいかなくても、〈病〉が強調されてしまうように思われる。ただ「心の病」よりも「気の病」という表現の方が重篤な感じがしてしまうとも思える。また「病は気から」という表現には、風邪をひきかけたときに、なんとか「気力」を振り絞って乗り切ろうとする「気概」を見出すことができる。

また市川は、〈気〉の特徴として、「天気」がよくなると、「気分」が高揚し、「気が晴れる」ということに表れているという。逆に「天気」が悪くなると、「気がめいる」というように、自然現象と私たちの「気持ち」がつながっていることが分かる。市川は「〈気〉が天地のあいだにみち、万物を生ずる根源である以上、当然のこと」であるという。

市川は、木村敏の『人と人との間――精神病理学的日本論』（一九七二）から、「気分」や「気持ち」

が、「超個人的な「気」を、個人的な自己が分け持っている様態を言い表しているのであって、一種外部的、雰囲気的な「気」に自分が個人的に関与して、これを分有している様相である」[13]という箇所を引用している。市川によれば、〈気〉とは、自我であり主観である精神とは異なって、自分の〈身〉と他の〈身〉の〈あいだ〉に瀰漫《びまん》しているのであり、より正確に言えば、自分の〈身〉も、自然物を含めた他の〈身〉も〈気〉のうちに包まれ、その内で生起しているということだ。この点について、木村は「だから、自然の様相である「気象」の語が、同時に人間の「気性」をも意味しうることになる」[14]と語っている。

最近、「気象病（meteoropathy）」という名の〈病気〉が注目されている。天気や気圧の変化に伴い、症状が出現したり悪化したりする疾患である。昔から「天気が悪いと古傷が痛む」と言われていたが、ひどい場合は、頭痛や肩こり、腰痛、神経痛などはもちろん、吐き気や喘息、さらには関節炎やリウマチなどの症状を伴ったりする。〈身の病〉も、〈気の病〉として考えれば、得心がいく場合が多い。

そして、〈気〉が単に気象と気性をつなぐものだけでなく、「人と人との間」をも包むことは注意してよい。〈ケア〉に関して言えば、〈ケア〉の関わりがおよそ「人と人との間」の距離に密接に関わるがゆえに、「かくれた次元」（エドワード・T・ホール）が露わになる関わりでもある。特に最近では、知らず知らずのうちに、他人から傷つけられたり、他人を傷つけていたりすることにも敏感にならなければならない。そのためにも、〈気〉に対する感度を上げておくことが重要である。相手が初対面の他人であったり、それほど親しいという関係でなかったりする場合は、「人と人との間」の〈気〉

が問題になる。

市川が言うように、相手に対して「気を遣い」「気兼ねして」「気疲れ」することが日常的に起こっている。特に、自分の行為や振る舞いも相手が近くにいる限り「気になる」し、なんとなく「気にして」しまう。それというのも、私たちはつねにすでに、何らかの形で他人を意識しているからだろう。木村もいうように、私たちが他者と関わらざるを得ない日常では、「「気」は、大部分自分以外の相手との関連において見られて」いる。もっと重要なのは、木村が「自分自身の「気分」が相手側の事情のみによって動かされている様子を示している」[15]と指摘している点である。

自分が主体的に他者に関わるとしても、相手の言行を「気にする」限り、こちら側が相手に合わせるしかない。私たちがストレスを感じるのも、自分が主体的に振舞うときよりも、相手に合わせて自分が動かされる場合の方が多い。〈気〉概念を用いる〈ことば〉の使用が日本語に多いのも、私たちの生き方や他者との関わり方が、すでに〈気〉の中で為されているからだ。市川も言うように、私たちは、親しい間柄で「気が合う」とか、意中の人がいる場合には「(あの人に)気がある」と言ったりする。また、親しいからこそ「気をゆるす」ことがあり、親しいからこそ「気をまわす」ことも多い。そのくせ、仲間に「気兼ねして」、言いたいことも言えないことがある。

また私たちの周りの人との関係性も、〈気〉概念を使うことで容易に表現できる。例えば、周りに「気を遣い」、「気を利かせる」こともある。「気にかかる」ことがあったり、「気を配る」必要があったりする人間関係には注意が必要だ。好きな人の「気をひく」ように振舞ったり、なんとなく「その気にさせたりする」ことで、相手に「気を持たせる」こともある。市川も言うように、こうした場合には、「他者の側から考えられた〈気〉の配分（「気配り」）が表現されている」ことになる。私たちは〈気〉に取り巻かれて生きている。そしてそれは、他者に「気遣う」〈ケア〉の関わりにおいて重要な意味と意義を持つ。

第5節　〈身〉と〈情〉

——富士谷御杖の「言霊」論(1)

富士谷御杖とは誰か——歌を詠むことの〈意味〉

〈ケアの倫理〉の観点から見て、市川が〈こころ〉の働き方に応じて、「心」「情」「意」などの漢字が当てられると指摘していることは傾聴に値する。その際に市川は、哲学者・坂部恵《さかべめぐみ》『仮面の解釈学』（一九七六）に基づいて、江戸後期の国学者・富士谷御杖《ふじたにみつえ》（富士谷成元。一七六八—一八二三）の「言霊《ことだま》」論を参照している。富士谷御杖とはいかなる人物か。手元にある子安宣邦監修『日本思想史辞典』（二〇〇一）の中で、日本思想史家・櫻井進が次のように書いている。

ふじたにみつえ　富士谷御杖　一七六八‐一八二三（明和五～文政六）江戸時代の国学者。筑後柳川藩に仕えた富士谷成章《なりあきら》の長男として京都に生まれる。通称千右衛門。号は北野・北辺。十二歳で父成章に死別し、以後は伯父皆川淇園《みながわきえん》と叔父小河成均の教育を受ける。著書には、『歌道非唯抄』・『北辺髄能』・『真言弁《まことのべん》』・『古事記燈《ともしび》』などがある。父成章の歌学・国学の研究を受け継ぎ、叔父淇園の儒学の影響を大きく受け、同時に、吉田神道・浄土真宗・蘭学などの影響も見られる。御杖の歌学は、「言霊倒語説」と呼ばれる。人心の内部の慰めることのできない偏執（「一向心」）を「倒語」として和歌に表現することで、

「時宜」を破ることを避ける。そして、「一向心」は、和歌の中に霊として転移し、人心の内部の鬱情は解消される。御杖の思想は、きわめて特異ではあるが、そこに中世的な残滓を持ちながらも、近代的な性格がほのみえている。[16]

櫻井の解説の中で最も注意すべきなのは、御杖の「言霊倒語説」である。実際に、私が〈ケアの倫理〉を考えるにあたって興味を持ったのも、市川が御杖の「言霊」論に触れていたからである。市川は、御杖の歌論『百人一首燈《ともしび》』の序文「大旨《おおむね》」に書かれている思想を取り上げ、〈身〉の思想を御杖から取り出すために、「身顕」と「身隠」という二つの言葉に着目する。市川によれば、「身顕」とは「言行に情《こころ》のままを出して、わが身を隠すこと」であり、「身隠」は「言行のかわりに詠歌して、わが身をかくすことができないこと」である。御杖の『百人一首燈』においては、〈身〉とは「情としてあふれ出る自分」を意味する。つまり、自分の考えていることや思っていること、さらには自分の感情を〈ことば〉に載せることは、〈自分を隠さずに表に出すこと〉(身顕)になる。しかし、御杖によれば、〈自分を隠さずに表に出す〉ことによって、かえって災いを招くことがある。

御杖は、「言行に情のまゝを出して、わが身をかくす事をえざればつひに禍《わざわひ》にしづむ」と言っている。つまり、私たちが〈ことば〉を発するとき、自分の〈情〉に任せてそのまま自分の思いを洗いざらい隠すことなく〈ことば〉に乗せて表現してしまうことによって、結果的に良くないこと(禍)を招くことがある。私たちは得てして、良かれと思ったことであっても、自分の意のままに発言してしまうことで、事態がより紛糾してしまうことがある。御杖はそうしたことを「身顕」として退けた。

それに対して御杖は、自らの思いや感情を歌に込め、〈自分を隠すこと〉(身隠)によって幸が訪れることを推奨する。直接的に何かを発言するような「言行のかはりに、詠歌してわが身をかくせば、つひにさいはひ」を手にすることができる。それが古来から、歌の感動として伝えられていることだ(「古来歌のかたちなり」)。この点について、日本思想史家・清水正之によれば、「身顕」と「身隠」という考えは、御杖の『古事記』神話解釈の考察に基づいている(『古事記燈《ともしび》』「大旨」参照)。『古事記』解釈において「身隠」概念は、「隠身」として、『古事記』冒頭の五神の天地開闢《てんちかいびゃく》の叙述から「身を隠す神」という形で使われていた。清水の解釈によれば、「姿が見えないことを神が人間に私心のなさをしらせる教えである」[17]。御杖は、『古事記』解釈から広く『百人一首』解釈の場面に移して、歌を詠むことの心得を問題にするとき、「身顕」と「身隠」という表現を用いるのである。

市川の「〈身〉の哲学」によって、私は御杖の「言霊」論の中に、〈こころ〉と〈からだ〈身〉〉と〈ことば(歌・言)〉が密接に関わっていることを気付かされた。それは私にとって、〈ケアの倫理〉を日本思想史の中で取り上げるきっかけを作ってくれたのである。そして御杖の「言霊」論には、現在に生きる私たちが忘れてしまった〈ことばの哲学／倫理学〉が伏在しているように思われる。そこで本節では、御杖の「言霊」論から、〈ケアの倫理〉を語り出してみたいと考えている。

歌が詠まれるべき「時宜」

御杖が言うように、歌を詠むのに際しては、自分の気持ちや思いを隠して歌を詠むのが正しいのかもしれないけれど、それでも、古《いにしえ》の歌人は、やはり歌に乗せて自分の思いや気持ちを表現しようとしたのではないか。もし気持ちを表現することをしないのならば、なぜ歌など詠む必要があるのか？

歴史学者・鈴木暎一によれば、御杖にとって、そもそも歌を詠むことはただの遊びではなく、深く誠を立てて自分の中の「正邪」を知り、「人情のつねを広く定め」、近いところでは身を修め、「誠」を広く世間一般にまで及ぼそうとする、「いわば人生修業の道であった」[18]。そして、その道を極めるためにも、清水も言うように、「歌の道においては、修行が第一で詠歌は第二であるという主張」[19]につながる。そして歌を詠むことが「人と人との間のこと」＝他者関係と深く関わるからこそ、歌は詠まれなければならない。

清水は御杖の『百人一首燈』草稿天理本から以下の箇所を引用している。

> 神の道をまねはゝ人事も全かるへけれは歌はよみてもよまてもありぬへし。されど人丸赤人〔柿本人麻呂・山部赤人〕たに猶歌はあれば下さまなる人いかてか神の道をまもりて一事もあやまたぬ事あらん。此故に天地をはしめ四時のうつるにつけて万の物のかはるさま人と人との間のことにもふかく目をかけ心をしめていかて我心の底に、神道をわすれてあらん所みつけ出はやとつねに思ふ時はおのつからふと物事の動静に感して我平生の心もちゐ偏心《ひとへごころ》なる事しらるゝ事あるものなり。これを歌の時といふなり。[20]

御杖によれば、そもそも世の中の道徳は〈神の道（神道）〉によって全うされるのであり、人が〈神の道〉を真似るならば、人の世界で起こること（「人事」）もすべてうまくいく。そうであれば、歌など詠んでも詠まなくてもいい。ところが、『古事記』にあるように、人は、神がつくった国に生まれたにもかかわらず、実際には、欲望に負けて日常の忙しさにかまけているうちに、「一向心《ひたぶるごころ》」や「偏《ひとへ》心《ごころ》」によって神の道が遠くなってしまった。

ただ、天地を始め四季の移り変わりや、「人と人との間のこと」に深く目を向けて反省してみるにつけ、「我心の底に」、〈神の道〉を忘れている自分がいることに気づく。そこで「物事の動静」を感じ、「我平生の心もちゐ」（＝「自分の日常の心性のはたらきのなかに」）、「偏心《ひとへごころ》」があることを意識したのである。まさにこの「偏心《ひとへごころ》」を意識した瞬間こそ「歌の時」、つまり歌を詠まなければならない瞬間なのである。

歌には、それが歌われなければならない〈瞬間〉がある。御杖は、それを「時宜」と言う。そしてこの「時宜」を逃したり、「時宜」に即していなかったりすれば、歌など詠む必要もないし、詠んでもただの日常会話のレベルの言行に留まる。また、詠まれなければならない歌だからこそ、歌の優劣も関係がない。

しかしその一方で、御杖は、歌道の心得として、次のように言っている。

歌道いかに心得べきと御たずねうけ給り候。もと歌は、時宜やぶるべからずひたぶる心おさふべからぬ時によみて、ひたぶる心・時宜ふたつながら全うする道にて候。おほよそ人所思《しょし》のままを為《わざ》にいだす時は、為にとは言行ともにつかねて云ふにて候、かならずよろしきにたがふものなり。この故に所思のままを為《わざ》にいでじがために、つねに、神道によりてその源たる偏心《ひとへごころ》を制すべきなり[21]（強調・引用者）。

坂部によれば、人が歌を詠むとき、それにふさわしい瞬間＝「時宜」にかなわず、自分が思うところの「所思」や、自分が欲するところの「所欲」のままに「為《わざ》に出す」とき、その歌は「時宜をやぶる」ことになる。そしてそれは、すでに述べたように、「かならずよろしきにたがうもの」（＝必ず良いことと違うもの）となる。このように「時宜」を破ろうとする心を、御杖は「偏心《ひとへごころ》」と呼ぶ。ここで気をつけなければならないのは、「一向心《ひたぶるごころ》」と「偏心《ひとへごころ》」とはほとんど同じ〈こころ〉であり、両者は密接に関わっているということだ。御杖は、両者について、「神道にまつろひてをさまるばかりの心」を「偏心」と呼び、「神道にもまつろはぬばかりの心」を「一向心《ひたぶるごころ》」と呼ぶ。「偏心」は「神道」に従って何とか抑えられるが、後者は、世の中や私たち人間の道の模範となるべき「神の道」にすら、「まつろわぬ」（＝従わない）心である。

それゆえ、御杖は「人の心におそるべきものはこのひたぶる心なりかし」と言う。「一向心《ひたぶるごころ》」とは、「時宜」を破り、「神の道」に従わない〈力〉を持つ。坂部は「ひたぶる心」を「同一性の危機《アイデンティティ・クライシス》をもたらすもの」として意味づけている。鈴木は、「一向心《ひたぶるごころ》」について次のように説明している。長くなるが御杖の「一向心《ひたぶるごころ》」と詠歌との関係が端的に説明されているので引用しよう。

偏心は人間にとって本来的な所思所欲であるから、神道によってこれを制し尽くせるものではない。しかも、神道の抑制をすりぬけた偏心は、時宜の衝撃にあっていっそう激成せられ、時宜をも破らんばかりの力、すなわち「欝情」となって燃え上る。この、もはや神道をもってしてはすかすことの不可能となった激しい心を、御杖は「一向心」と呼んだ。「一向心」と「時宜」との激烈な葛藤が展開されて「一向心」をおさえかねたとき、ここに詠歌の道が必要となる。[22]

それでは、なぜ御杖の歌論が〈ケアの倫理〉に関わるのか？　もちろん、〈ケア〉には和歌の修行も御杖の歌論そのものも必要がない。私が考えたいのは、〈ケア〉の実践には、「身顕」や「身隠」が深く関わるということだ。そして、〈ケア〉に際して、私たちが誰かに向かって吐きだす〈ことば〉に「一向心《ひたぶるごころ》」が反映されているかもしれないことを畏れるからだ。〈こころ〉の奥底にある「一向《ひたぶる》心《ごころ》」が蠢《うごめ》き、私たちの〈ことば〉の中に表現されることで、禍々《まがまが》しい〈ことば〉を生み出しかねない。

最近では、発言や態度が相手に伝わっていなくて分かりにくいと責められたりする。しかし、あからさまに相手に物申すと、それはそれで揉めることもある。だから、私たちは、相手の顔色を伺ってその場の雰囲気を読む〔「空気を読む」〕一方で、細心の注意を払いながら、「言いたいことははっきりと言う」ことを強いられたりする。

しかし、御杖が言うように、自分の思いや考えを、いつでもはっきりと言うことは〈身題〉につながり、まさに「舌禍《ぜっか》」という〈禍〉を招きかねない。だからこそ、思いを乗せて〈ことば〉を発する際には、その〈瞬間〉＝「時宜」を把握しておかなければならない。それでも、場合によっては、「時宜」をも破ろうとする〈力〉が働き、激しい「欝情」が発露するかもしれないのだ。清水は御杖の「時宜」の時間論について、興味深い指摘をしている。

一回的な場での「身にさしかゝる」切迫した状況での、公と私の分裂、私秘の暴露と隠蔽とのあわいで歌われることによってのみ感動を呼ぶのである。「時宜」とはまさにそうした一回性を自己の意識と他者の状況との連関として哲学的にとらえたものといえよう。判断にかかわる「まこと」とはそうした一回性にこもる切迫性をまえもって含みうるものであるかどうかに関わるものといえるだろう。ここでの「まこと」には規範的な意味はすでにない。この「まこと」は虚偽の反対概念ではすでにない。自他の間に通じうるものという「誠」「真心」の意味をほぼ捨てているといってよいだろう。[23]

もちろん私も、御杖の歌論と私たちの日常会話における発言とを、単純につなげることに無理があることは承知している。ただ私たちは、確かに歌を詠むことはないけれど、「自己の意識と他者の状況との連関」を踏まえて生きている。そうして日常生活では、〈ことば〉に様々な思いを乗せて、「時宜」に即して発言している。

特に、〈ケア〉の現場では、常に〈ケア〉する人も〈ケア〉される人も様々な思いをもっている。喜怒哀楽という通常の情動＝感情はもちろんのこと、イライラした気持ちに始まり、最悪の場合は殺意に近い強い負の感情すら抱くことがあるかもしれない。その一方で、〈ことば〉に表せないほど、深く〈こころ〉を動かす発言にも出会うことがある。

いずれにせよ、あらゆる場面で、私たちが〈ことば〉に乗せて自分の気持ちや思いを発言する際に、「時宜に叶う」ことをもっと意識し、それが「欝情」の発露としての発言にならぬように注意すべきだろう。それゆえ、〈ケアの倫理〉において、御杖の「時宜」の意味を考えることは無駄ではない。

清水が言うように、私たちの行為はそのつど一回的な出来事である。同じ気持ちを持って同じ行為を繰り返すことはできない。〈ケア〉の行為における一回的な発言行為の中で、私たちの〈ことば〉の中に自らの気持ちの一部を乗せながら、あくまで「身隠」を守りながら「わがおもふ心を言行にいつまじきこと」（＝自分が思うことを言葉や行いに出すべきではないこと）を徹底しなければならない。

〈身〉と〈情〉

坂部によれば、御杖は『百人一首燈』の序文にあたる「大旨」で左記のような図を載せている。そこで坂部は、図1の解説として御杖の『百人一首燈』序文「大旨」を引用している。御杖は次のようなことを述べている。

《私たちの「情」がときによくないことだとわきまえて、〈こころ〉を落ち着かせられるなら、歌の

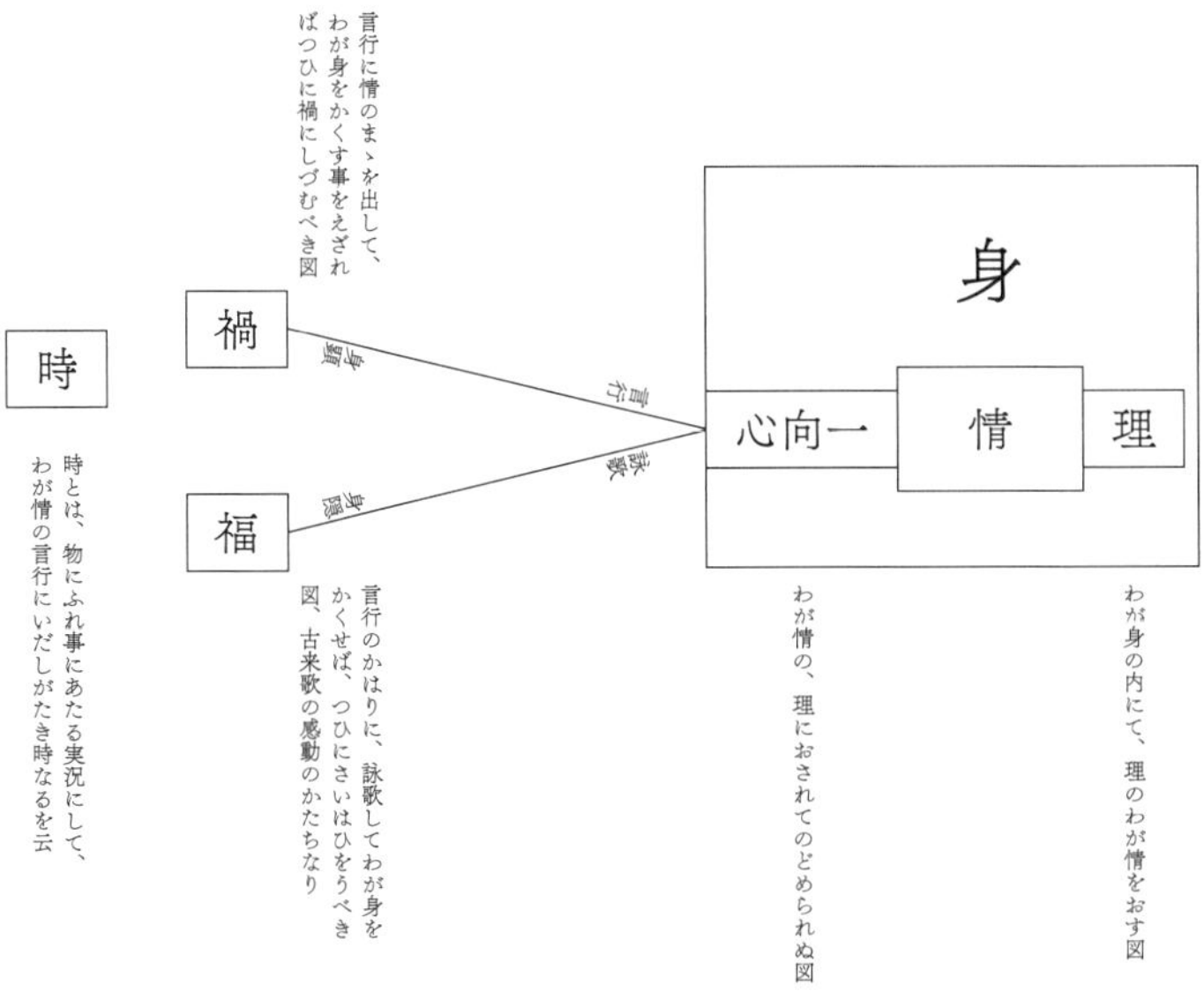
身
一向心
情
理
禍
福
時
言行
詠歌
身顕
身隠
言行に情のまゝを出して、わが身をかくす事をえざればつひに禍にしづむべき図
言行のかはりに、詠歌してわが身をかくせば、つひにさいはひをうべき図、古来歌の感動のかたちなり
時とは、物にふれ事にあたる実況にして、わが情の言行にいだしがたき時なるを云
わが身の内にて、理のわが情をおす図
わが情の、理におされてのどめられぬ図

図1　身と情[26]

道を用いることはない。しかし、言行に出さないではいられず、〈こころ〉を落ち着かせることが難しいことがある。それでも、もし自分の考えや思いを〈ことば〉にしたり行動に移したりすれば、必ず災禍が訪れる〔ことも分かっている〕。そのような場合には、どうしたらいいだろうか。

古人はやむをえない場合には、歌を詠んで、その落ち着かない「情」をなぐさめ、わが「身」を隠すようにした。〔しかし〕やむをえないことを理由にして歌を詠むわけだから、歌は歌で詠まれなければ詠まないでも良かったことだ」それを詠むということで、その〈こころ〉のありようについては、古人が歌を詠むさまを後世の人たちが考えるのとは随分と異なっている。

どうしてそんなことが起こるのか。というのも、もともとは〈ことば〉や行いの代わりに詠んだ歌だから、本来ならば詠まないほうがいいことではある。しかし、歌とはいっても表に出てしまったものであり、〈こころ〉に込められているもの以上のものにはならない。それゆえ、歌として詠まれていたとしても、その「情」がはっきりと(顕在的に)述べられているわけではない。〔つまり〕愛おしいと思っても、残念で悲しいと思っても、その思っている愛おしさや残念で悲しい思いという「情」が、一番良く表現されている詞で述べられているに過ぎない》。

御杖によれば、私たちが複雑な思いや感情を持っていても、それをそのまま口にしては災いのもとになる。それゆえ古人は歌にして詠んだけれども、その思いがすべて歌に表現されているわけではない。その思いや「情」は、歌の背後に隠伏的《インプリシット》に広がっているだけだ。御杖にとって、歌とは、本来ならば詠んでも詠まなくてもよい。それでも詠まれなければならない思いがある。私が、〈ケアの倫理〉を論ずるにあたって御杖の歌論に惹かれるのは、御杖の歌論が、私たちの発する〈ことば〉が思いの丈《たけ》をすべて表現しきれていないということを自覚しながら書かれているからだ。そして、御杖の歌論の背景には、彼の特異な言語観としての「言霊」論が控えている。

ちなみに市川は「御杖の言霊論は、言行にそのまま出すことのできない情のおさまらなさから、歌が生まれ、「言のうちに、その時やむことを得ざるさま、おのずからとどまりて霊とはなるにて候」という主体的な解釈をしている」[24]と言う。私たちの〈ことば〉に込められた「情」は、発せられると同時に、その一部を相手に伝えながらも、私たちの「情」はそのまま留まり「霊」となって、〈ことば〉の周りに纏《まと》わりつく。〈ケア〉の関わりにおける〈ことば〉もまた、私たちが相手をいかに大切に思いながら、〈ねぎらい〉や〈慰め〉の〈ことば〉として発せられたとしても、相手には部分的にしか届かない。そして発言者の届かなかった思いや「情」の大半は、〈言霊〉となって〈ことば〉の周りに留まり続ける。

市川は、御杖の「言霊」論と関説して、「「たま（魂・霊）」から「こころ（心・情）」への方向が無視されるわけではないが、〈身〉の内の情《こころ》から霊《たま》への方向が強調され、現代人にもなじみやすい遊離霊の考え方となっている」と言っている。さらに市川が、「遊離霊」について、「憑依や精神病理学的な現象、集合意識の問題とも関連して興味ぶかい概念である」と述べていることに注意しよう。「遊離霊」は、先の引用にあるように、「人間の体内からぬけ出て自由に動きまわり、他人のタマと逢うこともできる」能力を持つ。また、「人間の死後も活動して人をまもる」、いわゆる「守護霊」も「スピリチュアリズム」では良く聞く話だ。また、今では精神病理学的現象として解釈できる振る舞いも、かつては誰かに「霊」が「憑依」して「狐憑き」になったりした例もある。

しかも市川は「遊離霊」について、「広くとれば文化霊ともいうべきものを考えることができるわけだ。フロイトやユングの文化論はその一変種ということができよう[25]」と述べている。こうした指摘は、極めて示唆的であり、想像力を掻き立てる。

しかし私は、こうした市川の指摘があまり評価されないことを遺憾に思う。市川が「文化霊」ということで何を表そうとしていたのかは、彼が亡くなってしまったので今となってはもはや分からない。それでも、私の〈ケアの倫理〉において、市川の「文化霊」という〈ことば〉を引き受け、私なりに検討することが彼に対する応答だと考えている。〈言霊〉や〈文化霊〉という思想は、〈ケアの倫理〉にとって重要な示唆を与えてくれるからだ。そこで次節では、御杖の「言霊」論と〈ケア〉との関係を考えることにしよう。

第6節 〈言霊〉の〈力〉
——富士谷御杖の「言霊」論(2)

〈言霊〉とは何か

坂部は、御杖の歌論書『真言辨《まことのべん》』の「言霊辨」の冒頭を引いている。

言霊とは、言のうちにこもりて、活用の妙をたもちたる物を申すなり。万葉集第十三巻柿本神詠に〝しきしまのやまとの国は言霊のたすくる国ぞまさきくあれこそ〟とあるを思ふに、言に霊ある時はその霊おのづからわが所思をたすけて、神人に通じ不思議の幸をも得べきこと、わが国詠歌の詮《せん》たる所なり。この不思議の幸といふは、すべて所欲の筋はかなふべき理なき事なるに、なほかなふことあるをもていふなり。古今集序に、〝力をも入れずして天地を動かし云々〟と書かれたるは、すなはちこの言霊の妙用人の力の及びにあらぬよしを述べられたるなり。[26]

さてその霊となるはいかなるものぞといふに、所欲の筋は為《わざ》にいづべからぬ時宜《じぎ》の、その時宜にかなへむことの難さにせめて歌によみてひたぶる心をなぐさめむとする心これなり。さる心より歌のなり出たるなれば、言のうちに、その時やむことを得ざるさま、おのずからとどまりて霊とはなるにて候。[27]

坂部は、「御杖の言霊論の特徴」として、「言のうちにこもりて、活用の妙をたもちたる物」という「言霊」を「いわば主体の屈折においてとらえるところ」[28]にあると言う。もちろん御杖は、単に歌を詠む際に歌の「言」に載せる「所思（＝自分が思う所のもの）」や「所欲（＝自分が欲する所のもの）」をどのように歌として詠むかを問うているのであって、あくまで歌論にとっての「言霊」が考えられている。

しかし、私からすれば、「言霊」が論じられるべきなのは、詠まれた歌だけでない。というのも、私たちは、〈ことば〉を発するにあたって、様々な複雑な状況に遭遇する機会が多いからだ。私たちは、自分が発した〈ことば〉がどのように相手に捉《と ら》えられているか分からない。自分の「所思」や「所欲」がどのように相手に伝わっているのか、もしくは全く伝わっていないのか、一見すると伝わっているように見えて、実際には、相手には逆の〈意味〉で伝わってしまっているのか、〈ことば〉を発した側は分からない。

何かを語った後に、その発言によって誤解が生じ、事が拗《こじ》れたとき、実際には誰の責任とも言えない。それでも、世間一般では、〈ことば〉を発した側に責任があると考えている。大抵の場合、〈ことば〉を聴いた側は、発した側に対して、「言い方が曖昧だったから、もっと正確に言えば良かったのに」と文句を言ったりすることで、発言者を責める。しかし、本当にそうなのか？　実際に、〈ことば〉を発した側に問題があるのだろうか。〈ことば〉を受け取る側には何の問題もないのか？　〈ことば〉を受けた側には、何の落ち度もないのだろうか？

もしも責任が両者双方にもないとすれば、〈ことば〉が発した側の「所思」や「所欲」を「屈折させる」ことが起きているのではないか？　〈ことば〉を発する側の「所思」のすべてを、発言に盛り込むことなど可能なのか？　それと同時に、私たちは、〈ことば〉を発する際に、自らの「所思」や「所欲」が、純粋に相手に伝達されると思っているのだろうか？

〈ことば〉は、誰かが発したその瞬間から独り歩きを始める。〈ことば〉を発した人の手を離れ、発した人の「所思」「所欲」の「屈折」を孕んだまま、相手側に届く。というか、届く〈ことば〉はそのすべてではなく、ごく一部に過ぎない。だから相手に届いた〈ことば〉の中に、「屈折」した「所思」や「所欲」があったとしても、それだけで、〈ことば〉を発した人の「所思」「所欲」のすべてが伝わったりはしない。

発せられた〈ことば〉は、まさに一回的な〈瞬間〉として〈しかるべきとき〉（＝「時宜にかなふ」とき）に、相手に理解されればまだしもよい。しかし、おそらく大抵は、そんなことはない。御杖が言うように、「時宜にかなへむことの難さ（＝「時期に適応すること」の難しさ[29]）」のため、せめて発せられた〈ことば〉だけでも、相手に届けば良いとしなければならない。

坂部が言うように、発せられた〈ことば〉は「主体の屈折」として捉えられる。坂部によれば、御杖が言う「さる心より歌のなり出たるなれば、言のうちに、その時やむことを得ざるさま、おのずからとどまりて霊とはなるにて候[30]」とは、「言霊の宿る言は、所思・所欲の屈折をはらんでおり、時宜をやぶることのないがために、ついに為《わざ》・言行としてまっとうされることなくおわった主体・ひたぶる心の墓標にほかならない」[31]。御杖が語る〈言霊〉は、もちろん歌詠みの際に、「言」が詠み手の「所思」「所欲」を屈折させたまま「言」のうちに込められ、しかも詠み手から離れ、「特定の主体からはなれ独立して」、「おのずからとどまりて霊」となったものだ。

そうであるならば、〈ケア〉の〈ことば〉もまた、まさに御杖が言うように、一つの「歌」として捉えられるべきだろう。言いたいこと（=所欲）がありながら、実際には、言いたいことをそのまま「言」に乗せて相手に伝えることは憚《はばか》られる。下手をすると、「時宜をやぶる」ことになる。御杖にとって「もし、ひとが、その所思・所欲のままにふるまい、為にだすときは、「この時宜をやぶる」こと」になる。それゆえ、「邪正善悪を問わず、このように一方に偏して、「時宜」をやぶらんとする心[32]」は避けなければならない。

だから私たちは、〈ことば〉を発するにあたって、細心の注意を払いながら、「言」に「思い（=所思・所欲）」を載せる。そうしながらも、〈ことば〉は、決して相手に、思いの「屈折」が届くことがないように、「時宜」を見計らって、「時宜をやぶることのないように」発せられなければならない。

その一方で、言いたいこと（=所思・所欲）は、「時宜をやぶらない」ことのために、「言行としてまっとうされること」がない。私たちの「所思」・「所欲」は〈言霊〉として「言」の周りに漂い続ける。文芸評論家・川村湊の言葉を用いれば、一つの「言」が一つのほのかな〈ともし火・燈〉として存在し、実際には、それを取り囲む〈思い〉の〈闇〉が発話者と相手との〈あいだ〉に存在する。それこそが、山上憶良《やまのうえのおくら》が『万葉集』巻五・八九四で歌った〈言霊の幸《さき》はふ国〉の有り様だろう。

それゆえ、私たちが生きている国＝世界は、〈言霊〉のために、自分の「所思」「所欲」が相手に十全に伝わることがない国＝世界なのだ。私たちが生きる世界は、自分の意図や意思が〈ことば〉を介する限り、相手に完全に届くことがないまま、そして、そのことすらも気づかれることもない〈言霊〉の蠢く世界である。まして相手が〈ことば〉の「屈折」を理解することからほど遠い存在であれば、〈言霊〉の世界は広がり続ける。

翻《ひるがえ》って〈ケアの倫理〉について考えてみるならば、いかなる〈ケア〉にも、ほとんどの場合に〈ことば〉が必要だ。私たちが発する〈言〉の背後に、「所思・所欲」を孕みながらも、〈言霊〉の〈闇〉に一条の光を灯すような「ともし火」をこそ必要としている。〈ケア〉は、身体的な〈世話〉や、そのつどの適切な〈ことば〉かけだけでは足りない。私たちが〈ケアの倫理〉の立場に立つとき、そこで用いる〈ことば〉に関しては、単なる技法や技術に還元できない立場で考えていかなければならない。そして、〈ケア〉には超えてはならない〈則《のり》〉があるはずだ。それをこそ〈ケアの倫理〉と呼ぶべきものであり、それは〈ことばの倫理〉をも含みうるものでなければならない。

〈ことば〉に宿る〈ちから〉

〈言霊〉について考えるとき、私たちは素朴に〈ことば〉には何らかの〈霊力〉が宿っていると思い込んでいる。だから、私たちが何らかの〈ことば〉を他者に向けて発するとき、〈ことば〉が相手を励ましたり、傷つけたりすると考えている。一般的に、〈ことば〉には何らかの〈ちから〉が備わっている。

だから、〈言霊〉には悪い力も宿ることがあると考えられもする。自分の憎むべき相手を呪詛《じゅそ》する場合のように、相手を憎んで不吉な〈ことば〉を発するならば、その相手に災いが訪れると信じている。受験生に「落ちる」とか「すべる」という〈ことば〉を周りが発するのを極力避けようとするのも、偶然に受験に失敗したとき、「あんなことは言わなければよかった」と後悔しないために、周りが〈気を遣う〉ということの現れだろう。

それゆえ、他者を〈気遣う〉という意味では、〈ことば〉は〈ケア〉の働きを担いうる。〈ことば〉をかけることで、相手を励ましたり、勇気づけたりすることがある。〈ケア〉の担い手たちの〈ことば〉が、被介護者を勇気づけたり一喜一憂させたりするのも、私たちが考えている「言霊」の一例といえるだろう。しかし〈ケア〉の現場でも、場違いな〈ことば〉や不用意な発言が人を傷つけることもある。〈ことば〉の〈ちから〉によるいじめやハラスメントのような場合には、言われた相手を死に追いやることもある。

したがって、私たちは、ことさら「言霊」を信じていなくても、縁起を担いだり験担《げんかつ》ぎをしたりする。私たちは暗黙のうちに、〈ことば〉が単なるコミュニケーションの手段として、〈意味〉や〈内容〉を伝達するだけだとは思っていない。だからこそ、私たちが〈ことば〉を用いるとき、その文脈と相手との相関関係で、〈ことば〉の〈意味〉が直接的に届いたり曲解されたりもする。いずれにせよ、私たちは〈ことば〉には、何らかの〈ちから〉を持つ〈言霊〉が宿っていると信じている。だから、〈言霊〉が相手を力づけたり、逆に傷めたりすると暗黙のうちに了解している。一般的に考えられている「言霊」とはそのような意味だ。

しかし、御杖は、一般的に流布している「言霊信仰」は根本的に間違っているという。御杖は、どうして私たちの「言霊」について異なった見解を持つのだろうか。御杖にとって「言霊」とは何なのか。

「言霊」という考え方

川村湊は、『言霊と他界』（一九九二）の中で、富士谷御杖に一章を割きながら、御杖の言語論について論じている。彼は、私たちが素朴に抱いている「言霊」の思想の具体例として、著名な言語学者時枝誠記《ときえだもとき》の『国語学史』（一九四〇）をあげている。時枝は、「言霊の信仰とは、我々が発する言語には精霊があつて、その霊の力によつて表現の如くに事が実現すると信ずることである。／「雨降る」といへば、これを云ふことによつて「雨降る」といふ事実が実現すると考へる。不吉な言を発すれば、そこに不吉な事が現れるのである」と言う。川村によれば、時枝が触れた「言霊信仰」は、その源の一つを、江戸時代中期の真言宗の僧でありながら、国学者でもある契沖に遡ることができる。契沖は、「言にたましひのあるといふがごとし、いはへばよろこび来り、のろへばうれへいたるか如し」と語っている。つまり、「言《ことば》」には「たましひ〔魂〕」があり、祝えば喜びが来るし、呪えば憂いがやって来る。そして、私たちが一般的に思い浮かべる「言霊信仰」とは、契沖から時枝誠記に至るまで、ある程度の足跡をたどることができる。

しかし、こうした流れに対して、真っ向から反対意見を述べているのが、富士谷御杖その人である。御杖は、契沖のような「言霊信仰」について次のように反論する。何かを祝えば喜びが訪れ、何かを呪えば憂えるのであれば、あえて霊というべきほどのことはない。単純に良い事には幸があり、悪い事には災禍があるというだけであって、それを語ってもそれはそれで筋が通っている。御杖に言わせれば、本来ならば幸があるはずがないのに、〈ことば〉を発することで、突然、幸せが訪れたりするから幸福なのであり、そこにこそ〈言霊〉の力が働いているのだ。

川村は、契沖や時枝のような「言霊信仰」は、「言」と「事」を結びつける思考であり、御杖はこうした「言事融即」（豊田国夫）の言語観をこそ批判したのだと言う。御杖は、「言霊とは詞の外に所思のいはずしてこもれる所をしろしめす神の霊を申す也」と言っている。つまり御杖によれば、〈言霊〉とは、私たちが語る〈詞〉の外にある〈所思〉のうちに言われないでこもっているものを示すための〈神の霊〉のことだ。川村はこの点について次のように語っている。


御杖にとって表現された言葉はつねに所思の〝倒立〟されたものか、その一部にしか過ぎないのであって、言語によって表現されない思いの部分こそが、言霊によって語らずして通じなければならないものなのである。[33]

川村は、御杖にとって語られた言葉は、「闇の中のごく一部を照らし出している「ともし火」のようなもの」だと考えている。川村によれば、「ともし火」という比喩は、言葉という「灯り」によって、「人間の〝思い〟という闇の一部が照らし出されるということ」であり、「闇あってこその光というべき」だ。それゆえ、「表現された言葉は内奥の思いの闇の中にかすかに点った灯りであって、あとの黒洞々たる闇の世界こそが「言霊」の働きうる世界にほかならない」[34]。しかも、御杖によれば、思った所のもの、いわゆる「所思」をそのまま述べる「直言」に〈ことば〉の本質はない。川村が指摘する御杖の二つの歌は、彼の「言霊」の世界を照らし出す「ともし火」を予想してのことだろう。

燈にせむすべとへばともし火ぞ我にこたふるすべをしらずと
ともし燈よねたし灯よをすがら白くてりつゝ我をねしめぬ[35]

川村によれば、御杖は、国学者として高名な富士谷成章《なりあきら》（一七三八―七九）を父に持ちながら、父の早世により、その歌の道や学問の道を父から受け継ぐことができなかった。それゆえ彼は、独学でこれらの道を歩まざるを得なかった。その中で彼独自の言語論としての「言霊倒語説」や、神道論をつくりあげていった。川村は、独学者ゆえに言語論も神道論も独自なものになったと言う。

それでは、御杖の「言霊」論が、なぜ私にとって興味深く、また〈ケアの倫理〉にとって重要な示唆を孕むと考えられるのか。『古事記燈大旨《おおむね》』から『言霊辨《べん》』を参照しよう。多少長いし、江戸時代の言葉なので読みづらいけれど、その分ゆっくり彼の言葉を吟味しながら読むことができるだろう。

人の心身すなはち理欲の主《あるじ》にて、人として理欲を具せざるなければ、神にまかせて居がたき事、時として出来るも、さらに〳〵私なることにはあらざる也、されば、直言を倒語にかふる也、倒語に諷と歌とあり、諷猶《なお》道絶《た》たる時のために、わが大御国《おおみくに》、詠歌の道はある事なり、此故《このゆえ》に倒語は、いふといはざるとの間のものにて、所思をいへるかとみれば思はぬ事をいへり、その事のうへかと見ればさにあらざる、是倒語の肝要なり、されば大かた直言《ちょくげん》と諷と歌との三つを考ふるに、直と諷とは相反せる物也、歌は諷の一段とほきものなる也、此故に倒語はもと直を霊として言をつくるなれば、その言より、かれ、わが所思をおもひこみて知る、これをば言霊のたすけさきはふとはよまれたるにて、其言の外にいかし置たる所の、わが所思をば言霊とはいふなり。[36]

御杖は、「倒語」は「直言」と対立し、「諷」と「歌」に連なると考える。つまり、「直言」と「諷語」と「詠歌」とは、言語の本質上区別されなければならない。御杖にとって、言葉の本質は「倒語」にある。思ったことをそのまま述べるような「直言」には本質はない。川村によれば、「倒語」とは、言いたいことを抑制して、その逆の〈ことば〉を用いて表現することである。川村も言うように、日常の会話で、言いたいことを逆の意味の言葉で語るとすれば、それは単なる「あまのじゃく」に過ぎない。

それでは、なぜ御杖はこれほど奇妙な言語観を持ち得たのだろうか。川村によれば、御杖は「語るべきこととしての意味と、表出された言葉とは、予め乖離したもの」としてあると考えていた。「言いたいことと言ってしまったこととの逆立」と考えることが、御杖の言語観である。川村は、こうした言語観を奇矯な言語観と呼ぶ。しかし、私はそうは思わない。御杖が言うように、私たちが語る〈ことば〉は、往々にして自分の「言いたいこと」を裏切ってしまう。逆に、「直言」が言いたいことをすべて伝えていると考えることの方が、言葉の本質を捉え損なっている。注意しなければならないのは、私たちの思いをそのまま伝えると考えられる「直言」について、御杖はあえてそれを避けようとするということだ。というのも、御杖は「人間の思いそのものは、「直言」されれば、妖気を孕んで災いをもたらすようなもの」[37]と考えていたからだ。御杖の言語観の背後には、彼の独特な「神道」観が控えていた。

御杖は「理」は「人」であり、「欲」を「神」と呼んだ。御杖にとって、人の理（道理）（＝人の道）は、〈神の道〉である「神道」を理解することも、凌駕することも不可能だ。というのも、御杖が言うように、「もと神道といふは、道理をはなれておもふ所のやむことをえざる道をさしていふ名」であるのだから。川村が言うように、御杖からすれば、「人の理によって抑えることができないもの」が「欲」なのであり、「欲」をつかさどるものが「神」なのである。[38]御杖は、「大かたの道理といふものあれともその道理をもて推すへからぬ道理の目にみえぬ所にあるをは神道といひその道理をもてしかたはしむへからぬものを神といふなり」（『古事記燈』）と言う。川村によれば、「神」とは人間の内側にある「欲」であり、「目に見えぬ」「幽の世界」であり、人の「私思欲情」である。川村が言うように、「欲が神であり、神は人の身体に宿る。すなわち「私思欲情」の肯定と神人との未分離[39]がそこに存在している。

私たちが何かを「言いたい」という「所欲」を持つことによって、私たちの〈からだ〉に住まう「神」＝「欲」が動き出す。「欲」を〈ことば〉で表そうとしたとき、「直言」を避けなければならない。あくまで「倒語」として語り出されなければならない。私たちが、「言いたいこと」を素直に「直言」することは、必ずや災厄をもたらす。それは、人の内部に潜む「神」という名の「欲」が表に出てくるからだ。

しかし、私たちが日常言語で話す世界で求められているのは、つねに「直言」によって「私思欲情」をそのまま言葉にすることである。最近の〈言霊の幸《さき》はう国〉で奨励されているのは、〃分かりやすい言葉で話す〃ことだ。しかしこれは、逆に恐ろしいことだ。御杖にしてみれば、「私思欲情」がそのまま言葉となった世界」、「人の中心にひそめる妖気」が「直言」されることによって、まさに「言霊」が幸わうことになってしまった世界が出現する。これからも、私たちは、自らの「欲」を〈ことば〉に乗せて「直言」することによる〈言霊〉が幸わう世界の中で、〈ことば〉を交わして生きていくのだろうか？

しかし、実際に本当に恐ろしいのは、「直言」によって語られることもなく漂う〈言霊〉の世界ではない。川村は、まさに御杖が語る〈言霊〉の世界の背後に、御杖が気づきながらも封印しようとした最も深い世界があると指摘する。それこそ、「言葉以前の言葉が、ひしめき、うごめいている、まさに言葉の精霊としての「言霊」の世界」である。川村によれば、『日本書紀』にあるように、それは「葦原中国《あしはらなかつくに》は、磐根《いわね》・木株《このもと》・草葉《くさのかきは》も、猶能《よ》く言語《ものい》ふ。夜は熛火《ほほ》の若《もころ》に喧響《おとな》ひ、昼は五月蝿《さばへ》如《な》す沸き騰《あが》る。／然も彼《そ》の地《くに》に、多《さは》に蛍火の光《かかや》く神、及び蠅声《さばへな》す邪《あ》しき神有り。復《また》草木咸《ことごとく》に能く言語《ものいふこと》有り」[40]という〈言葉以前の言葉の世界〉である。

川村は、「原始的な声と語の世界」が「その言霊の幸わう闇の世界のもっとも下層に、ひそんでいる」と言う。確かに御杖は、「原始的な声と語の世界」に関する感受性を持ち、自分の「私思欲情」を肯定することで、「神」＝「欲」の存在を認めていた。「神」＝「欲」が〈いのち＝生〉に関わるならば、御杖は〈ことば〉にならない言葉の世界、原始的な「生」の「渾沌」の世界を「注意深く幽冥の世界へと閉じ込めようとした」[41]のだった。

しかし、日常性を生きる私たちは、人の〈こころ〉の奥底にある暗い闇の「所思」や「所欲」を、発せられた「倒語」を通して垣間見ることで満足すべきなのかもしれない。そのとき、「倒語」とは、〈ことば〉によって語られることのなかった〈言霊〉が幸わう漆黒の闇の世界を照らしだす〈ともし火〉として役立つ。

私は、〈ケアの倫理〉が御杖の〈言霊〉観と関わることが重要だと考えている。というのも、〈ケア〉の〈ことば〉には、それが孕む〈言霊〉の恐ろしさを垣間見せる〈ちから〉が宿っているからだ。ただ〈生＝生命（life）〉の〈ケアの倫理〉が綺麗事で終わるべきでないならば、〈言霊が幸わう闇の世界の最も下層〉にある〈生＝生命の世界〉にも関わらなければならない。私たちは、「言葉ならざる言葉が、もの言う草の葉や磐根のようにざわめいている」、「未分化で、未生の神話的黎明以前の「生」」の場所で、〈ケア〉を考えていかなければならない。たとえそれが、目を覆いたくなるほどおどろおどろしい世界だったとしても。

1 以下を参照のこと。西山雄二「モーリス・ブランショ「私の死の瞬間」という証言」『一橋研究』第二十四巻三号、一九九九年、五十七-七十頁。

2 Maurice Blanchot, L'Espace littéraire, Gallimard, 1955, p. 202.（粟津則雄／出口裕弘訳『文学空間』現代思潮社、一九七六年、二一五頁。ただし訳文は、西山のものを使用した。）

3 NHK取材班『さまよう遺骨―日本の「弔い」が消えていく』、NHK出版、二〇一九年、十一頁。

4 菅野久美子『孤独死大国――予備軍一〇〇〇万人時代のリアル』双葉社、十七頁。

5 市川浩『〈中間者〉の哲学――メタ・フィジックを超えて』、岩波書店、一九九〇年、二九八頁参照。

6 Margo DeMello, Body Studies: An Introduction, Routledge, 2014, p. 9.（マーゴ・デメッロ『ボディ・スタディーズ――性、人種、階級、エイジング、健康／病の身体学への招待』晃洋書房、二〇一七年、五-六頁。ただし、訳文は変えてある。）

7 湯浅泰雄『身体論―東洋的身体論と現代』講談社学術文庫、一九九〇年、二九九-三〇〇頁。

8 内野熊一郎『新釈漢文体系第四巻 孟子』明治書院、一九六二年、一八四-一八五頁。なお漢文書き下し文ならびに通釈についても本書に拠った。

9 湯浅、同書、三〇〇-三〇一頁。

10 湯浅、同書、三〇一頁。

11 市川浩『〈中間者〉の哲学――メタ・フィジックを超えて』岩波書店、一九九〇年、三十一頁参照。

12 市川浩、同書、四十八頁。

13 木村敏『人と人との間――精神病理学的日本論』弘文堂、一九七二年、一七六頁。

14 木村、同書、一七九頁（強調・木村）。

15 木村、同書、一六八頁。

16 櫻井進「ふじたにみつえ　富士谷御杖」、子安宣邦監修『日本思想史辞典』、ぺりかん社、二〇〇一年、四六八頁。

17 清水正之『国学の他者像――誠実と虚偽』、ぺりかん社、二〇〇五年、一九九頁。

18 鈴木暎一「富士谷御杖の思想についての一考察」『日本思想史学』第七号、一九七五年、四頁。

19 清水、前掲書、一八五頁。

20 富士谷御杖『百人一首燈』（草稿天理本）三宅清編纂『新編富士谷御杖全集　第四巻』九十二頁。引用は、清水、前掲書、一八四頁に拠る。
また以下の解釈については、清水の解釈に基づき、私なりに解釈したものである。

21 坂部恵「ことだま——富士谷御杖の言霊論一面」『仮面の解釈学』所収、東京大学出版会、一九七六年、二一三頁。なお、富士谷御杖の著作からの引用については、坂部の著書からのものである。坂部は、原則として『富士谷御杖集』国民精神文化研究所刊、全五巻に拠っている。

22 鈴木、前掲書、八頁。

23 清水、前掲書、二〇二頁。

24 市川浩『〈中間者〉の哲学——メタ・フィジックを超えて』岩波書店、一九九〇年、五十三・五十四頁。

25 市川浩、同書、五十四頁。

26 坂部恵、同書、二一一頁。

27 坂部恵、同書、二一二頁。

28 坂部恵、同書、二一二頁。

29 坂部恵、同書、二一四頁。

30 坂部恵、同書、二一四頁。

31 坂部恵、同書、二一四頁。

32 坂部恵、同書、二一三頁。

33 川村湊『言霊と他界』講談社、一九九〇年、七十七頁。

34 川村、同書、七十八頁。

35 川村、同書、七十二頁。

36 富士谷御杖「言霊辨」『富士谷御杖集』第一巻、国民精神文化研究所、一九三六年、二十二頁。なお、ルビについては、川村『言霊と異界』を参照した（川村、前掲書、七十五頁）。

37 川村、同書、八十一頁。

38 川村、同書、八十二・八十三頁参照。

39 川村、同書、八十三頁。

40 川村、同書、八十六頁。

41 川村、同書、八十七頁。

第5章

「生存の美学」としてのケア

——〈ケア〉が〈アート〉に出会う〈場所〉

第1節　「アウトサイダー・アート」と「アート・セラピー」

「アウトサイダー・アート」と〈ケア〉の実践――ヘンリー・ダーガー展のこと

もうずいぶん前のことになるが、二〇〇七年初夏に東京・品川にある原美術館で『ヘンリー ダーガー 少女たちの戦いの物語――夢の楽園』展が開催された。同じ年の『美術手帖』五月号でも大々的に特集されていたから、アート（芸術）に関心のある人ならば、覚えている人もいるだろう。いわゆる「アウトサイダー・アート（outsider art）」に興味のある人ならば、美術館に足を運んだ人もいるかもしれない。恥ずかしながら、私は美術館に行くまでヘンリー・ジョセフ・ダーガー（Henry Joseph Darger, 一八九二－一九七三）について全く知らなかった。ニューヨークに二十五年以上生活した親友のアーティストにぜひ行くべきだと唆されて、ほとんど何の情報もないままに出かけたのだった。美術館で配布されたフライヤーを見て驚いた。というのも、ダーガーが歩んだ数奇な人生はもちろんのこと、彼が「アウトサイダー・アート」のカリスマとして、その世界では著名なアーティストであったからだ。

「アウトサイダー・アート」とは何か？　美術史家の服部正によれば、「アウトサイダー・アート」とは、「正規の美術教育を受けていないアーティストが作り出す作品[1]」を意味する。それはまた、二十世紀のフランスのアーティストであるジャン・デュビュッフェが精神障碍者や幻視家の制作した作品を「アール・ブリュット（art brut）」（生《き》の芸術）と称したことに、一つの起源をもっている。「アウトサイダー・アート」の概念とそのジャンルは、一九七二年にイギリスの美術史家ロジャー・カーディナルが、「アール・ブリュット」に関する展覧会を開催する際に、この言葉を用いたことに由来する。服部も言うように、「アウトサイダー・アート」が知られるようになったのは、一九九二年から九三年にかけて世界中で開催された「パラレル・ヴィジョン——二〇世紀美術とアウトサイダー・アート」展の開催からである。それ以後、様々な催しが世界各地で行われ、日本でも「アウトサイダー・アート」の展覧会が開かれるようになった。

「アウトサイダー・アート」とは、いわゆる「アート（芸術）」や「美術」の領域の〈アウトサイド＝外部〉に位置する人たち、例えば「精神病患者、占い師、交霊術師、知的障碍者、独居老人」などが作り出す「アート（芸術）作品」という意味がある。それゆえ、正規の学校教育の「芸術」や「美術」の科目に代表される「芸術的教養」に「毒されていない人々」が制作した作品が含まれる。それだからといって、精神障碍者や知的障碍者、精神疾患の患者だけが「アウトサイダー・アート」の担い手ではない。教育やアート（芸術）市場を背後で支える、既成の「アート（芸術）」の価値観に染まっていない、自由な自己表現をもった人々によっても担われている。その意味で、これまでの「アート（芸術）」や既存の価値観の〈アウトサイド＝外部〉の「アート（芸術）」として、現行の「アート（芸術）」という〈制度〉を相対化する可能性を持つと期待されている。しかしもちろん、「アウトサイダー・アート」の作品の多くですら、オークションなどで競り落とされる。たとえ〈アート（芸術）の外部〉にある作品であっても、資本主義の市場経済から無縁ではいられない。

しかし、「アート（芸術）」の制度やアート（芸術）業界のあり方に飽き飽きした人たちが、「アート（芸術）」作品の制作に純粋に向き合う「アウトサイダー・アーティスト」の姿勢に共感するということもある。彼らは、自らの感情をありのままに表現し、美術教育や政治的・経済的イデオロギーを抜きにして、自由奔放に作品を制作していると考えられているからだ。たとえそれがある種の〈神話〉だとしても。

「アウトサイダー・アート」の可能性――〈ケアの美学《エステティクス》＝感性学／形而上学《メタフィジックス》〉の観点から

私が「アウトサイダー・アート」に注目するのも、学校教育の「芸術」や「美術」という狭い枠の中では、「アート（芸術）」作品の〈ちから〉を十分に捉えられないと考えているからだ。そして私は、「ケア」という実践的な行為は、広い意味で「アート（技芸）」として捉えられるべきだと考えている。それゆえ、〈ケアというアート（技芸）〉は、〈ケアの美学＝感性学（aesthetics of care）〉とも呼びうる要素を含んでいる。しかもそれは、〈メタ・フィジックス（meta-physics＝形而上学／超−身体物理学・超−自然学）〉によって支えられなければならない。

アメリカの哲学者アルフォンソ・リンギスは、『暴力と輝き』（二〇一二）の中で、「アール・ブリュット」や「アウトサイダー・アート」について、意義深い哲学的考察を施している。[2]歴史的に見れば、デュビュッフェが唱える「アール・ブリュット」やカーディナルが理解している「アウトサイダー・アート」は、ドイツの精神科医ハンス・プリンツホルンの『精神病者の芸術性』（一九二二）の影響による。彼は著作の中で、統合失調症患者たちから集めた五千点以上の絵画やドローイング、彫刻を模写し、その内の一八七点について分析している。

プリンツホルンは、精神科医・精神分析医になる前に、美術史の博士号を取得している風変わりな人物だった。リンギスによれば、彼は、収集した作品群を分析するに当たって、六つの基本的な本能的欲求を特定している。それらは、①表現する衝動、②遊びの衝動、③装飾をつける衝動、④秩序立てる性向、⑤模倣する性向、⑥象徴を必要とすること、の六つである。[3] しかも興味深いのは、プリンツホルンの分析では、これら六つの本能的欲求は、職業的なアーティストたちが作品作りの中で見せる衝動と同じであることだ。それゆえ、プリンツホルンは、精神病院における十名の名匠たちが、表現力とデッサン力において、優れた美術家と同じ地位にあるとすら絶賛しているのである。プリンツホルンの指摘にもあるように、精神病者が「アート（芸術）」作品を制作する際に発揮する〈衝動〉や〈欲望〉の強さは、職業的アーティストと比較しても遜色がない。私たちは、精神を患う人たちは正常な人に比べて、何らかの点で劣っているか、不具合を生じていると考える傾向にある。それゆえ、〈普通の人びと〉である私たちは、精神疾患や精神障碍を患うことが、何かが足りなかったり何かが過剰であったりすると考えがちである。その結果、精神疾患者や精神障碍者が、社会の秩序に収まりきらないと判断してしまう。それゆえ、疾患や障碍を抱える人たちを社会に適応させるために、「治療」や「心理療法《セラピー》」という名目で、平均的な社会的常識を身につけさせたりする。

しかし、「アート（芸術）」の心理療法《セラピー》的機能は、プリンツホルンの時代から百年が経過しようとしている今もなお、その効力を期待されている。現在では、精神疾患や精神障碍の人たちが描く「アウトサイダー・アート」が、「心理療法」の一環である「アート・セラピー（art therapy）」と関連して、精神医学（特に、表現精神病理学）や臨床心理学の分野で熱い視線をもって迎えられている。

ただし注意すべきなのは、リンギスも言うように、「アール・ブリュット」の作品が持っていた〈破壊力〉は、「治療」のプロセスの中で、凡庸で紋切り型の退屈な代物へと変貌させられてしまったことだ。確かに治療者やセラピストから見たとき、〈野蛮〉とも取れる表現の中に現れる、作品の持つ〈力強さ〉や〈独創的な力〉は疾患や障碍を重くする可能性がある。リンギスは、次のように言っている。

アール・ブリュットに多くの関心が集まったが、閉鎖病棟ではそれ以上、幻のイメージを生みだす名匠は発見されなかった。そこで非難されるべきは、病棟が採用した治療法である。というのは、力強い作品の激しさに表現された譫妄状態の諸力は、これらの作品をつくったおかげで緩和されたり充当されたりすることは決してないが、それとは逆に作り手にとっては、自分が置かれている状況のなかで見いだした異様で底知れない要素を視覚化し物体化させ、その恐ろしさや不可解さをむしろ増幅させるからである。しかも、それは譫妄状態を長引かせ、深めてしまう。いまや抗精神病薬や向精神薬の使用が一般化して、感情や衝動の高まりを抑えられるようになった。アート・セラピーが広く導入されると、逆にアール・ブリュットは生まれない。真のアール・ブリュットは独学で身につけるもので、ほとんどの場合ほかの人に知られないように秘密裏におこなうものであり、執拗な反復をくり返すことを通じて、素材の使い方や線の描き方が上達していくものである。[4]

「アート（芸術）」の心理療法的要素を「治療」の一手段に変えるとき、閉鎖病棟の精神病者が制作する作品は、もはや当初の〈力強さ〉も〈荒々しさ〉もなくなり、徹底的に対象にこだわる〈緻密さ〉や〈執念深さ〉も喪失した凡庸でつまらないものになっていく。そこには、単なる素人の域を出ない作品群が残されるだけだ。リンギスが引用する美術史家ジョン・M・マグレガーは、そのような凡庸な作品について、「単なるアマチュアの作品である。平凡で、紋切り型で、退屈な代物だ」[5]と断じている。

「アート」の〈暴力性〉——〈生きる力〉の発露

もちろん、〈ケア〉と〈アート（技芸）〉の関係について興味がある私にとって、「アウトサイダー・アート」に含まれる心理療法《セラピー》としての機能がどのようなものであり、そこから〈こころの病〉に苦しむ人たちに対して、重要な示唆が得られるものと期待しないわけではない。しかし、私は、アートの側面からでもなく、また心理療法《セラピー》の側面からでもなく、〈ケアの倫理〉という観点から、〈ケア〉と〈アート〉との関係を考察したいと考えている。端的に言えば、〈ケアの美学《エステティクス》＝感性学／形而上学《メタフィジックス》〉という視野から、両者の密接な関係を考察してみたい。それは、アートセラピストの関則雄が言うように、『アート』制作を主眼にする立場（Art as Therapy）〔セラピーとしてのアート〕か、『セラピー（心理療法）』を基本に置く立場（Art Psychotherapy）〔アート・セラピー〕か、といったような治療上のスタンス」の二者択一の選択肢から、どちらかを選ぶという意味ではない。

私が「アール・ブリュット」の作品や「アウトサイダー・アート」の作品群に惹かれるのは、それらの作品が持つ〈暴力〉と名づけても遜色のないほどの〈野蛮さ〉であり〈野生の力〉であり、圧倒的な〈表現力〉や〈衝撃力〉によるものだ。その〈表現力〉や〈衝撃力〉は、「アウトサイダー・アート」の作品が放っている、作者の〈生きる力〉の表出に基づく。

重要なのは、「アール・ブリュット」や「アウトサイダー・アート」の作品が持つ〈暴力的表現〉であり、そこに宿る猛々《たけだけ》しいまでの〈生きる力〉である。このような圧倒的な迫力で迫る〈ちから〉は、私たちの常識的な「アート（芸術）」観では十分に捉えきれない。

これらの作品の〈凄み〉は、作者が、精神病患者や障碍者などの〈ハンディキャップ〉を抱えていることから来るわけではない。作者の〈生＝人生〉の〈潜在力（potentiality）〉が表現を得て顕在化し、私たちの感情を逆撫でするのだ。作品から禍々《まがまが》しいほどに〈生きる力〉が溢れて、私たちに迫る。だから、場合によっては、見る者を不快にさせたり、恐れさせたりする。それでも、その圧倒的迫力は見る者を離さない。しかし、「アウトサイダー・アート」を名乗る作品の中には、猛々しいまでの〈ちから〉が無効化され脱力化された作品や、そんな〈ちから〉すら持たない素人の域を出ないものも存在する。社会に馴致《じゅんち》することを目的とする治療的ケアによって、〈アウトサイド（外部的）性格〉が失われてしまったものすらある。

私から見れば、〈ケア〉とは、人間が本来、潜在的に持っている〈生きる力〉を全面的に肯定する関わりである。それゆえ、〈生きる力〉の解放でなければならない。いついかなるときでも、そして健常者であろうと障碍者であろうと、およそ私たちが〈いのち〉に関わるときに、互いの〈生きる力〉によるせめぎ合いが生じる。私たちが〈ケア〉の実践に携わるとき、他者と肯定的に関わるときは自らの〈生きる力〉が増幅され活力が漲《みなぎ》るのに対して、否定的に関わるときは、他者にエネルギーを奪われ、自らの〈生きる力〉が縮減させられ、消耗させられる。

だからこそ〈ケア〉の実践では、他者の〈生きる力〉をどのように受け止め、自らの〈ちから〉に変換するか、また自らの〈ちから〉を損なう場合には、他者の圧倒的な〈ちから〉をどのようにやり過ごすかという〈技芸／巧みさ《アート》〉が問われる。私にとって〈ケアの美学＝感性学《エステティクス》／形而上学《メタフィジックス》〉とは、私たちが〈生きる〉ための〈技芸／巧みさ《アート》〉に基礎を与え、その〈技〉に磨きをかけていくことにある。

〈ケアの倫理〉とは、私たちが、他者の中で他者と共に「生き延びる」ために、他者に対して自分がどのように「応答（response）」できるかを考えていくことだ。それが〈ケアの倫理〉における〈責任＝応答可能性（resposibilité）〉ということなのだろう。そして、他者と共に〈生きる〉には、自らの〈生き延びる力＝生きる力〉をどのように増幅・強化（enhance）させていくか、あるいは互いの〈生きる力〉を削減する〈負の力＝暴力（violence）〉をいかに回避していくかが重要になる。

そのためには、〈アート（技・技法）〉として、他者からの〈暴力〉をポジティブ（積極的・肯定的）な〈ちから（power）〉に変換できるかが鍵になる。私はそのために、ミシェル・フーコーの「権力のミクロ物理学（microphysics of power）」分析を〈ケア〉に応用した、〈生きる力のミクロ形而上学＝超ー物理学（micro-metaphysics of living power）〉を考えていくべきだと思う。つまり〈ケアの倫理〉には、〈生きる力〉をどのように扱うか、自らの〈生存の技法《アート》〉に磨きをかけ、自らの〈生＝人生〉を一つの〈作品〉に仕上げていく〈ケアの美学《エステティクス》＝感性学〉が必要なのだ。

そしてこれらを可能にするものこそ、〈生＝人生（life）〉に〈生きる意味〉を与える〈ケアの形而上学《メタフィジックス》〉にほかならない。それは、私たちの〈生＝人生〉に〈形而上学的《メタフィジカル》な根拠〉を与え、他者と共に生き延びるための〈理由〉を与える。こうした〈根拠〉や〈理由〉は一朝一夕には見つからない。私たちが自らの〈生きる道〉としての〈生＝人生〉の〈道・方法・あり方〉＝〈生き方（way of life）〉の中に探るしかない。

「バーンアウト」の個人的体験

〈生きる力〉の「ミクロ形而上学《メタフィジックス》」から見るとき、〈ケア〉の関わりが、極めて危険な関わりに転じる可能性が見えてくる。〈ケア受容者（carereceiver）〉の〈生き延びようとする力〉が〈ケア提供者（caregiver）〉を巻き込み翻弄するからだ。〈生きる力〉がマイナスに働くとき、ケアワーカーや介護者など、特に「ヒューマン・サービス」に関わる人を疲弊させ、バーンアウト（燃え尽き）させる。

私はかつて『ケアの倫理』で、今から三十年近く前の体験をもとに「バーンアウト（燃え尽き）症候群」について書いたことがある。当時、私は予備校講師をしており、受験生の相談に乗ったり授業をしたり、プライベートでも難題を抱えて多忙な日々を送っていた。こうした生活がいつ終わるか分からないだけでなく、いつ自分が予備校からクビを宣告されるかも知れないような不安な日々の連続だった。自分がこれからどのように生きていけばよいのかも分からないまま、日々の雑事に追われていた。それが何年も続くうちに、周りの状況と自分が置かれた不安定な立場からくるプレッシャーで、予備校の仕事を続けることが困難になった。実際には、精神状態も安定せず「うつ状態」が続き、生きていくのが辛かった。自殺を考えたことも一度や二度ではなかった。今でも、なぜ自分が自殺しなかったのかよく分かっていない。死ぬ理由も機会もたくさんあったのだから。

今、かつての自分の状況を振り返って疑問に思うのは、このような状況の〈責任＝応答可能性〉は、私一人の問題だったのかということだ。もちろん、私自身が自分の生活を追い込んでいったことは確かだ。苦痛でも日々の生活を生きてきたのは、私だったのだから。もちろん、うまく立ち回れば、自分の「対処能力」を超える事態に至らなかったのかもしれない。私が「バーンアウト」の兆候を見せたのは、私個人の「対処能力」が劣っていたか、あるいは「対処能力」が備わっていなかったからだろう。その意味で、「バーンアウト」は、私個人の問題だと言えば、そうかもしれない。

〈ケア〉の〈責任＝応答可能性(responsabilité)〉とは何か

しかし、現在の私はそうは考えない。他者と関わることでしか、個としての〈私＝自己〉を成長させることができないのであれば、〈私＝自己〉は、単独では生きられず、他者なしには何もできなくなってしまう。それは、〈依存〉ではないのか？　それでは、〈依存（dependence）〉と〈自主独立（independence）〉の違いは何か？

「バーンアウト（燃え尽き）症候群」とは、〈ケアを提供する側（caregiver）〉に生じ、〈ケア提供者側〉が関わりすぎているからだと考えられている。しかし、〈ケアの倫理〉の立場からすれば、そんなことはない。人間関係が〈独立した個人による相互性＝「支え合い（interdependency）」〉によって成り立つのであれば、「バーンアウト」もまた、〈ケア提供者〉だけの〈責任（responsabilité）〉ではない。〈ケアを受ける側（carereceiver）〉も何らかの〈責任〉を担っているはずだ。

他者の圧倒的な〈生きる力〉が、私たちに対して否定的《ネガティヴ》・消極的な形で関わり、圧倒的な〈ちから〉として私たちに一方的に向けられるならば、他者の〈ちから〉は一瞬にして〈暴力〉に転化する。〈ケア〉される側に立つ人が、何が何でも生きようと意志し、自らの〈ちから〉を最大化して周りに向けるとき、過剰な「強さ＝強度（intensité）」を伴う〈ちから〉となって、周りを飲み込み疲弊させ、破壊していく。

〈ケア〉が双方向性による相互関係を基本とするならば、〈ケア提供者〉は〈ケア受容者〉なしには「燃え尽き」たりはしない。〈ケア提供者〉が必要以上に一方的な関わりを行うから、「燃え尽きる」

のではない。〈ケア受容者〉が、〈共−依存的（co-dependent）〉に、〈ケア提供者〉を燃え尽きさせるように関わるから、〈ケア提供者〉が「燃え尽きてしまう」のである。

〈生きる力〉＝〈自己の存在に固執する努力〉——スピノザ『エチカ』

〈私〉が〈あなた〉と、〈あなた〉の目を気にしながら関わることを基本にして、社会に適応していくことに疲弊するとすれば、〈私〉は何のために生き、何のために存在するのか？　いつも周りを〈気にしながら〉、〈気にする〉自分を反省的に〈気にしていく〉うちに、〈私〉は周りのことを〈気にしない〉ではいられなくなる。知らず識らず、〈私〉は他者や周りがいなくては生きていられなくなる。自分自身を支えられなくなる。それはなぜなのか？

〈私〉自身の内に自発性（spontaneity）が備わっているからこそ、〈私〉は〈私〉のままで存在することができる。それにもかかわらず、〈他者〉なしではひと時も一人でいられないとすれば、私たちはすでに誰かに〈依存〉してしか生きられなくなっている。これが、〈共−依存（co-dependency）〉である。私たちは、〈独立した個人の相互性＝「支え合い」〉と〈共−依存〉とを混同してはならない。

〈私〉が〈生きていられる〉のは、〈私〉を根本的に支える「自己」が存在しているからだ。近世オランダの哲学者・バルーフ・スピノザは、〈私〉を支える「自己」が存在に固執する「努力」のことを「コナトゥス（conatus）（＝自己保存力）」と呼んだ。彼は主著『エチカ（倫理学）』（一六七七）の中で「定理六　どのようなものでも、それ自身の主体のうちにとどまるかぎり、自己の存在に固執しよ

う と努力する」[6] ことについて述べている。この「努力する」ことが、「コナトゥス」にほかならない。
スピノザによれば、私たちは個体として、「自己の存在に固執しようと努力している」のであって、こうした「努力」は個体の本性による。スピノザ哲学研究者の工藤喜作は、「個体の努力するはたらきは、個人的な意志、選択によるのではなく、個体の本性であって、あたかも高きから低きに流れるのが水の本性であるように、個体自身の内的必然の力と解されている。つまり個体の存在の根拠になるのである」[7] と言っている。さらにスピノザは、次のように言う。

いかなるものも、自己を破滅に導くもの、あるいは自己の存在を除去してしまうようなものをどんなものであれ、自己の内部にふくむことはない。〔中略〕むしろ反対に、その存在を除去してしまうようなすべてのものに抵抗する。〔中略〕このようにして個物は、できるだけ、しかも自己の主体内にとどまるかぎり、自己の存在に固執しようと努力するのである。[8]

「自己」には存在に固執するように努力することが本性として宿っている。個人としての人間も同様である。この点について、哲学者の江川隆男は、「人間は、自己の身体の存在のすべての変様過程——呼吸すること、食べること、寝ること、話すこと、等々——を通してまさに自己自身の存在を、すなわち自己の身体の存在だけでなく、自己の精神の存在をも維持しようと努力しているのだ」[9] と説明している。スピノザによれば、「自己の存在《エンス》に固執しようとする努力（コナトゥス conatus）」という

〈力〉は、「もの本来の生きた〔現働的《アクチュアリス》〕本質《エッセンティア》〔acutalis essentia〕にほかならない」[10]。私たちが「個物」であるかぎり、私たちは、〈現に活動する《アクチュアル》本質〉として「存在に固執しようと努力している」。ただ、その際に注意すべきなのは、私たちは最初から、〈存在に固執する〉という「自己保存《コナトゥス》」の〈力能〉を備えているということだ。その上で、私たちは「個々のものが単独であるいは他のものとともにあることをなし、あるいはなそうとする能力あるいはそのような努力」も、「自分の存在に固執しようとする能力あるいはそのような努力」[11]も行う。スピノザによれば、私たち個物＝個人は、本性的に存在に固執しようと努力しているのであり、「他のものと共にあること」は必然的というわけではない。私たちが存在することが可能なのも、私たちの本性に基づいて存在に固執する努力によって根底的に支えられているからだ。個として存在する〈他者〉もまた、個物の本性上、存在に固執する努力をしているはずだ。

わざわざスピノザの哲学に言及するのも、私は、〈独立的で自律的な個人〉をモデルとする哲学や思想、さらに政治的イデオロギーはすべて、限界にきていると考えているからだ。私たち〈普通の人〉は「コナトゥス」がうまく働いていない。健全で健康で〈生きる力〉＝〈自己の存在に固執する努力〉を漲《みなぎ》らせているのは、私たち〈普通の人〉ではない。それとは全く反対に、社会から疎んじられ社会から放擲されている、「精神病患者、占い師、交霊術師、知的障碍者、独居老人など」こそが、自分の〈生＝人生〉を支える「コナトゥス」をむき出しにしている。彼らこそ、存在に固執することに努力している。〈生きること〉に貪欲であり、周りを気にせず、周りに媚《こ》び諂《へつら》いをせず存在に固執する努力を怠らない。

何らかの形で「病んでいる」のは、また何らかの仕方で「生きづらさ」を感じているのは、社会や国家に過剰適応している私たち〈普通の人〉なのだ。社会に適応しなければならないと信じ、社会からはみ出たり社会から放り出されたりすることを極度に恐れ、自分の〈生きる力〉を縮減させる〈テクニック〉を身につけてしまった私たちこそ、〈生きる力〉＝〈自己の存在に固執する努力〉を取り戻すための治療や心理療法を必要としている。〈ケアの形而上学《メタフィジックス》〉を欠いたケアという「ハウツー」が流行る所以である。

「アール・ブリュット」の作品——衝動の「形而上学的《メタフィジカル》な住処」

私が「アウトサイダー・アート」や「アール・ブリュット」に着目するのは、こうした現代の状況を「アール・ブリュット」の作品群は暴いてくるからにほかならない。そこには、私たちの「アート（芸術）」観やアーティスト観だけでなく、私たちのあまりに正しい日常に揺さぶりをかける可能性が散りばめられている。リンギスは次のように言っている。

> アール・ブリュットの作品と対峙するとき、わたしたちは何か別のものを見て、それを感じる。こちらを見つめるこわばった紋切り型の顔たちが、身のまわりの景色をだんだんとかき消し、他なる世界の存在を示すのを見る。いままで見たことのある何にも似つかない世界が、視覚化され具現化されるのを目撃す

る。そして苦悩や恐怖、抑えきれない性欲の激しさを感じる。（中略）アール・ブリュットの作品はわたしたちの心の平静さをかき乱す。心の奥底で、苦痛や切望、絶望から発せられた謎めいた力を感じとるのだ。その作品は、絶望的な状況を解決するために編みだされた手段ではない。それは絶望の表現であり、その視覚化であり、激化であり、具現化である。[12]

「アール・ブリュット」の作品が私たちに迫ってくるのは、彼らの「苦痛や切望、絶望から発せられた謎めいた力」であり、その「強さ＝強度」である。私たちが建前を重視しながら送っている「紋切り型」の生活を破壊し、私たちの〈生＝人生〉の奥底に秘められた〈生きる力〉＝〈自己の存在に固執する努力〉を覚醒させるように迫ってくる。

私たちが他の誰かとしか生きられない「社会的存在」であるならば、否が応でも他の誰かと接しなければならない。そして、その軛《くびき》から抜けられない。「ひきこもり」や「独居老人」、さらには「セルフネグレクト」を生きる人が、社会から放り出されたり自分を自分から放擲《ほうてき》したりしたとしても、世間や〈他者〉から逃れられるわけではない。究極的には、〈この世〉から死んで立ち去ったとしても、自分の「亡骸」を処理する〈他者〉が存在する限り、自分だけが死んですべてが終わるわけではない。

それならば、なぜ開き直らないのだろう？　自らの「存在に固執しようと努力する」ことを放棄する必要もないではないか。〈生きる力〉＝〈自己の存在に固執する努力〉が〈ものとしての個〉に宿るならば、「ものの本性」に従って〈生き抜け〉ば良い。せいぜい〈他者〉に〈自己〉の〈生＝人生〉

の「存在に固執しようと努力する」姿を晒せばいい。

私は、ケア行為（caring）やケアの実践（practice）が、ただの「ハウツー」になることを危惧している。〈ケア〉とは、単なる〈テクニック〉ではない。中途半端に関わるから、〈他者〉の〈生きる力〉に飲み込まれるのだ。私たちは、もっとそのことに気づくべきだ。

〈ケアの形而上学《メタフィジックス》〉とは、個体が潜在的に持っている〈生きる力〉を、〈ケア提供者〉も〈ケア受容者〉も了解しつつ、互いの〈力〉が〈暴力〉に転化する危険性＝可能性を前提に関わることを強調する。「自己への〈ケア〉」にせよ、「他者への〈ケア〉」にせよ、私たちは、互いに自らの存在に固執する努力を怠っていないのだから、下手をすれば、互いを〈ケア〉する際に互いを傷つけ合う可能性も否定できない。そこでは、〈ケア〉の〈暴力性〉に目を瞑《つむ》るわけにはいかない。

〈ケア〉とは、私たちの〈生＝人生〉に関わることに伴わざるを得ない〈力＝暴力〉を巧みに取り扱うための〈アート（技・技法）〉である。リンギスによれば、デュビュッフェは、精神病者や強迫神経症者、さらには霊媒師などによって生み出されたイメージを、「アール・ブリュット（art brut）」＝「生《き》の芸術」と名づけたとき、「アート（芸術）」として社会の内側に存在することを指摘した。彼は、そうした作品が私たちに何か通常と異なる働きや重要性や価値を見出すことを認識していた。リンギスは、私たちもまた、彼らの作品の中に私たちの「自己」を何らかの形で投影していると言う。そうした体験は、「アール・ブリュット」の作品を単なる美学的〔＝感性的（aesthetical）〕な作品として鑑賞することを許さない。リンギスは次のように語り、彼の「アール・ブリュット」論を終えている。

このような〔アール・ブリュットの〕作品に出会うとき、わたしたちは単に形式的に、美学的に（aesthetically）作品を鑑賞するのではない。自分のなかの幼児性や犯罪性、性的興奮や幻視的な衝動に与える興奮剤として体験するのである。これらの作品は、普通の世界の外側にあるそうした衝動をかき立てる領域、つまりはそうした衝動をひそかに宿した住処を具現化しているのだ。[13]

リンギスは、この論考のタイトルを「形而上学上の住処（metaphysical habitats）」と名づけた。アール・ブリュットの作品が垣間見せる「普通の世界の外側にある衝動をかき立てる領域」は、まさに「形而上学的《メタフィジカル》＝超・物理学的」な場所＝住処なのだ。それこそスピノザが指摘した「自己の存在に固執しようと努力すること」＝「コナトゥス」の場でもある。私たちが彼らの作品を体験するとき、自分たちの現実の物理・身体的世界の「外側に」、そして自分たちの内側にある「幼児性」「犯罪性」「性的興奮や幻視的な衝動」が掻き立てられ、それらの衝動が蠢いていることを体験しているのだ。だから、私たちが優れた「アール・ブリュット」の作品を見るとき、どこかいたたまれない気持ちになったり、あるときには不快な気持ちになったり、落ち着かない気分にさせられたりするのだ。私たちの〈生＝人生〉の世界は、物理・身体的（physical）世界でありながら、それを超出する「形而上学的《メタフィジカル》＝超・物理学的」世界でもある。物理《フィジカル》・身体的な世界の背後には、私たちの衝動の世界としての〈生きる力〉＝〈自己の存在に固執する努力〉が漲る世界が息づいている。

実は、それは人間的な意味での「道徳」を超える世界でもある。ある意味で、「動物的（animal）」

世界といってもよい。衝動や欲動が生理的・生物学的な意味での〈生きる力〉であるならば、人間はまずは「animal」（＝アニマ・魂を持つもの）として、〈生きる力〉＝〈自己の存在に固執する努力〉を保持した個体としての〈動くもの〉なのだから。

〈アート〉としての〈ケア〉は、単純に、他者を〈世話〉したり〈介護〉したり〈看護〉したりすることでは終わらない。互いに個物として〈生きる力〉を宿した存在である私たちは、常に同時に「形而上学的＝超・物理学的《メタフィジカル》」世界を生きている。そこでは私たちは、〈ケア〉を介して〈他者〉と共に〈生きる〉ことによって、互いの「幼児性」や「犯罪性」、「性的興奮」や「幻視的な衝動」を覗き見てしまうかもしれない。だから、〈ケア〉とは、危険な関わりなのだ。一歩間違えば（正しく〈生＝人生〉を触れ合わせれば）、私たちは他者の「衝動」に巻き込まれ、「形而上学的＝超・物理学的《メタフィジカル》」体験を余儀なくされる。それは、〈他者〉と関わる限り、不可避である。

しかし、私たちは、〈他者〉と関わることで〈生きる力〉が相乗的に強められる一方で、〈生きる力〉が相殺されることもある。個としての私たちの存在が、〈生きる力＝存在することに固執する努力〉を喪失してしまうことがありうる。「孤独死」とはそのようなことだろう。私たちは、「ものの本性」としての〈生きる力〉を喪失し、「生き延びる」ことすら困難な時代を生きているのかもしれない。

〈生存の美学〉——「作品」としての人生（life）

他者の〈生＝人生〉を〈ケア〉することは、他者と自己の互いの〈生＝人生〉の〈力〉も視野に入れて〈生きる〉ことだ。しかしこの点を考察するためには、多少の迂回路が必要だ。そこでまず、ミシェル・フーコー（Michel Foucault, 一九二六－一九八四）の「生存／実存の美学（esthétique de l'existence）」を、「アウトサイダー・アーティスト」としてのダーガーの「生・人生（life）」と、彼の「アート（芸術）」作品とを参考にしながら、取り上げることにしよう。

フーコーがエイズで亡くなる直前のインタヴュー「倫理の系譜学について」の中で、彼は私たちの「生（vie／life）」が一個の「アート（芸術）作品」であると語っていた。彼は、私たちがいかにして「自己」という「主体（sujet）」を構成しているかということを、「倫理（ethique）」や「道徳（moral）」として取り上げる。そしてフーコーは、私たちが「自己」を何らかの形で「主体」として構成する「自己への配慮」が、つねに「他者」への気遣いを必要とする「他者への配慮」を含んでいることを指摘する。それゆえ私たちは、「他者」との関係性の中で「自己」を構成する、その「流儀」を「主体の構成」として検討することにしたい。

次に「他者への配慮」に基づく「他者」への関与が、「気遣い」としての「配慮」を超えて、身体的な関わりと、さらにそれを超えた「メタフィジカルな関わり」としての「ケア」という実践的行為につながっていることを考えたい。その際に、レベッカ・ブラウンの小説『体の贈り物』を参照して考察することにしよう。私としては、「他者への配慮」を含む〈ケア〉行為や〈ケア〉の実践が、何らかのかたちで「贈与（gift）」として提供されることを確認したい。〈ケア〉の実践という「贈与」が自己犠牲ではなく、「お返し」を期待しない〈純粋な贈与〉であることに触れたい。

私がそのように考えるきっかけになったのは、批評家であり翻訳家でもある畏友・高祖《こうそ》岩三郎《いわさぶろう》の指摘である。彼は、一九八〇年代のニューヨークで荒れ狂ったエイズ患者差別に対抗する支援運動に〈アートとしてのケア〉の可能性を見出しているからだ。高祖がそのような見解に至ったのも、彼の友人でアナーキストでもある人類学者のデヴィッド・グレーバーの価値論が背景にある。私もまた、高祖の見解を支えるグレーバーの言説を借りて、〈ケア〉という「贈与の謎」（モーリス・ゴドリエ）を語ってみたい。そして、〈純粋贈与〉としての〈ケア〉を、〈アート（技芸）〉として論じることにする。

第2節 ダーガーの生きた世界
――「アート作品」としての生

ダーガーとは誰か

ダーガーは一八九二年にシカゴに生まれた。父親が五十二歳のときの子供で、母親は、彼が四歳の誕生日の直前に亡くなった。妹を出産した際の感染症が原因だった。妹はすぐに養子に出されたため、彼は妹の顔も名前も知らないまま成長し、結果的に、生涯会うことがなかった。父親は身体が不自由だったけれど、息子の面倒をよくみた。ダーガーは小学校に入る頃には優秀だったため、三年生に飛び級するほどだった。ただ八歳のときに父親の体調が崩れてしまい、彼の面倒を見られなくなった。そのため、彼はカトリック系の児童施設に預けられることになり、そこから小学校に通っていた。

小学校では生意気なことはあっても、それほど特徴的な障碍があったわけではなかった。しかし、しばらくすると、「トゥレット障碍」と思われるチックの症状によって口や鼻から奇妙な音を立てるようになり、教師やクラスメイトを苛立たせることになる。十一歳のとき、重度の精神遅滞児童施設に収容され、その付属の小学校に通うようになった。その施設は彼にとっても居心地がよく、それなりの作業も楽しんでいた。しかし、父親が死んだことを知り、十七歳で施設を脱走してしまった。シカゴに戻ったダーガーは、名付け親の仲介で市内の病院に住み込みの職を得た。その後、ほとんどの時間を掃除や皿洗いの仕事をして生計を立て、天涯孤独の身の上で一九七三年に八十一歳で世を去った。

ダーガーは独身の生活を貫き、ほとんどの時間をオーナーの家の三階にある貸し間で三十年以上も過ごしていた。たまに外に出かけても人づきあいが悪く、みすぼらしい姿の老人として煙たがられていた。快く思わない近所の人たちは、彼を部屋から追い出すようにオーナーに迫ることも一度や二度ではなかった。その度に、オーナーであり、デザイナーでもあったネイサン・ラーナーはダーガーをかばい続けた。そんな生活を何十年も送った後、ダーガーは、年老いて階段の上り下りがきつくなったため、施設に入れるように大家に頼み、自室の部屋の私物については「捨ててくれ」と言っただけだった。ラーナーにしてみれば、偏屈な老人の独り住まいの部屋にはガラクタが山のように堆積しており、処分するのに相当手間取った。しかしラーナーは、ダーガーの残した迷惑なゴミに、実は「稀有な芸術的価値」があることを見抜いたのだった。[14]

「非現実の王国」を生きるダーガー

私が訪れた原美術館に展示されていた作品のほとんどは、彼が十九歳頃から十一年以上かけて描いた、『非現実の王国として知られる地における、ヴィヴィアン・ガールズの物語、子供奴隷の氾濫に起因するグランデコ－アンジェリニアン戦争の嵐の物語』という、おそろしく長いタイトルの物語の挿絵群である（図2）。

図2　ヘンリー・ダーガーの作品[15]

『非現実の王国』は、七人姉妹による「ヴィヴィアン・ガールズ」が、子供を奴隷として虐待する大人の男たち「グランデリニアン」から子供たちを救出するために戦いを繰り広げるという物語である。ダーガーによって描かれた五歳から七歳ほどの少女たちは、あるときは大人の男たちに戦いを挑み、あるときは捕虜として捕らえられ、またあるときは花畑の中で快活に踊りながらも、その表情は一定で画一的に戯画化されている。奇妙なことに、ときおり裸で描かれる少女たちにはペニスがついている。まさに、ダーガーによって描かれた『非現実の王国』は、ペニスを保有した両性具有的な少女が大人の男と戦争する奇妙な非現実な絵画空間であり、妄想世界である。

しかし、ダーガーが描いた「非現実の世界」が、単なる妄想や空想ではなく現実社会の一つの姿であるかもしれないと考えることはできる。私たちが生きている現実世界は、少年少女が大人たちと戦争を繰り広げている世界かもしれないのだ。そのために「非現実の世界」という「現実」を生きるために、ダーガーは一五一四五ページに及ぶタイプ原稿と、それにまつわる数百枚の挿絵が必要だった。

彼にとって現実社会こそ「非現実」であり、非現実の絵画世界が「現実」であるという奇妙な反転がある。彼にとっての「現実」の世界で生きることが、彼には最大の〈癒し〉であり、〈戦い〉でもあった。ダーガーは起きている間、寸暇を惜しんで『非現実の王国』を描き続けた。彼の死後に明らかになったことだが、彼のベッドはほとんど使用された痕跡がなかった。

たしかに、私たち〈普通の人〉から見れば、彼の描く世界は妄想や幻想の世界に見える。それは、シュルレアリスムの画家があえて幻想的に描こうとして、逆に極めて意図的・戦略的に描いてしまった現実的な〝超現実〟ではない。ダーガーにはそれが〈現実〉であり、彼が実際に日々生きている世界をそのまま表現していたかもしれないし、表象していたかもしれないのだ。

フーコーとダーガーが交錯する〈場所〉

私たちにとって何の変哲もない日常世界が、ダーガーにとっては恐怖に満ちたいかがわしい世界であったと同時に、彼の空想世界が彼にとって〈癒しの時空間〉だった。苛酷であると同時に、唯一の救いの場としての〈癒し〉の空間としての絵画世界を生きることが、彼の〈生＝人生〉だったのだろう。そのことにあらためて気づかせてくれたのが、ダーガーの人生と彼の描いた作品だった。

フーコーは、晩年の鼎談「倫理の系譜学について」の中で、次のように語っていた。

> 現代社会では、芸術（技芸l'art）はもっぱら対象《オブジェ》（les objets）にしか関係しない何かになってしまい、諸個人（les individus）にも人生（la vie）にも関係しないという事実に私は驚いています。芸術が芸術家（artistes）という専門家だけがつくるひとつの専門化された領域になっていることにも驚きます。しかし個人の人生は一個のアート作品（une oeuvre d'art）になりえないでしょうか。なぜひとつのランプとか一軒の家が芸術の対象（objets d'art）であって、私たちの人生がそうではないのでしょうか[16]

もちろん、フーコーが語っている「アート」という言葉は、「生存の技法《アート》」の意味で用いられている。

しかし、アーティストが作る「アート（芸術）」作品と同様に、私たちの〈生＝人生〉もまた「ひとつのアート作品」として構成／造形できると、フーコーが指摘していることは重要だろう。私たちは、自らの〈生＝人生〉を造形することができるし、造形しなければならない。私たちが〈生＝人生〉の主体（sujet）である限り、〈生＝人生〉とはまた同時に「オブジェ」でもあり続ける。

ダーガーが孤独の中で「作品」を描きためていった〈人生＝生涯（life）〉もまた、一つの「アート（芸術）作品」として考えることができる。インディペンデント・キュレーターの小出由紀子が言うように、実際にダーガー自身が絵を描けなかったと思い込んでいたとしても、ダーガーは、自らの〈生＝人生〉という「作品」を仕上げた「アーティスト」だった。[17]

もちろん私たちの中でも、自分の日常的な〈生＝人生〉を造形したりデザインしたりするなど、考えたことはない人は多いだろう。フーコーが言うように、私たちは、最大限の技《アート》・技法を用いて、自分の〈生＝人生〉を「作品」として造形しようなどと考えもつかない。「物《オブジェ》（objet）」としての「アート（芸術）作品」を鑑賞し、それを創った芸術家《アーティスト》を賞讃することはあっても、自らの〈生＝人生〉を全うし、自らの〈生＝人生〉に敬意を評し、「アート（芸術）作品」として賞讃する人はいない。

しかし、それでは私たちの〈生＝人生〉とは、アーティストが描いたり造形したりする「作品」ほどには「アート（芸術）」的ではないのか。それは、全く〈美学的《エステティカル》〉にも価値のないものなのか。

フーコーは、自らの「生＝人生（le vie）」に最大限の注意を払い、「自己への配慮（le souce de soi）」を怠らないことによって、自らの〈生〉を「ひとつのアート（芸術）作品」に仕上げることができることを指摘した。確かに私たちは、自らの〈生〉はすでに与えられたものであり、そこから離脱することはできないと考えがちだ。しかし、フーコーによれば、自らの〈生＝人生〉に徹底的に磨きをかけ、自分自身にとってだけでなく、他人にとっても美しく見せることは可能だ。しかも、私たちが自らの〈自己〉に対する関係性を変化させることによって、私たちの〈生＝人生〉は変化するかもしれない。哲学者の神崎繁《かんざきしげる》は「自己への配慮」と「自己知」とを対比しながら、次のように語っている。

> フーコーは「自己への配慮」を、自己自身を「対象」とする知、しかもその自己の本来のあり方を尋ね求める「自己知」ではなく、自分の身体や他者、その他、外的な世界やそこに存在するさまざまな事物と関わりをもち、関係を取り結ぶ「自己」に寄り添い、そうした関係性において、その「自己」に配慮する働きを重視するのである。（中略）何かを見ることを続けながら、その視野の端に見える自分の身体の一部から、その姿勢や動きに気を配るといった見方をすることである。それは、より具体的に、相手と話しながら、その相手の表情のうちに、自分が相手に見せている表情を察知するといった配慮のことである。そこに相手との「真理の空間」、つまり「他のように考える」ことを可能にする余地が開けるのである。[18]

神崎の指摘は重要である。なぜなら、彼はフーコーの「自己への配慮」が必然的に「自分の身体や他者」や「外的世界やそこに存在するさまざまな事物と関わり」を持つことを忘れていないからだ。「自己」は最初から「他者」や「世界」と共にあり、それらとの関係性の中で常に流動的に変化しながら存在している。否、「自己」は、〈存在する（being）〉というよりも、〈他の自己〉に次々に〈生成していく（becoming）〉と言った方が正確だろう。

「自己への配慮」が誤解されかねないのは、あらかじめ存在すると想定されている〈アイデンティティ（自己同一性）〉を根拠にして、「自己」が自らを配慮しているように見えるからだ。しかし、そのような理解は、フーコーの思想と決定的に対立すると言わねばならない。哲学者イアン・ハッキングも言うように、フーコーは「いかなる自己（self）も、いかなる自我（ego）も、いかなる私（I）があるとも想像しなかった」のであり、「人間的主体（human subject）はどれでも——あなたも、私も——人工物（artifact）」[19]であると考えていた。その意味で、私たちの「自己」は、私たちが主体として構成した「人工物」＝「作品」に過ぎない。私たちは、〈自己〉をそのつどの〈他者〉との関わりの中で変化させるし、日々の生活の中で他の自分に成り変わることができる。相手を〈気遣う〉仕草の中で、私たちは自分の堅牢な〈自己〉を保持しているのではない。ただ、ここで注意すべきなのは、フーコーの考えている〈自己〉は、すでに検討したスピノザの言う〈自己〉とは似て非なるものであるということだ。フーコーが「人工物」として想定する〈自己〉は、あくまで「形而下学＝物理的《フィジカル》」に存在する〈私＝自己〉に過ぎない。だからこそ私たちは、習慣的に、〈他者〉の表情の変化に応じて〈自分＝自己〉を変化させることができる。そうすることで、私たちは、〈自己〉を固定した〈アイデンティティ〉の呪縛から解放し、〈形而上学的《メタフィジカル》＝超・物理学的〉に自由になることができる。私たちは、一瞬一瞬の変化の中で「他のように考える」自由を手にしている。こうして、そのつどの「自己自身からの離脱」こそ、晩年のフーコーが目指していたものであった。

こうした「自己自身からの離脱」を可能にするものこそ、哲学という「好奇心」であったことは注意してよい。フーコーは、彼の心情告白とも取れる筆致で、次のように言っている。

> 私を駆りたてた動機はというと、（中略）ごく単純であった。ある人々にとっては、私はその動機だけで充分であってくれればよいと思っている。それは好奇心だ――ともかく、いくらか執拗に実行に移してみる価値はある唯一の種類の好奇心である。つまり、知るのが望ましい事柄を自分のものにしようと努めるていの好奇心ではなく、自分自身からの離脱を可能にしてくれる好奇心なのだ。（中略）はたして自分は、いつもの思索とは異なる仕方で思索することができるか、いつもの見方とは異なる仕方で知覚することができるか、そのことを知る問題が、熟視や思索をつづけるために不可欠である、そのような機会が人生には生じるのだ。（中略）しかし、哲学――哲学の活動、という意味での――が思索の思索自体への批判作業でないとすれば、今日、哲学とはいったい何であろう？　自分がすでに知っていることを正当化するかわりに、別の方法で思索することが、いかに、どこまで可能であるかを知ろうとする企てに哲学が存立していないとすれば、哲学とは何であろう？[20]

フーコーは自らの〈生＝人生〉もまた「ひとつのアート（芸術）作品」に仕立て上げるために「自己への配慮」を欠かすことはなかっただろう。しかしここで注意しなければならないのは、「自己への配慮」が、社会の道徳規範に沿わせて、自らの〈生＝人生〉を構成するということを含意しているということだ。神崎も指摘しているように、「自己への配慮」は〈他者〉との関係、外的世界との関係の中でこそ為される〈実践〉だからだ。そして「自己への配慮」が完璧に為されるためには、〈他者〉との関係性の中で、〈自己〉がどのように構成されるかを常に視野に入れていかなければならない。しかもその際に、社会が要請する道徳規範やルールから逸脱するのではなく、普遍的な規範に則して自らの〈生＝人生〉を造形し、「主体」を構成することが肝要である。

ただ、社会が公共的《パブリック》に私たちに押しつけてくる社会規範や道徳的規定と、私たちが主体的に選択する自らの行為や〈生き方〉の「流儀（manière）」とは区別しなければならない。フーコーは、自らの「主体」を構成しながら、社会が課する道徳的規範に則して「自己」が自らの〈生＝人生〉を造形する、「自己自身に対して持つ関係のあり方、自己への関係」を「道徳（moral）」と呼んでいた。[21] そして彼は、「道徳というのは、それ自体としては法律のようないかなる権威体系とも何の関係もなく、また規律の仕組みとも関係のない、生存の強力な構造でありうるという考えもわたしはとても好きです」と語っていた。その直前にはフーコーは、「ギリシア人の道徳の中心が、個人の選択の問題、生存の美学の問題に絞られていくのですね。美的アート作品の材料としての生活（bios）という観念に私は魅了されます」[22]とも語っているのである。しかし彼の発言は、その後フランス語に訳された際に、ほとんど自由な鼎談の雰囲気を残さないように次のように書きかえられている。

私たちにとって、作品がそしてアート〔芸術〕が存在するのはただ、何かがその創造者の死すべき運命を免れるところにおいてのみです。古代人にとってどうかと言えば、生のテクネー〔技術〕が適用されていたのは、反対に、それを作品化する者の生というあの移ろいゆくものであり、最良の場合、それは自らの背後に名声の航跡ないし名声の痕跡を残すだけです。生が、死すべきものであるがゆえに、ひとつのアート〔芸術〕作品であらねばならないということ——これは、注目すべき主題です[23]（強調フーコー）。

この大幅な変更が、フーコーが自らの死を予感した上で為されたものであるかどうかは分からない。しかし、英語で為された友人たちとの自由な会話の中で、フーコーは、自分の感情を表現していたのに対し、書きかえられた文章には、自らの〈生＝人生〉が「死すべきものであるがゆえに」、「アート〔芸術〕作品」にしなければならないというように、義務感の雰囲気が漂っているように思われる。

少なくともフーコーにとっては、「道徳」とは「生存／実存（existence）の強力な構造」であり、〈自己〉という主体を構成し、社会的な規範に則して〈生＝人生〉に磨きをかけることだ。それをフーコーは「生存／実存の美学」と呼んでいた。「道徳」と「生存／実存の美学」はこうして交差する。しかもそれは、「他者への配慮」を失わない〈自己の矜持《きょうじ》〉とも取れる〈生き方＝生きる道（way of life）〉の別名でもある。

第3節　他者への配慮
——レベッカ・ブラウンの「贈与」

小説という「アート（芸術）作品」——レベッカ・ブラウン『汗の贈り物』

私が「アウトサイダー・アート」に注目しているのは、私たちが暗黙のうちに前提する〈ものの見方・考え方〉が一面的であることに気づくことができるからだ。「アウトサイダー・アート」の視点を学ぶことによって、私たちは〈もうひとつの現実〉に触れることができるし、「アート（芸術）」の既成観念や常識・制度から、一瞬でも離脱する可能性を垣間見ることができる。そうすることで、私たちが「自己への配慮」を欠かさず、その配慮の内に〈他者への視線〉を取り入れる余地と自由が生まれる。そこでは〈生ける他者〉と関わる際に、〈他者のものの見方・考え方〉に敏感に反応できるように「なる（become）」ことが期待される。

ただ勘違いしてはならないのは、「アウトサイダー・アート」の作品に表現される〈現実〉は、妄想でも幻想でも幻覚でもないということである。ダーガーが描いたように、それら一つひとつは、彼ら・彼女らにとってれっきとした〈もうひとつの現実〉である。それにも関わらず私たちは、彼らが描く〈現実〉を、自らの〈ものの見方・考え方〉に基づいて妄想や幻覚として、「非現実の王国」（ダーガー）として処理してしまう。もちろん「アウトサイダー・アート」のみならず、あらゆる「アート（芸術)」作品においては、美術教育を受けた健常者と、精神病患者、知的障碍者などとを区別することに意味はない。両者の〈ものの見方〉を〈パラレル・ビジョン〉(並列的な見方)として隔てる価値観こそ疑ってかかるべきだろう。私たちも誰一人として同じ仕方で世界を見ているわけではない。それぞれの視点や見方は重なり合いながらも微妙にズレをはらんで、多重に差異化されているはずだ。

私たちの間には、単に〈生き方の違い〉があるに過ぎない。私たちがすべきことは、互いに一人ひとりの〈生き方=生きる道(way of life)〉の〈違い〉に気づき、その〈違い〉を尊重しながら、様々な〈現実〉を生きる〈他者〉の〈生=人生〉を〈気遣い〉、〈ケア〉するということだ。そして〈ケア〉は、〈ケアする側〉と〈ケアされる側〉という固定的関係としてではなく、両者が互いに入れ替わり複雑に絡み合う相互的関係として理解されなければならない。そうでなければ、〈ケア〉の実践は優者による劣者に対する〈施《ほどこ》し〉の域を越えることはない。

小説家のレベッカ・ブラウンはレズビアンであり、自らの介護体験を生かして、『体の贈り物(The Gifts of the Body)』という十一の物語からなる小説を書いた。彼女は、次々と死んでいく同性愛エイズ患者の身の回りの世話をする「私」を通して、〈ケア〉が一つの「贈り物」であることを語っている。それは、〈ケア提供者〉である「私」が死にゆく人たちからの「贈り物」を授かる話でもある。

例えば、最初の物語「汗の贈り物(The Gift of Sweat)」に登場するエイズ患者のリックは、「私」が訪問するたびに陽気に彼女を迎え、彼女が朝食用に買ったシナモンロールを喜んで食べていた。しかしあるとき、ベッドの中から一歩も出られないほど容態が悪化していた。おなかを抱えて苦しがるリックは、「今日は来なくていいよ」と電話で言うつもりだったが、それもできなかったことを悲しんだ。「私」は医者を呼ぶ手配をし、仲間とリックを車に乗せた後に一人でリックの部屋にもどると、部屋に立ちこめたすっぱくて甘いリックの汗の匂いが彼女を迎え入れた。そして住人のいなくなった部屋を片づける「私」は台所であるものを見つけるのだった。

　キッチンテーブルにあったものはこんな物だった。彼の一番お気に入りのコーヒーマグ二つ〈自分用のと、かつてバリーのだったもの〉。一方のマグに、挽《ひ》いた豆がたっぷり入ったメリタが載せてあり、いつでもいれられるようになっている。デザート皿が二つ、その上にシナモンロール二つ。〈ホステス〉〈店の名前〉で買ってきた、焼き皿の真ん中にあった柔らかくて粘りっ気のあるやつだ。／私はリックが店に行く姿を想《おも》った。道を歩いていくのにどれだけ時間がかかるか、一番いいやつを買うのにどれくらい早くに行かねばならないか。私をびっくりさせてやろうと計画を練っている彼の姿を、私は思い浮かべた。自分にできないことをやろうとしている彼の姿を。（中略）バリーが死んでから、リックは〈ホステス〉に通うようになった。特に日曜日は――アパートから外に出ずにはいられなかったのだ。年中〈ホステス〉に通いつめたけれど、やがてそれも体がいうことをきかなくなった。だいたいそのころから、私が来るようになったのだ。（中略）彼は希望をこめてこの食卓をしつらえたのだ。彼が私のために用意してくれた食べ物を私は手にとり、食べた。[24]

リックは、いつも自分のために世話をし、会話をし、恋人だったバリーのいなくなった部屋を片づけてくれている「私」に朝食を準備したのだった。病気で体の自由がきかなくなりながらも、彼は、かつてバリーと一緒に食べたキッチンテーブルに腰掛け、「私」と談笑しながら、日曜日の朝食を取ることを夢みながら、何時間も前から彼女が来るのを待っていた。しかし、無理がたたったのか、病気の悪化か、リックは「私」と朝食を取ることもなく病院に運ばれていった。

この物語には、〈ケアとは何か〉ということを考えさせる要素が多分に含まれている。確かに、〈ケア〉するのは、「USC（都市共同体サービス（Urban Community Service））」の職員である「私」であり、リックはあくまで〈ケア〉される側に立っている。しかし、ここには〈ケア〉する「私」が〈ケア〉される物語が語られている。

〈ケア〉の〈アクティヴィズム〉——八〇年代のニューヨークという現場

日々の〈ケア〉の現場では、こうした話は枚挙に暇がないくらいに繰り返されているだろう。しかし、私たちが最大限の注意を払わなければならないのは、ブラウンが〈ケア〉とは「贈与」であると語っていることだ。高祖岩三郎は、彼女の関わりについて次のように語っている。

> この作品〔『体の贈り物』〕において、彼女〔ブラウン〕は何人もの患者との接触を描いているが、その全ての場合、彼女は、自身が看護《ケア》を贈るのみならず、被看護者からそれぞれ異なった「何か」を貰い受け

ていたと主張している。しかしそれは彼女が行った看護に対するお返しという意味ではない。彼女の看護と同様にその病者たちが意図せずにくれた「何か」は、交換ではなく、〈それぞれ別の〉純粋な贈与である。当書はその「交換なき交換」、あるいは「すれ違い続ける交換」の感動的な記録となっている。怒り、怨恨、嫉妬を含む、さまざまな情緒的な疲労の限界（burnout）の中で発見する病者からの贈り物とは、端的に言って多種多様な「情動（affect）」である。その多種多様性において、それは「the body」としか呼びようもない「〈集合的な〉身体」からの贈与なのである。それは、性器による性交よりも幅広い領域にわたる身体的交感と、家族、愛人、友人よりもある意味では親密な看護運動《ケア・アクティヴィズム》の中でのみ発生するエロティシズムである。[25]

ニューヨーク在住の高祖は、ブラウンの看護・介護活動を〈アクティヴィズム〉の一形態として捉えようとしている。彼は実際にニューヨークという場所で、一九八〇年代以降、当時のレーガン政権の悪政の結果としてまき起った、同性愛差別による世間の誹謗中傷の中で、ゲイの人たちが最愛のパートナーの死が逃れられないことを理解しつつもなお、自らもエイズに罹り、文字通り命がけで介護・看護・世話をし続けていたことを記録している。高祖は、死にゆく「他人」のために、仕事が忙しくても食事を作り、部屋の掃除をし、下の世話までも喜んで引き受けていく姿が「私の存在を根底から揺さぶった」と言う。そこから、高祖が見出したのは、「人間社会の最終的原理――直接的な見返りのない、つまり「交換《バーター》」ではないもの――、つまり「贈与《ギフト》」の具現化[26]」であった。

ブラウンの物語にもあったように、病者は単に〈ケア〉されているばかりではない。〈ケアする人をケアする〉という精神を持つこともあるのだ。もちろん、それが未発のものに終わることもあるだろうし、そもそも〈ケアする人をケアする〉ということすら気づかないかもしれない。しかし、そこには「何か」が「贈与」され続けているはずだ。感情なのか、行為なのか、それは分からない。しかも「贈与」が行われていることすら、本人たちは与《あずか》り知らないことかもしれない。

私たちは、〈ケア〉を「ケアする側」と「ケアされる側」として能動性・受動性の関係性の中で捉えることに慣れている。そして、私のような哲学者／倫理学者によって、〈ケア〉という行為もまた、「ケアすること」と「ケアされること」として考えられ、記述されていく。しかし実際には、〈ケア〉の現場では、ケア行為に伴って様々な情動（affect）が行き交い、交差し、もつれ合い、絡み合う。〈ケアする側〉がどれほど熱心に真剣に〈ケア〉しようとしても、〈ケアされる側〉がその真剣な〈ケア〉を感謝し、喜んでくれるかどうかは分からない。〈ケアされる側〉もまた〈ケアする側〉に対して、負い目や引け目を感じながら、素直に感謝の言葉を伝えられないこともある。高祖も言うように、情動の〈ことば〉は、〈言霊〉を宿らせつつ、誤解を生みながら、もつれ合い、嫉妬も妬みも巻き込んでいく。

〈ケア〉という「贈与」へ

しかし、その関わりもまた、〈ケアされる側〉が寝たきりの高齢者や、認知症の患者であった場合などでは全く異なってしまう。斎藤史《ふみ》という歌人は、認知症になった視覚障碍者の母親の〈ケア〉をしながら次のように歌を詠んだ。

老《お》い不気味　わがははそはが人間《ひと》以下のえたいの知れぬものとなりゆく
老い果てて盲母《はは》が語るは鬼語ならむわれの視えざるものに向ひて
老い呆けし母を叱りて涙落つ　無明無限にわれも棲みゐて[27]

斎藤が歌に秘めた感情・情動は、それを受け取る側の母親には決して届くことはない。まさに富士谷御杖が言うように、斎藤の「所思」は、歌に詠まれながら、〈言霊〉として暗い闇の世界に留まる。大正時代の思想家・土田杏村は、御杖の「言霊」論に触れて、「我々の真に具体的に表現したいと思っているものは、実はかく言語で表現せられたものの背景に在る。(中略)我々の表現はその中心より発しなければならない。この中心に徹すれば、所詮は言語も無益と言わなければなるまい。求めるところは外でなくて内だ[28]」と語っていた。斎藤の「所思」は、歌に詠まれながら、斎藤の「内」に留まり、滞留する。斎藤の〈ケア〉は母親からの「お返し」を期待できないかもしれない。認知症やアルツハイマー病に限らず、精神障碍者や知的障碍者の〈ケア〉には、身体の病を生きる人を〈ケア〉することとは別の問題がある。〈ケア〉する人の感情・情動の屈折を孕む、行き場のない〈言霊〉は、〈ケア〉の現場で「贈与」され続ける。まさに、〈ケア〉とは、高祖の言うように、何かの「贈与」であるとしか言えない。〈ケア〉とは、互いの感情や情動、介護や看護や世話によって、何らかの「お返し」を期待したり、それ相応の代価が支払われたりすることによって成立する「交換」ではない。まさに「交換」の否定としての「交換なき交換」「すれ違い続ける交換」であり、純粋な「贈与（gift）」である。〈ケア〉とは、この意味で資本主義経済が問題にするような「交換」ではない。[29] 高祖は、マルセル・モースの『贈与論』で取り上げられた「贈与」概念を、ゲイのケア活動に適用し、ケア・アクティヴィズムが社会を変える一つの可能性であると信じている。そして私もまた、高祖の指摘を受けて、ケアという行為を「ケアするもの」と「ケアされるもの」との〃閉じた関係性〃から、社会の中で実践されるべき「贈与というすれ違い続ける交換」へと展開する方向性を模索してみたい。

そのためにも、高祖が依拠するアナキスト人類学者デビッド・グレーバーの「行為の価値論」について触れておかなければならない。なぜなら、〈ケア〉という実践的行為は、それ自体が、「贈与」であることを理解するためには、行為そのものが「価値」であるという前提が必要なのだ。それによって〈ケア〉という行為が、〈ケアされる人〉にとって「贈与」として意味を持つと言えるのである。

第4節　行為の価値
――グレーバーの価値論について

グレーバーの「行為の価値論」

高祖は、モースの『贈与論』を現代的に再解釈したデビッド・グレーバーの『人類学的な価値理論の構築に向けて――われわれの夢の偽コイン』（二〇〇一）に依拠して、「贈与」を考えている。そこで私たちとしても、グレーバーの「行為の価値論」を考察しておく必要がある。ちなみに高祖によれば、グレーバーは、人類学的な価値論を再構築するにあたって、マルクスに代表されるような、貨幣に価値の基礎を置く経済学的価値論と、意味に価値の基礎を置くソシュール的な言語学的価値論とを批判して、「行為（action/act）の価値論」を提唱している。グレーバーは、貨幣や言語的意味のような「もの」を価値づける前二者に対して、私たちの「行為」が価値づけられなければならないという。[30]

グレーバーはナンシー・マンのパプア・ニューギニア研究の成果から、行為の内に価値が出現する（emergence）ことを見出した。彼女によれば、例えばAがBに食事を与え、お返し（return）に貝殻を受け取ったとき、貝殻という形式をとってAに戻ってくる食事に価値があるのではなく、むしろ〈食事を与えるという行為（act）〉に価値がある。しかも、この場合に重要なのは、AがBに〈食事を与えるという行為〉そのものの価値は、Aが実際にBに食事を与える直前までは「不可視」であるということだ。
実際に〈食事を与えるという行為〉を遂行することによって、「行為することができる能力（capacity to act）」としての「不可視の「潜在力」（invisible "potency"）」が、〈食事を与える行為〉という具体的で知覚可能な形式へと変換される。そしてこのプロセスが価値なのである。このとき、食事は単なる「媒介（medium）」に過ぎない。それでは、なぜ〈食事を与える行為〉に価値があるのか。その答えは、〈食事を与える行為〉を通じて、AとBとの間に新しい社会関係が創造（create）されるからだ[31]。つまり、行為が価値になることによって、新しい社会関係が創造されるのである。

私たちの日常的な行為に価値があるのは、私たちが行為することによって、自らの不可視の潜在力を顕在化させると同時に、行為に基づく新しい社会関係を創造するからだ。この点についてグレーバーは、「行為の隠された生成的な力から出発することが、全く異なった問題機制（problematic）を創造する。既に私が語ってきたように、価値とは、人々が自らに対して自分自身の行為の重要性を代理＝表象する（represent）方法となっている。つまり通常では、あれこれと社会的に認知された形式（forms）に反映されるような形で、である。しかし、価値の源はそれらの形式そのものではない[32]」と語っている。さらに、こうしたグレーバーの「行為の価値論」は重要な結論を導き出す。

グレーバーは、行為に価値を託すことによって、価値とは、様々な社会関係の中で固定された公共的な認知そのもののプロセスであるよりもむしろ、「全く新しい社会関係を創造することも含みながら[33]」ほとんどすべてのことを行うことのできる方法だという。高祖は、こうしたグレーバーの立論から、「社会変革の可能性」を読み取り、彼の「道徳的計画」を「どのように人生があり得るか異なった生と世界を創造する企画」[34]として定義づけている。

私は、高祖のグレーバー読解に全面的に同意する。私たちは、社会を変革するということが直接行動（direct action）やある種の〈暴力〉を通じてしか可能ではないとか、「革命」という大義の前では多少の犠牲は仕方がないと考える、俗流マルクス主義的な革命理論や社会主義思想が、既に頓挫していることを知っている。

私たちの日々の営みが、理想主義的な革命へと節合されると考える夢想はもはや現実的な意味を持たない。しかしその一方で、ネオリベラリズムに依拠する資本主義経済が格差社会を助長し、私たちの日々の暮らしを圧迫していく現実を、如何にして変えていくかを考えながら〈生きていかなければならない〉こともまた、事実である。

「他のように考え、生きていく」こと――フーコーの「生存の美学」の可能性

ここには、フーコーとは根本的に違う発想から、期せずして似たような見解が導き出されていることが理解されるだろう。グレーバーは人類学的知見に基づいて異なった〈生〉と世界との創造を「道徳的計画」として指摘する。それに対して、フーコーは「性の歴史」を辿りながら、「はたして自分は、いつもの思索とは異なる仕方で思索することができるか、いつもの見方とは異なる仕方で知覚することができるか」という問いを提出し、自分を常に別の仕方で構成することによって「自分自身からの

離脱」を「生存／実存の美学」の目的にしていたのだった。

政治的に保守か革新かという二項対立の無効性を自覚しながらも、変革の可能性を模索するためには、私たちの日常生活の行為がそれ自体で〈意味〉と〈意義〉を持ち、それを根拠にしながらも、少しずつ新しい社会関係を創造しながら、フーコーが言うように、自らの〈生＝人生〉のあり方について「他のように考え、生きていく」必要がある。そのためにも、〈生＝人生〉に根ざす行為が価値あるものとして理解されていなければならない。重要なのは、日々の生活を生き延びながら、絶えず他のあり得るであろう新しい可能性を様々な行為によって顕在化させていくことだ。

グレーバーは、私たちが大抵のことを行うことができるという価値は、「必然的にひとつの社会的なプロセス」であり、しかも「それはつねに属としての人間の諸能力（generic human capacities）に根ざしている」[35]と言っている。その意味で、文化的な差異を超えて、人間である以上、私たちには共通に社会変革のための〈潜在力（potency）〉が備わっている。そして障碍の有無に関わらず、私たちには誰であっても、〈潜在力〉が宿っているのだ。

第5節　贈与としてのケア／ケアとしての贈与

〈ケア〉としての「贈与」

私たちは、グレーバーのアナキスト人類学的考察から、私たちの行為の価値が、社会的なプロセスであると同時に、行為そのものが人間的な潜在力の顕在化であることを学んだ。最後に、新しい社会関係を創造するために、いかなる行為を行うことが価値であり、「贈与」となるのかを考えたい。そのためには、モースの『贈与論』を参照する必要がある。しかし、重要なのはモースの文化人類学的研究ではなく、あくまで現代において〈ケア〉をどのように「贈与」として位置づけるかである。そのためにも、モースの「贈与」論の現代性を指摘したグレーバーの分析が参考になる。

マンによって報告され、グレーバーによって取り上げられた具体例として、〈食事を与えるという行為〉について考えてみよう。[36] その際に、グレーバーの「行為の価値論」から少し離れて、「ものの価値論」の立場から考察しながら、「贈与」と「交換」の謎に迫ってみたい。

先に見たように、AがBに食事を与える（give）ことで、AはBからお返し（return）として貝殻を受け取った。つまり、食事と貝殻が実質的に「交換」された。マンのあげたこの例は、パプア・ニューギニアのある地域で行われた例に基づいている。しかし、こうした物々交換（barter）については、様々な文化圏で行われていることだろう。グレーバーは、フランスのMAUSS〔社会科学における反功利主義者運動〕（Mouvement Anti-Utilitariste dans les Sciences Socials）グループのガイ・ニコラスの言葉を受けて、現代の資本主義社会では様々な形で「贈り物（the gift）」がなされているにも関わらず、現代社会（modern society）の中ではそれが隠されていると指摘している。

贈り物は「モダニティの隠された顔（hidden face）」（ニコラス一九九一）になった。ここで「隠された」というのは、人はどんな特別な贈り物も（子供にあげるお小遣い、結婚式のプレゼント、輸血、仕事仲間とのディナー、友人へのアドバイス、彼らの退屈な問題を聞くために何時間も時間を潰すこと）実際には贈り物ではないと語るために何らかの理由を常に作り出すことができるからだ。[37]

グレーバーがあげている例はすべて「贈り物」であり、それらは何らかのお返しを期待しているものもあれば、そもそもお返しを期待できないものもある。それでも、やはりこれらの「贈り物」の例を取り上げれば取り上げるほど、〈ケア〉という行為との対比が際立ってくる。というのも、やはり〈ケア〉とは〈贈与というすれ違い続ける交換〉であるからだ。「贈り物」はすべて「もの」であり、「贈与」の行為につねに介在するだけでなく、プレゼントや贈り物が単なる「媒介」以上の役割を担わされている。つまり、「贈り物」に「価値」や〈意味〉が宿っているのである。

しかし、グレーバーは、〈純粋な贈与〉があることを、モースを取り上げながら指摘している。それはお返しを期待したり、何らかの「もの」を返したりしなければならない「贈与」ではない。モースは、周知のように、「贈与」の問題には三つの義務があると語っている。[38] 第一に、与える義務、第二に、受け取る義務、第三に、返礼の義務である。それでは「なぜ贈与はお返しをしなければならないのか？（why do gifts have to be repaid?）」。

なぜ「お返し」しなければならないのか？

物々交換を考える限り、私たちはお返しをしなければならない。お中元もお歳暮も、年賀状もEメールも、最低限の礼儀として貰ったものに対する返礼をしなければならない。それが社会の常識であり、慣例でもある。しかし、なぜお返しをしなければならないのか？

モースは、「全体的給付（prestations totales）」と名づける「贈与」についてはお返しする必要はないと考えた。それは、「競合的贈与交換（competitive gift exchange）」とは異なって、個人とグループとの間に恒久的な関係を創造するだけでなく、お返しによってその関係を取り消すことができない。お返しによっては解消することのできない関係性こそ、〈ケアする人〉と〈ケアされる人〉との関係性である。〈ケア〉という行為が価値を生みだし、〈ケアする人〉（X）と〈ケアされる人〉（Y）とを結びつけ、〈ケア〉行為を介して「何か」が「贈与」される。しかし、Yからの贈与は、Xから「贈与」されたものに対するお返しではない。そもそも、交換される「何か」が分からないし、異なってしまうのだから、「交換」が成り立たない。それにも関わらず、〈無限に開放的（open-ended）にすれ違い続ける贈与〉の関係は、両者がたとえ死別した場合でも維持されるだろう。

レベッカ・ブラウンのいくつもの物語の中で語られるパートナーの〈死〉を抱えて生きるエイズ患者たちは、パートナーと過ごした蜜月の記憶を「贈与」として引き受けながら、〈死〉を迎えていく。物語の「私」は、彼らを〈ケア〉しながら、「汗」「充足」「涙」「肌」「飢え」「動き」「死」「言葉」「姿」という贈り物（gifts）を受け取りながら、介護の仕事を勤めていく。しかし、「希望の贈り物（the Gift of Hope）」という物語では、あまりに多くの患者を見送り、心も体も疲弊した「私」は仕事を辞めるか辞めないかを悩んでいた。「私」の上司であるマーガレットがエイズに罹って、仕事を辞めることを知った「私」は、自分が〈ケア〉している老婆のコニーにそのことを打ち明ける。

「希望」という「贈り物」――〈生きること〉の最後の「贈与」

コニーはマーガレットと同じ病気で寿命も限られているにも拘らず、悩みを抱えて彼女のもとを訪ねた「私」を優しく抱きしめるという「他人を気遣う余地」を残していた。彼女に励まされながら、「私」はマーガレットのお別れパーティーに出かけていく。その席で、マーガレットは「私」に向かって、「あなたにやってもらえることがあるわよ」と言って、「もう一度希望を持ってちょうだい」[39]と語った。自分の命が長くないことを知りながら、上司としての彼女は、「私」に「希望」を贈ろうとしている。〈ケアする人〉が〈ケアされる人〉によって〈ケアされる〉とき、私たちを互いにつなぎ止める「贈り物」とは、「希望」なのだろう。〈他者〉を気遣い、〈他者〉を世話する〈ケア〉の実践はそれ自体が価値であり、私たちに生まれながらに備わった〈潜在力〉の顕在化なのだ。そこではつねに「何か」が贈られている。〈ケアする側〉からも〈ケアされる側〉からも。

「私」を優しくいたわったコニーにも遂に〈死〉が忍び寄ってくる。死期が迫っている彼女のもとに、飼っていた猫のミス・キティだけでなく、ジョーとトニーという息子たちが戻り、コニーは彼らと過ごす時間を大切にしていた。自分を〈ケア〉する「私」を〈気遣い〉、子供たちを〈気遣い〉、残りの僅かな時間を家族や「私」と過ごしたことを、しっかりと自分の脳裏に刻みつけようとしていた。「いろんなものをコニーはすごく注意深く、愛《いと》おしそうに見ていた。彼女は覚えておきたかったのだ。自分がもうじきいなくなることを知っていたから」[40]。

コニーの〈生〉は、フーコーが言うように、一つの「アート（芸術）作品」と考えられないだろうか。彼女は、死の直前まで、自分の家族のために生きようとしていた。コニーは、夫と息子のジョーが価値観の違いから不仲になったことを気にしていたにも関わらず、ジョーが家を出て行ってしまったことを止められなかったことを後悔していた。しかもジョーが出て行った後に、夫は心臓発作で亡くなってしまったのだった。二人は仲違いしたまま、永遠に和解する機会を失ってしまった。コニーは、二人の不仲に対して、自分が何もできなかったことで、自分を責めていた。「誰かに腹を立てたままとか、誤解を抱えたままとかで死んでいくのって嫌よね。生き残った人はうしろめたい思いをさせられるし、そうなると死んだ人を想《おも》って悲しむのは難しいもの。悲しみって必要なのよ。悼《いた》むってことができなくなくっちゃいけないのよ」[41]と語っていた。

コニーは、きちんと「悲しみ」、きちんと「悼む」ためにも、互いを気遣う〈ケア〉が必要だと考えていた。コニーの〈生〉が示しているのは、「自己」を〈ケア〉するためには、「他者へのケア」が必要だということだろう。そして私たちは、自分が他者を〈ケア〉をしながら、それが相手に届くかどうか分からないことも分かっている。コニーは夫にもジョーにも自分の気持ちをはっきり伝えなかったし、二人もコニーの気持ちを分かっていたかどうかも分からない。それでもコニーは、二人を気遣っていたし、弟のトニーも気遣っていた。コニーにとって〈ケア〉とは、家族の誰かに向かって届けられる「贈り物」であり、彼女自身への「贈り物」なのだ。

　様々な個人の間で無限に広がっていく関係性を、〈ケア〉という行為によってつないでいくとき、私たちは様々な「贈り物」を貰うことになるだろう。私たちもまた、別の人たちに「何か」を贈りながら、恒久的な関係性を創造し、それを維持していくのだろう。〈ケア〉を通して関わった人たちは、他者の〈生〉が「アート（芸術）作品」のように見えるはずだ。生存すること／実存すること《エクジステンス》の価値とは、私たちが行為をしながら〈自己〉と〈他者〉とを結びつけ、そこに新しい社会関係を創造することによって成り立っている。〈ケア〉は〈ケアする人〉や〈ケアされる人〉だけでなく、そこに関わるあらゆる人たちに「何か」を「贈与する」行為なのだ。〈ケア〉とは、それ自体が行為であり、それ自体が〈価値〉であり、それ自体が「贈り物」なのだから。

第6節　〈ケア〉としてのアート／アートとしての〈ケア〉

生存の美学

自ら同性愛者であることを「告白（coming out）」することを頑なに拒みながら、フーコーがエイズで死んでから、すでに四十年近くの歳月が経っている。フーコーの〈人生〉は、一個の「アート（芸術）作品」になり得ただろうか。現在でもエイズで亡くなる人たちは後を絶たない。先進国で唯一と言っていいほど、エイズ患者が微増している国家に生きながら、私たちはフーコーから何を学んだのだろうか。フーコーの「生存／実存の美学」とは、あくまで自らの〈生＝人生（vie）〉を一つの「アート（芸術）作品」として構成すること、そのためには「自己への配慮（le souci de soi）」を欠かさないことだった。そして「他者への配慮（le souci des autres）」とは、他者を気遣い、他者に配慮する〈ケア〉や様々な実践（pratiques）を意味することになる。

私たちが生きて死んでいく間に、私たちは〈他者〉との間に様々な関わりを創出し、自らの〈生＝人生〉に磨きをかけていく。なぜなら、私たちの〈生＝人生〉はアート（芸術）作品であり、より良き〈生＝人生〉を目指して〈他者〉と関わるからだ。そのためには、〈アート（技芸）〉を磨かなければならない。〈他者〉との交流の中で、様々な「贈与」の交換をすれ違いながら続けることによって、私たちは手元に様々な人たちからの「贈り物」を携えて生きていく。

フーコーの教えとは、まさに〈ケア〉という実践を通して、新しい社会関係を創造し、自らだけでなく、他者の〈生＝人生〉をもう一つの「アート（芸術）作品」として尊重することなのだ。それが次の世代へ引き継がれていくことで、社会は少しずつでも変わる可能性がある。私たちが人間に備わった〈潜在力〉を〈ケア〉という行為によって発揮することによって、私たちは〈死者〉も含めた〈他者〉に対して「何か」を「贈与する」のであり、彼ら・彼女らから「何か」を「贈与される」のではないだろうか。そこに伏在する最大の真理は、高祖も言うように、「まず病人も看護人もともに――そしてわれわれ皆が――結局、他者に頼ってしか生きられない」[42]ということなのだ。彼は、続けて次のように言っている。

「私」は、自分がかつて貰ったAについては、それをくれた他者Aに返すのでなく、どこかの別の他者Xに贈るのである。その時こそ、（中略）共産主義的なエロスと情動の贈与が可能になるのだ。贈与は、そのように元に戻すのでなく、他者に向けて非定型《アモルフォズ》に連鎖《チェイン》状に広がってこそ、豊かな世界を構成する。「開放系の交換」である。そもそもこの世の誰も「母」から、そして「大地」からもらった贈与を、それらに「お返し」することは出来ないのである。家族や国家を造ることは「お返し」のようでいて決してそうではない。それは決して固定化、規則化、永遠化しえないはずの「開放系の交換」を、それぞれ異なった次元で捕獲／統制しようとする無理な行為である。それこそ「性」と「死」から出発した運動の最大の教訓であった。[43]

高祖が言うように、私たちは誰かに頼ってしか生きることができない。たとえ、それが既に亡き人々であったとしても、我が家の亡くなった猫であっても、私たちは彼ら・彼女らに頼って生きてきたし、生きている。ある意味で、〈他者〉と関わり合いながら〈他者〉を傷つけ続けている。〈情動の贈与〉とはつねに豊かな「贈り物」であるばかりではない。傷も一つの「贈与」である。

〈ケア〉という〈贈与＝毒〉

〈ケア〉や〈配慮〉が「贈与」であるならば、それ自体が〈毒〉である可能性も否定できない。ドイツ語の「Gift」は、まさに「毒」を意味する。「ギフト（gift/Gift）」が「贈与」であり、〈毒〉でもあるとき、「自己への配慮」は、〈自己への毒〉であり、「他者への配慮」は〈他者〉を傷つけ〈毒〉を撒き散らすことにほかならない。残酷なことに、〈死者〉をも傷つけることがあるのだ。〈ケア〉であれ〈配慮〉であれ、あくまで〈ケアを提供する側〉の一方的な関わりという性格を抜きにすることはできない。〈ケア〉を語ること、〈自己〉や〈他者〉に〈配慮すること〉は、〈ケアする側〉の特権である。しかしその一方で、〈ケア〉がなされる現実では、〈ケアする側〉の〈ことば〉は氾濫していても、〈ケアされる側〉の〈ことば〉は黙殺されるか、特異な文脈でしか語られることはない。認知症の高齢者や重度の精神障碍者や知的障碍者などのように、〈ことば〉を発することすら思いのままにならないとき、彼らの〈声〉は誰によって代弁されるのだろう。そして、彼ら・彼女らの〈ことば〉の背後に宿る〈言霊〉はどこに漂うのか？

〈ケア〉や〈配慮〉という概念が〈意味を持たない＝無意味〉にも思われる現実がある。[44] 矢部史郎《やぶしろう》と山の手緑の「死んだら愛される！」における精神疾患を抱えて生きる江端一起の詩は、そうした現実を垣間見せてくれる。

毎日毎日お菓子の箱折りだった／朝の九時から夕方四時半まで／月曜から金曜まで／毎日毎日箱折りだった／朝礼をする箱折りをするお昼一時間の休み／また箱折りをする夕方四時半掃除をして終礼して／グループホームへ帰る夜間は外出禁止／一日に何個箱を折っただろう／一〇〇個だったろうか二〇〇個だったろうか／確か皆勤賞とかって／毎日行ったら月一〇〇円労賃に／上乗せしてくれたな／それで月一万にゃあならんかった／ホント傑作なのは若い作業所指導員という／兄ちゃんや姉ちゃんたちが／マジで俺たち精神病者の社会復帰にむけて／頑張っているんだと信じ込んでいた事だった／二〇才も年上の俺たちに仕事の手が遅いと／社会復帰が遅れますよと説教垂れてた／だったら一年間オマエらが毎日毎日／箱折りしてみろよ／一年経たないうちに／俺は作業所の中で叫び始めた／何かが俺の中で切れたんだろうと思う／作業所の所長の元事務長と／グループホームの寮長の元看護長が／すっ飛んで来てねじ伏せられた／そのうち白衣の何人かが／突然なだれ込んできて／そしてチクッとした／フト気が付くと／救急車の中の無線で聞こえてくるのは／「精神科救急システムへ回せ」という声だけ／（……）／とにかく頭の奥の方で／ドデカイ爆発が起きたみたいだった／信じられないような／頭の奥の方から来る痛み／今度は違う救急システムのようだった／救急車の無線の声がいつもと違う／なに精神病者身寄りが無い／精神障害者手帳持ってる／やったー臓器摘出チームを呼べ[45]

江端は、私たちの〈ケア〉が、〈ケアされる側〉にとっては関係ないばかりか、それが有害であることを声高に叫んでいる。〈ケア〉としての〈他者への配慮〉が、〈ケアする側〉の独りよがりにならないためには、限りなく〈自己〉に〈配慮〉し、〈他者〉の表情を読み取りながら、〈他者〉に即して〈自己〉を変容させていくしかない。なぜなら、江端のように、あらゆる精神疾患の患者や認知症患者がつねに〈ことば〉を持っているとは限らないからだ。〈ケア〉が〈アートである〉ことには、〈ケアする〉／〈ケアされる〉という行為の能動性・受動性の問題ではなく、〈他者〉との関係性を動的に編成し直しながら、傷や〈毒〉も含む情動を贈り続け、他者からの〈贈与＝毒（gift＝Gift）〉を贈られ続けるしかないということが含まれている。

「贈与」としての〈ケア〉の実践では、御杖が徹底的に追求したように、「直言」された〈ことば〉よりも、〈倒語〉によって「所思」を伝えようとする。しかし、それは不完全なものに終わるはずだ。そしてその〈ことば〉は背後に広がる〈言霊〉の世界に留まり続ける。土田杏村は「倒語」について、「人は直語によって、却ってその所思の真を他人へ伝えることが出来ない。倒語し、その所思を他人に察せしめることによって、人はその所思の真を他人へ伝える」[46]と言う。しかし杏村は間違っていた。〈ケア〉の〈ことば〉は、たとえ「倒語」として発せられたとしても、〈ケアされる側〉に察せられることもなく、「所思の真」とは正反対の〈毒〉として「贈与」されることを避けることが出来ないのだから。それでも私たちは、誰かの〈傍にいる〉ことが〈ケア〉の実践であることを信じるべきなのだ。

1 服部正『アウトサイダー・アート――現代美術が忘れた「芸術」』光文社新書一一四、二〇〇三年、二十一頁。

2 Alphonso Lingis, *Violence and Splender*, Northwestern University Press, 2011., pp. 21-36.（水野友美子／金子遊／小林耕二訳『暴力と輝き』水声社、二〇一九年、四十七・七十八頁）。

3 Alphonso Lingis, *ibid*. p. 21.（邦訳、五十頁）。

4 Alphonso Lingis, *ibid*. p. 30.（邦訳、六十七・六十八頁）。

5 Alphonso Lingis, *ibid*. p. 31.（邦訳、六十八頁）。

6 スピノザ『エティカ』工藤喜作／斎藤博訳『世界の名著25　スピノザ　ライプニッツ』所収、中央公論社、一九六九年、一九五頁。

7 スピノザ、同書、訳注（3）一九五頁。

8 スピノザ、同書、一九五頁。

9 江川隆男『スピノザ『エチカ』講義――批判と創造の思考のために』法政大学出版局、二〇一九年、四十一頁。

10 引用は、江川訳を用い、「現働的」という訳語ならびにラテン語は江川訳に基づく。ちなみに、中公版『エティカ』では前後を含めて次のように訳されている。「個々のものが単独であるいは他のものとともにあることをなし、あるいはなそうとする能力あるいはそのような努力は、結局〔この部の定理六により〕自分の存在に固執しようとする能力ないし努力であって、ものそのものの与えられた、あるいは生きた本質にほかならない。」（スピノザ、前掲書、一九六頁。）江川、前掲書、四十二頁参照。

11 スピノザ、同書、一九六頁。

12 Alphonso Lingis, *ibid*. pp. 75-76.

13 Alphonso Ligis, *ibid*. pp. 77-78.

14 小出由紀子編著『ヘンリー・ダーガー　非現実を生きる』平凡社、二〇一三年、十一頁参照。

15 ヘンリー・ダーガー原著、ジョン・M・マクレガー著、小出由紀子訳『ヘンリー・ダーガー　非現実の王国で』作品社、二〇〇〇年。

16 『ミッシェル・フーコー思考集成Ⅸ―1982-83　自己・統治・快楽』筑摩書房、二〇〇一年、二四一頁。「倫理の系譜学について」という鼎談は、一九八三年四月にH・ドレイファス&P・ラビノーと三人で自由な会話として行われ、彼らのフーコー論『ミシェル・フーコー――構造主義と解釈学を超えて』（山形頼洋・鷲田清一他訳、筑摩書房、一九九六年）（H.L.Dreyfus and Paul Rabinow, *Michel Foucault : Beyond Structuralism and Hermeneutics*, University of Chicago, 1983）の付録として英語で発表された。その後、同書がフランス語に翻訳される際に、フーコーが大幅に手を入れた。同箇所については、下記のように書きかえられている。「私にとって驚きなのは、私たちの社会において、芸術がもはや対象（les objets）としか関係しておらず、諸個人あるいは人生とは関係していないということです。そして同時に、芸術が特殊な領域（un domain specialize）であるということ、つまり、芸術家という専門家たちの領域（le domain des experts）であるということです。しかし、すべての個人の人生はひとつのアート作品であり得るのではないでしょうか？　いったいなぜ、画布（un tableau）や家は芸術の対象（objets d'art）であって、私たちの人生はそうではないのでしょうか？」『ミッシェル・フーコー思考集成Ⅹ―1984-85　倫理・

道徳・啓蒙』（筑摩書房、二〇〇二年）八十一頁。文意が損なわれない限りで、訳を変えた。訳者の方々のご寛恕を請いたい。

17 小出由紀子「「代替人生」の夢想が普遍性に至る時」（『美術手帖』第五十九巻第八九四号、二〇〇七年）参照。

18 神崎繁『フーコー――他のように考え、そして生きるために』日本放送出版協会、二〇〇六年、一〇九 - 一一〇頁。

19 I.Hacking, "Self-Improvement" in D.C. Hoy (ed.), *Foucault: A Critical Reader*, Basil Blackwell, 1986, p.235.

20 M・フーコー『性の歴史2「快楽の活用」』新潮社、一九八六年、十五 - 十六頁。

21 『ミッシェル・フーコー思考集成Ⅸ―1982-83 自己・統治・快楽』筑摩書房、二〇〇一年、二四三頁。

22 同書、二三九頁。引用に際して、訳文は変更している。

23 『ミッシェル・フーコー思考集成Ⅹ―1984-88 倫理・道徳・啓蒙』筑摩書房、二〇〇二年、七十九頁。引用に際して、訳文は変更している。

24 レベッカ・ブラウン「汗の贈り物」柴田元幸訳『体の贈り物』所収、新潮文庫、二〇〇四年、十八 - 十九頁。

25 高祖岩三郎『ニューヨーク烈伝――闘う世界民衆の都市空間』青土社、二〇〇六年、一九三頁。

26 同書、一二〇頁。

27 小澤勲『痴呆を生きるということ』岩波新書、二〇〇三年、ｉ頁。

28 土田杏村「御杖の言霊論」（一九二七年）『国文学への哲学的アプローチ』書肆心水、二〇一三年、九十七 - 九十八頁。

29 高祖、前掲書、一九四頁参照。

30 高祖、前掲書、三一八頁。

31 Cf. D.Graeber, *Toward an Anthropological Theory of Value: The False Coin of Our Own Dreams*, Palgrave, 2001, p.45.

32 D. Graeber, *ibid.* p.47.

33 D. Graeber, *ibid.* p.47.

34 高祖、前掲書、三一九頁。

35 Graeber, *op.cit.*, p.47.

36 マンはメラネシア文化研究の中で〈食事を与えるという行為〉の分析を行っているが、本稿では具体的な文化人類学的研究に触れることはできない。Cf. D.Graeber, *ibid.* p.47.

37 D. Graeber, *ibid.* p.161.

38 マルセル・モース『贈与論』吉田禎吾／江川純一訳、ちくま学芸文庫、二〇〇九年参照。また下記も参照せよ。モーリス・ゴドリエ『贈与の謎』山内昶訳、法政大学出版局、二〇〇〇年、十五頁。ルイス・ハイド『ギフト――エロスの交易』井上美沙子他訳、法政大学出版局、二〇〇二年。

39 レベッカ・ブラウン「希望の贈り物」柴田元幸訳『体の贈り物』所収、新潮文庫、二〇〇四年、一九六頁。

40 レベッカ・ブラウン、同書、二〇四頁。

41 レベッカ・ブラウン、同書、二〇九 - 二一〇頁。

42 高祖、前掲書、一九四頁。

43 高祖、同書、一九四頁。

44 だからといって、非言語的コミュニケーションや、アート・セラピーや作業療法などの試みやアプローチがあるということによって問題が解消されるわけではない。問題は、単なるケアの技術やコミュニケーションの方法などの〈方法論〉ではなく、〈形而上学＝超・物理学《メタフィジックス》〉にある。

45 矢部史郎・山の手緑「死んだら愛される！」『現代思想』第二十八巻第九号、二〇〇〇年八月号所収、青土社、一五七頁。

46 土田、前掲書、一〇二頁。

おわりに
――「ケアとは、アナキズムでなければならない」

『ケアの倫理』を二〇〇〇年に上梓してから、二十年が経過した。続編を書くのにこれほど時間がかかるとは思わなかったというのが、正直なところだ。私も二十年分の年を重ねたことになるけれど、書き終えて読み直してみると、自分がいっこうに成長していないことに唖然とする。それと同時に、本書を書くために、改めていろいろと調べてみて気づくのは、〈ケア〉をめぐる言説もあまり変化していないように見えないことだ。「ケアの倫理」というのは、どこまで市井《しせい》に行き渡っているのだろう。

「道徳性」の発達心理学を専門とするキャロル・ギリガンが、一九八二年に『もう一つの声(A Different Voice)』を出版し、「ケアの倫理(ethic of care)」という〈ことば〉を用いてから、四十年近くが経過した。さらに、東日本大震災を経験したことも影響して、様々なところで「ケア」という言葉がよく聞かれるようになった。それにも関わらず(?)、「ケア」の実践として、〈普通の人〉に届いているように思えない。大学生と接していても、「ケア」はあまり身近ではないようだ。

二十年前、私が四十になる直前に、「ケア」という〈ことば〉はまだ哲学や倫理学で一般的ではなかった。当時、ある大型書店に出かけてみて自分の本を探したことがある。哲学・倫理学コーナーになかったので、「もしかしたら?」という嫌な予感を持って自分の本を見つけたのが、「看護・福祉」の書棚だった。「やっぱりそうなのか」という残念な思いと、「なんでだよ?!」といういらだたしい思いが交錯した。というのも、〈ケアという思想〉を、医療や福祉などの領域から解き放ち、哲学や思想・宗教の分野で考えていくことが、『ケアの倫理』における私の〈野望〉だったからだ。〈ケア〉を考えるということは、実は、人間存在(human being)の最深層に迫る考察としての〈形而上学的《メタフィジカル》考察〉が必要だとずっと思っていた。〈ケア〉とは医療・看護・福祉・心理の専売特許ではない。

そもそも「存在/非存在/無」のことを哲学的に考えたこともないのに、どうして〈ケア〉を語れるのか私には分からない。〈ケア〉とは、人間のみならず、生きとし生けるものが、生まれ、老い、病に見舞われ、最終的に死を迎えるまでの時間を共に過ごしながら、周りのものたちが関わる関わりである。

そして、こうした〈ケア〉の分野にはその分野の専門家がいる。しかし、生老病死のテーマの専門家として、人がすぐに思いつくのは宗教であり、哲学・倫理学ではない。私は、宗教実践を視野に入れながらも、なるべくそれに触れないようにしてきた。私は哲学者である以上、現実世界の中で語るべきことがあると信じている(!)。

私が本書で慣れないことに挑戦してみたのも、既成宗教の思想に対する反発もあったからだ。西洋哲学を専門に研究してきた私が、江戸時代の国学者・富士谷御杖の「言霊」論を〈ケアの倫理〉の文脈で取り上げるなど、研究者の〈仁義〉に反することかもしれない。そのことは自覚している。私ですら、御杖の「言霊」論など、市川浩や坂部恵の著作を再読しなければ、考えもつかなかった〈何十年も前、学生時代に読んでいたはずなのに、何一つ記憶がない。情ないことだ）。それでも、西田幾多郎から土田杏村、坂部恵に至る日本哲学の歴史を振り返れば分かるように、哲学者が御杖の「言霊」論に触れることは、あながち不当なことではない。先達たちの偉業を引き継ぎつつ、私の「野望」は、二十年後の今も潰えていない。

ところで本書で書きたかったけれど、果たせなかった〈ケアの倫理〉のテーマがある。その代表的なものを挙げておけば、以下の三つになるだろう。私の今後の課題として明記しておきたい。

第一には、十九世紀の「知の巨人」グスタフ・フェヒナーの「死後の生（Life After Death）」の問題を〈ケアの倫理〉の観点から取り上げることだ。死者が「死後の生」をどのように過ごすのか、生者が死者をどのように〈ケア〉できるか、また死者を見送る遺された生者をどのように〈ケア〉するのかという問いに対して、宗教哲学的に思考しながら、世俗的な立場を維持して考察すること。フェヒナーの哲学からウィリアム・ジェイムズの哲学に至る思想の系譜を辿り直すことで考えていきたい。

第二に、「犯罪加害者家族」の〈ケアの倫理〉を構築する予定もある。本書では「被害者」の「トラウマ」の〈ケア〉を扱うことで、私が考える〈ケアの倫理〉の責務の一端を果たした。しかし、まだ十分に展開できていない。さらに私は、社会の中で最も立場の弱い人たちとして、「犯罪加害者家族」を考えている。彼ら・彼女らを〈ケア〉する哲学的思想を構築したい。もちろん、被害者を十分に配慮しなければならないことは言うまでもない。「犯罪」をめぐる〈ケアの倫理〉を今後の課題としたい。

第三に、「性愛」をめぐる〈ケアの倫理〉を書ききれなかったことが心残りだ。性暴力や性被害を受けた人たちを〈ケア〉しながら、私たちの〈宿痾〉とも言える「性愛の倫理」を〈ケアの倫理〉の立場から語りたい。〈性〉や〈セクシュアリティ〉のあり方が複雑になればなるほど、考えるのに時間がかかる。なんとか、フーリエの『愛の新世界』を取り入れた〈ケアの倫理〉を論じたいと考えている。

なぜこの三つが重要なのかを語り出すと、「おわりに」の枠を超えてしまう。端的に言えば、これらのテーマは、ずっと自分の中に蟠《わだかま》っていた問題だからだ。

私が「ケア」というテーマに遭遇したのは、一九九五年阪神淡路大震災と地下鉄サリン事件だった。その衝撃は筆舌に尽くしがたい思いを私に引き起こした。それを消化するのに、五年という月日が必要だった。『ケアの倫理』を出したのも、「トラウマ」のケアをなんとか倫理学の中で語れないかと考えていたからに他ならない。

ところがもっと衝撃的な事件が降りかかってきた。私は、二〇〇一年にニューヨークで「同時多発テロ」を経験したのだった。この事件は、〈ケアの倫理〉の思考を根本的に変えてしまった。当時、実際にニューヨークのマンハッタン島の混乱を、私と同じように、旅行者という立場で体験した人はどれだけいるだろう。その人たちは二十年後の現在、どのように生き延びているのだろうか？

私は、自分が衝撃的な経験をしたことを、なんとか〈ケアの倫理〉の中で捉え直そうとした。それが、『ケアの倫理』の二冊目を書くきっかけだった。しかし、これまで私は自分の体験を文字化することがほとんどできなかった。実際に、二十年という時が経っても、それができていない。私にとって当地の経験は、自分の中に深く突き刺さっている。

二〇〇三年秋から一年間、ニューヨーク大学客員研究員として滞在したときに、大手古本チェーン店のニューヨーク支店で、ニューヨーク在住日本人の九・一一の体験談を買い漁った。二束三文で売りに出された体験談は、いまだ未読のものも含めて書斎の段ボールに詰まっている。いずれ、それらの資料が日の目を見ることがあると信じている。

そして私は、「同時多発テロ」の経験から、日本という国を一切信じなくなってしまった。当時、ニューヨークに滞在していたのは、ゼミ合宿を開催するためだった。私は十人のゼミ学生を引率していた。ゼミ合宿では、翻訳家でアクティヴィストの畏友・高祖岩三郎さんと、彼の奥さんで著名なジュエリーデザイナーのジュディ・ガイブさんと共にニューヨーク滞在を楽しみつつ、高祖さんの友人のトマス・キーナン氏（バード・カレッジ准教授・比較文学・Human Rights Project）とセッションをする予定だった。それが二〇〇一年九月十一日の「同時多発テロ」で大幅にプログラム変更を強いられた。そして、空港封鎖のために、私たちはマンハッタンから出られなくなってしまった。

私は学生を引率していたため、高祖さんと相談して、ニューヨークの総領事に連絡をして、今後の対応と保護を求めようとした。しかし、そのとき電話に出た外務省の役人は、私に向かって空港が閉鎖されていても、予定日には飛行機は飛ぶだろうから問題ないと言い放ったのだった。結果的には、予定日どころか一週間以上も空港は閉じたままだった。それだけでなく、数日後には外務省からの通達として、現地にいる日本人に向けて、総領事や大使館に連絡してくださいと、紀伊国屋書店ニューヨーク支店の入り口に掲示まで出したのだった。

私は呆れてしまった。以後、私は、日本の官僚や政治家が何を言っても、全く信じなくなった。

「トラウマ」を抱えそうなくらいのショックを受けた学生たちの心理的不安を和らげ、〈ケア〉していくために、私と妻は東奔西走した。ご飯を炊いておにぎりを作り、ゼミ生同士が孤立しないように互いを励まし合わせた。彼らのことを気遣い、学生たちの実家からかかってくる電話に元気だから心配いらないと伝えたりした。〈ケア〉は自分たちの手でなされなければならない。国家や社会が機能しなくなったとき、私たち個人が個人を〈ケア〉しなくてはならない。その意味で、国家や社会のセーフティネットは全く役に立たない。私の中に確信が生まれたのはこのときだ。

〈ケアとは、アナキズムでなければならない〉。

国家や社会に頼っていては、私たちは互いを〈ケア〉することはできない。たぶん、私が政治学や社会学など社会科学を信頼していないのは、こうした経験も理由の一つになっている（勝手な私憤に過ぎないけれど）。

「おわりに」を執筆している最中に新型コロナウイルス（COVID-19）の感染爆発（pandemic）が世界を襲っている。全世界で一七七万人以上が感染し、十万人以上の人が亡くなった（二〇二〇年四月十二日現在)。今後も感染者は増え続け、死者も増加するだろう。中世の「ペスト」の大流行や近代の新型インフルエンザやフーコーを死に至らしめたエイズに至るまで人間は感染症と闘ってきた。今回の新型コロナウイルスは、人間同士が互いに社会的な距離を取らないと容易に感染してしまう。身体接触を含めて身近に関わることが感染を拡げることにつながる。それでも私たちは〈傍にいる〉ことを忘れるべきではない。物理・身体的《フィジカル》な距離があっても〈ケア〉を防げることにはならない。〈ケア〉とは、一つの〈愛〉のかたちだからだ。

本書が出来上がるまでに、大修館書店の中村あゆみさんには大変お世話になった。『ケアの倫理』を増刷するにあたって、私の本務校の研究室までご相談に見えられたことが、本書のきっかけになった。その意味で、本書の最大の生みの親は、中村さんである。彼女には私の構想を聞いていただいただけでなく、下書き原稿を徹底的に読んでいただき、忌憚なきご意見をいただいた。大過なく本書が刊行されたのも、彼女のおかげである。

中村さんは、『ケアの倫理』の担当だった加藤順さんの〈教え子〉にあたる。聞くところによると、加藤さんから、お酒の飲み方を含めて様々なことを教えてもらったそうだ。加藤さんには、二冊目の企画を前々から打診していたけれど、怠惰な性格ゆえにのびのびになってしまっていた。結果的に、加藤さんのご定年退社前に、本書の出版が間に合わず、加藤さんとの二人三脚で出版できなかったことは、ちょっとした心残りではある。ここにお詫びする次第である。大変申し訳ございませんでした。

それでも中村さんというお弟子さんの手で、このように出版の運びとなったことを喜びたい。

亡くなった猫の〈縁〉があったのだろう。本書の出版の企画が軌道に乗り始めた頃、生後半年の子猫を飼うことになった。子猫は元気一杯に家中を走り回り、家のあちこちを引っ掻き回している。とにかく、彼女のおかげで、私もてんやわんやである。猫の二代目がきたことが、私の生活に彩りを添えている。新型コロナウイルスの報で暗くなりがちな日常でも、猫に〈ケア〉される日々を送っていけることを感謝している。

またまたわがままなことだけれど、本書を亡くなった猫と、これまでに私に関わってくださったすべての方に捧げたいと思う。私がここまで生きてこられたのも、私のことをなんらかの形で〈ケア〉してくださった人や生きものたちのお陰によるものだからだ。

二〇二〇年四月

森村　修

[編著者]

森村　修（もりむら　おさむ）

1961年群馬県に生まれる。1985年法政大学文学部哲学科卒業。1993年東北大学大学院文学研究科博士課程後期単位取得退学。白鴎女子短期大学非常勤講師，九州歯科大学専任講師などを経て，法政大学国際文化学部教授。博士（文学）。専門は現象学，フランス現代哲学，応用倫理学，日本近代・現代思想。

ケアの形而上学《けいじじょうがく》

NDC111 / 287p / 20cm

初版第1刷――2020年7月1日

著　者――森村《もりむら》　修《おさむ》

発行者――鈴木一行

発行所――株式会社　大修館書店

〒113-8541　東京都文京区湯島2-1-1

電話 03-3868-2651（販売部）03-3868-2299（編集部）

振替 00190-7-40504

［出版情報］https://www.taishukan.co.jp

装丁・デザイン――mg-okada

印刷所――壮光舎印刷

製本所――牧製本

ISBN978-4-469-26895-9

Printed in Japan